帝王传记

康熙

盛世明君

朱元鹏 著

| 少年承志
| 雄才大略

传

哈尔滨出版社
HARBIN PUBLISHING HOUSE

图书在版编目(CIP)数据

盛世明君：康熙传 / 朱元鹏著. -- 哈尔滨：哈尔滨出版社，2025.2. -- ISBN 978-7-5484-8182-9

Ⅰ. K827=49

中国国家版本馆CIP数据核字第2024GS9843号

书　　名	盛世明君：康熙传
	SHENGSHI MINGJUN: KANGXI ZHUAN

作　　者：	朱元鹏　著
责任编辑：	李维娜
封面设计：	于　芳
内文排版：	博越创想

出版发行	哈尔滨出版社（Harbin Publishing House）
社　　址	哈尔滨市香坊区泰山路82-9号　　邮编：150090
经　　销	全国新华书店
印　　刷	三河市刚利印务有限公司
网　　址	www.hrbcbs.com
E-mail	hrbcbs@yeah.net
编辑版权热线：	（0451）87900271　87900272
销售热线：	（0451）87900202　87900203

开　　本：	710mm×1000mm　1/16　　印张：15　　字数：170千字
版　　次：	2025年2月第1版
印　　次：	2025年2月第1次印刷
书　　号：	ISBN 978-7-5484-8182-9
定　　价：	45.00元

凡购本社图书发现印装错误，请与本社印制部联系调换。

服务热线：（0451）87900279

前言

PREFACE

在中国封建王朝400多位帝王中，有一颗特别璀璨夺目的明星——爱新觉罗·玄烨，即清圣祖康熙大帝。他不但是400多位帝王中在位时间最长的，也是其中最有成就的之一。称他是中华众皇帝中最出色的皇帝，一点也不为过。他在位时期，智擒鳌拜，剿撤三藩，南收台湾，北拒沙俄，西征蒙古，兴修水利，治理黄河，鼓励垦荒，薄赋轻税，爱民如子，开启了历史上著名的康乾盛世，开创了中华文明的一个黄金时代。

康熙帝出生于1654年，去世于1722年，是清入关后的第二位皇帝。顺治十八年，清世祖福临去世，康熙年仅8岁，继承皇位。在祖母孝庄文皇后的抚育和教导下，他很快就具备了一代明君的素质。在16岁的时候，他运筹帷幄，一举铲除了专权跋扈的鳌拜集团。他倾心于学习先进的汉文化，提高汉族官员待遇，奉行"满汉一体"的指导思想，很快得到了广泛的拥护。

在康熙帝统治的六十一年间，他在内政、外交、经济、科技、文化、军事等几乎所有领域，都有非凡的建树。著名清史学家阎崇年总结了他对中国历史和世界文明发展的八大贡献，集中地展现了这位千古一帝的丰功伟绩：

第一大贡献：削平三藩，巩固统一。
第二大贡献：统一台湾，开府设县。
第三大贡献：抵御外侵，缔结和约。
第四大贡献：亲征朔漠，善治蒙古。
第五大贡献：重农治河，兴修水利。

第六大贡献：移天缩地，兴建园林。

第七大贡献：兴文重教，编纂典籍。

第八大贡献：吸纳西学，学习科技。

任何一个君主，如果做出了上述八项贡献中的任何一项，都足以彪炳史册，而康熙帝励精图治，在这八个方面，都做出了非凡的贡献，确实做到了空前绝后。在他统治下，清朝成为当时世界上最大的帝国。"幅员最辽阔、人口最众多、经济最富庶、文化最繁荣、国力最强盛"。经过苦心经营，清朝的疆域，东起大海，西至葱岭，南达曾母暗沙，北跨外兴安岭，西北到巴尔喀什湖，东北到库页岛，总面积约1300万平方公里，为今天的中国版图奠定了基础。

康熙也存在保守和落后的一面。他在统一台湾后开放了海禁，却由于担心米谷出境而明令禁止南洋贸易。这种闭关锁国的政策直接导致中华文明在世界经济的发展中落伍，秦汉唐宋时期，中华文明在世界上叱咤风云的局面一去不复返了。

近代史家赵尔巽评价康熙说："圣祖仁孝性成，智勇天锡。早承大业，勤政爱民。经文纬武，寰宇一统，虽曰守成，实同开创焉。圣学高深，崇儒重道。几暇格物，豁贯天人，尤为古今所未觏。而久道化成，风移俗易，天下和乐，克致太平。其雍熙景象，使后世想望流连，至于今不能已。"

盛世明君康熙大帝开启了"康乾盛世"，对中国历史的发展产生了深远的影响。在世界历史的典册上，他与几乎同时代的俄国沙皇彼得大帝、法国君主路易十四齐名，声名远播世界。他励精图治，奠定了大清三百年基业。他是清朝第一帝，他是盛世奠基人。

本书以丰富的史料为基础，通过生动的细节描写，还原历史事实，再现了盛世明君康熙大帝的传奇人生。本书充满了故事性、知识性和趣味性，真正做到了有趣、有料、有据，符合当下读者的阅读口味，让读者在轻松愉悦的阅读中体味一代帝王大智大勇、文韬武略的传奇人生。

目录

第一章 安天下 001

第一节 效法皇父 002

第二节 智除鳌拜 005

第三节 强干弱枝 013

第二章 灭三藩 019

第一节 撤藩令 020

第二节 吴三桂反 025

第三节 尚耿从乱 030

第四节 京师危机 037

第五节 恩抚王辅臣 043

第六节 平定三藩 051

第三章 统台湾 055

第一节 郑氏割据 056

第二节 设台湾府 062

第四章 定边疆 069

第一节 怀柔蒙古 070

第二节 雅克萨之战 078

第三节 三次亲征 084

第四节 入藏平叛 095

第五节 经营西藏 100

第五章 圣祖仁皇帝 105

第一节 臣民楷模 106

第二节 御门听政 111
第三节 宽仁和平 120
第四节 唯务实行 130
第五节 奖廉惩贪 145
第六节 慎刑轻狱 161
第七节 选官择吏 169
第八节 满汉一家 181
第九节 晚期危机 196
第十节 关注西方 203

第六章 骨肉情深 211
第一节 孝治天下 212
第二节 多情天子 218
第三节 太子风波 223

第一章 安天下

第一节　效法皇父

康熙是中国历史上最著名的帝王之一，他不但是中国400多位帝王中在位时间最长的，也是其中最有成就者之一。他在位期间，真正巩固了清朝在全国的统治，实现了国家的统一，粉碎了各种分裂活动，抵抗外敌入侵，发展社会经济，繁荣科技文化，开启了中国历史上著名的康乾盛世。

康熙皇帝8岁登基，16岁亲政，在位六十一年。

康熙姓爱新觉罗，名玄烨，于顺治十一年（公元1654年）三月十八日生于北京紫禁城景仁宫，是顺治帝福临的第三个儿子。康熙的生母是佟佳氏。佟佳氏的祖先佟养真本来是辽东的汉人，后来随兄弟佟养性投靠了努尔哈赤，被列入汉军，并受命管理汉军事务。后来佟养真战死，其子佟图赖承袭了职位，最后官至三等精奇尼哈番、太子太保。有了这样的身份，佟佳氏才得以被选入宫中，并生下了玄烨。

由此可知，康熙并非一个纯粹的女真人后代，他的身上，至少流淌着3个优秀民族的血液：满族、汉族、蒙古族。尽管其母系已经加入了八旗，也算是满族人，但从血统上看，他的汉族血统是永远也抹不掉的。从这个角度也可以说，康熙是满汉民族结合的产物。

不过，佟佳氏没能得到顺治的宠爱，玄烨也因此并没有受到父亲的特别关照。和其他的皇子一样，他刚出生，就被抱出宫交给乳母喂养。后来，因玄烨还没有出过痘，乳母受命带着他到紫禁城西的一座偏宅居住，这里后来被改称为福佑寺。缺少了父母之爱的玄烨比他人更早地成熟了，他对抚养他的乳母也因此有了更深的感情。康熙晚年回忆说："世祖章皇帝因朕幼年时未经出痘，令保母护视于紫禁城外，父母膝下，未得一日承欢，此朕六十年来抱歉之处。"从这段话中，我们不难听出康熙对没有得到父母的爱还是很伤感的。

抚养玄烨最久的乳母，就是著名文学家曹雪芹的先祖曹玺之妻孙氏。孙氏不但如生母一样照顾他，还充当了他的启蒙老师。玄烨对这位乳母也最为尊敬，即位后，特地封曹玺为江宁织造，封孙氏为一品诰命夫人。而曹家也是汉军，属于内务府包衣旗人，表面上是奴仆，实际上也是心腹。玄烨有汉族的血统，又从汉人乳母那里接受了最早的启蒙教育，这对他后来重视汉族优秀文化，实行开明统治起到了重要的作用。

尽管母亲的地位没有使玄烨在众皇子中占据优势，但天资聪颖的他得到了最重要的一个人的宠爱，这个人就是孝庄皇后。

有一次，佟佳氏到慈宁宫向孝庄请安，孝庄知道她怀有身孕，就对近侍说："我早先身怀顺治时，左右之人曾看见我衣服大襟有龙盘旋，赤光灿烂，后来果然诞生圣子，统一寰区。现今佟妃也有这种祥征，异日生子，必膺大福。"这个说法很快在宫里传开了，据说玄烨出生时，"合宫异香，经时不散，又五色光气充溢庭户，与日并耀。是时，宫人以及内侍无不见者，咸称奇瑞云。"

玄烨生下来就很惹人喜爱，据《清实录》记载：

  天表奇伟，神采焕发，双瞳日悬，隆准岳立，耳大声洪，徇齐天纵。稍长，举止端肃，志量恢宏。

本来老人就喜爱孩子，孝庄得到这么一位可爱的孙子，自然是当作心肝宝贝。从她对康熙的这些态度来看，她确实认为康熙是个当皇帝的材料，因此她才会给予他最大的关怀。她不但对这位孙子的饮食起居时时过问，更是按照帝王的标准严格要求教导。后来康熙回忆说："凡饮食、动履、言语，皆有矩度。虽平居独处，亦教以罔敢越轶，少不然，即加督过，赖是以克有成。"

玄烨正式上学读书，孝庄为了更好地培养他，特地派了自己最贴心的侍女协助照看。侍女聪明乖巧，知书达理，并精通满语，有她的手把手教导，玄烨进步得更快了。

清朝的皇子教育，在所有朝代中是最为严格的。五更时分，天还没有亮，皇子们就要到上书房学习。每天的日程安排得非常紧张，不但要读书，还要学习满族的"根本"——骑射。在咸丰皇帝以前，清朝的皇帝个个都有一身好武艺，这益于自幼的严格训练。

在这种严格的教育下，玄烨的各方面都有很大进步。他天生聪慧，加上勤奋好学，虚心求教，很快就在众皇子中脱颖而出。《清实录》记载，他"读书十行俱下，略不遗忘，自五龄后，好学不倦，丙夜披阅，每至宵分"。对于中国传统文化典籍，他几乎都有涉猎，对于诗书史记，更是融会贯通。他终生保持着读书不倦的习惯，这也使他成为中国历史上素质最高的帝王之一。孝庄太后经常给他讲述祖先创业的历史，激励年幼的玄烨很早就树立了作为一个明君治国安民的远大志向。

玄烨6岁那年的一天，他和哥哥福全、弟弟常宁一起去给父皇顺治帝请安。顺治把他们搂在怀里，问他们长大以后愿意做什么样的人？常宁刚3岁，还不懂事，默然不语。福全回答说："愿意做一个贤王。"而玄烨则答："待长而效法皇父，黾勉尽力。"一个仅仅6岁的孩童，竟然能说出这样的话来，令顺治十分惊异。

《清史稿》记载：

圣祖合天弘运文武睿哲恭俭宽裕孝敬诚信功德大成仁

皇帝，讳玄烨，世祖第三子也。母孝康章皇后佟佳氏。顺治十一年三月戊申诞上于景仁宫。天表英俊，岳立声洪。六龄，偕兄弟问安。世祖问所欲，皇二子福全言："愿为贤王。"帝言："愿效法父皇。"世祖异焉。

后顺治帝因患天花病重，临终前遗命玄烨继位，不能不说这与玄烨的非凡志向有关。当然，更主要的是玄烨深受孝庄太后的宠爱，加上他已经出过了天花，有免疫力。结合多种因素，玄烨就以清王朝帝王的身份登上历史舞台。

顺治十八年（公元1661年）正月，玄烨在祖母孝庄皇太后的亲自主持下继位。8岁的玄烨穿上孝服，到顺治帝灵前敬读告文，接受诏命，然后换上礼服，到皇太后宫中行礼，亲御太和殿，登上宝座，接受百官的朝贺，正式登基。之后，他颁诏大赦，定顺治帝谥号曰章皇帝，庙号世祖，改第二年为康熙元年。

"康熙"是安定太平的意思，这个年号体现了清朝统治者希望巩固统治的意志，也反映了各族人民渴望和平富足的要求。事实证明，玄烨的统治无愧于这两个字，他开启了中国封建社会最后一个盛世——康乾盛世。

第二节　智除鳌拜

康熙登基时，不过是一个8岁的孩子，即使后来亲政也只有16岁，因此，康熙的成长和争取最高权力的过程是同时进行的。他的第一个强大对手，就是四大辅臣之一，有满洲第一勇士之称的鳌拜。

顺治帝临终前亲自从直属皇帝的上三旗中选定了四名亲信大臣辅助嗣君，这四人分别是：正黄旗，内大臣索尼；正白旗，苏克萨哈；镶黄旗，遏必隆、鳌拜。这样做，主要是为了防止再出现多尔衮专权跋扈、侵凌皇权的现象。满族宗室贵族还保留着很大的特权，特别是皇帝年幼的时候，国家政务都是由宗室诸王摄理。但是宗室诸王摄政权势过大，容易擅权越位，威胁统治秩序。顺治帝亲身领受过多尔衮的教训，因此临终时留下了自己最为亲信而又非宗室的大臣，这样既能辅佐幼主，又不会有篡夺之祸。然而，后来的事实表明，这种做法同样有危险，如果不是孝庄皇太后的果绝和康熙的聪敏，清王朝仍旧无法避免一场残酷的内讧。

四大臣中，索尼、遏必隆、鳌拜，原来是清太宗皇太极旧部，跟随皇太极南征北战，战功赫赫，备受信任。皇太极死后，他们忠心为主，一致拥立皇子福临即位，粉碎了多尔衮和多铎兄弟夺权的图谋，给予了孝庄太后最大的支持。顺治初年，他们因为不肯追随多尔衮而多次遭受打击，直到顺治帝亲政才得以复职。因此，他们得到顺治和孝庄的信任，而迅速升迁。索尼被晋升为一等伯世袭，任内大臣，兼议政大臣、总管内务府；遏必隆袭封一等公，任议政大臣、领侍卫内大臣；鳌拜晋为二等公，任议政大臣、领侍卫内大臣累加少傅兼太子太傅。他们是经过多年考验的股肱之臣，作为托孤重臣是顺理成章的事。

而另外一位，则是原属多尔衮心腹的苏克萨哈。但在多尔衮死后，他率先揭发多尔衮的问题，因此得到了顺治帝和孝庄太后的信任，被提升为护军统领。正白旗直属皇帝以后，苏克萨哈晋二等精奇尼哈番，任领侍卫内大臣，加太子太保。这样一来，苏克萨哈同样是皇帝的心腹。不过，任命他为辅政大臣，还有权力制衡的考虑。苏克萨哈是正白旗的代表，如果辅政大臣中没有正白旗的人，对于稳定大局是不利的。但苏克萨哈的特殊身份，以及多尔衮时代留下的正白旗和两黄旗的积怨，也给后来埋下了祸根。

辅政初期，四大臣还本着协商一致的原则辅佐幼帝，几年都相安无事。但越到后来矛盾越显露出来，其祸首就是鳌拜。

鳌拜是满洲镶黄旗人，姓瓜尔佳氏。他的叔叔费英东是最早追随努尔哈赤起兵的人之一，被列入开国五大臣。鳌拜自幼弓马娴熟，长大后，跟随皇太极四处征战，立下了赫赫战功。崇德二年（公元1637年），他参加皮岛战役。皮岛明军守备森严，清军久攻不下，鳌拜请求自己担任先锋，发誓说："不得此岛，勿复见王。"他驾船横渡海峡，直冲敌阵，大叫着奋力冲杀，一鼓作气，登上城墙，打败敌兵，攻克了皮岛。皇太极对他更加欣赏，封给他三等梅勒章京，赐号"巴图鲁"（"勇士"之意）。

在清军争夺东北和入关的多次大战中，鳌拜都立有大功。崇德六年（公元1641年）的松锦会战中，他"以步战败明军步军营"，取得首功。洪承畴率大军来援，鳌拜率先冲锋陷阵，连打了5次胜仗。明军溃败，鳌拜奉命追杀，又获全胜。崇德八年（公元1643年），他随阿巴泰征明，入长城，围北京，攻掠至山东等地而返。

顺治元年（公元1644年），清兵入关，考核群臣功绩，鳌拜以"忠勤戮力"进一等，随英亲王阿济格征湖广，打败李自成起义军，又随豪格攻入四川，大败张献忠部，"斩献忠于阵"。他生性勇猛，作战奋不顾身，被称为"第一巴图鲁"。

皇太极对鳌拜非常喜欢，引为心腹，而鳌拜对他也忠心耿耿。皇太极死后，在由谁继位的问题上，鳌拜和索尼等将领坚决维护皇太极一系的地位，顶住了多尔衮兄弟的威压，最终推举皇太极第九子福临继位，是为顺治帝。这样一来，他就又拥戴有功，深受顺治帝和其母孝庄皇后的信任。为此，顺治帝病逝，他才会被任命为四辅臣之一。但因他好勇斗狠，为人专横，便被排到了四人中最末一位。

四大辅臣中，索尼的资格最老，威信最高，因此位于四辅臣之首，但年纪老迈。苏克萨哈才干超群，位列第二。遏必隆是开国五大臣额亦都之后，屡立战功，与鳌拜交好，同为镶黄旗。鳌拜名列第四，但为人最为强悍，他见苏克萨哈爵秩虽然低，班次竟居第二，仅次于索尼，一旦索尼死了，苏克萨哈有可能依次递补，代替索尼总揽启奏和批红大权。鳌拜对此耿耿于怀，两人遇事争吵不休，积怨成仇。鳌拜便利用黄白旗之间的矛盾，在三旗内部挑起争端，借以打击苏克萨哈。

鳌拜首先翻起了旧账，他重新挑起多年前圈占北京附近田地时，多尔衮利用权势造成的黄白旗之间的矛盾，要求重新圈换土地。这一提议得到了在多尔衮时代受到压迫的两黄旗大臣的支持，就连索尼和遏必隆也随声附和。鳌拜见有机可乘，便唆使两黄旗的旗人向户部呈文，要求把遵化、迁安等地的正白旗屯庄改拨镶黄旗。大学士兼户部尚书苏纳海认为，圈地时间已经过了多年，且朝廷已经下令禁止圈地，因此便奏请朝廷，驳回换地之议。苏纳海本身就是正白旗人，他的奏疏引起了鳌拜的愤怒。后来，鳌拜发动党羽，采取各种办法诬陷苏纳海和直隶总督朱昌祚、直隶巡抚王登联等反对换地的官员，将三人逮捕治罪。康熙没有应允。鳌拜竟然假传圣旨，捏造苏纳海三人"迁延藐旨""妄行具奏"等罪名，把三人处死。

此举震惊了朝野。百官人心惶惶，人们都看到了鳌拜的专权跋扈，因此纷纷要求皇帝亲政。在百官的推动下，索尼等在康熙六年（公元1667年）三月，奏请皇上亲政。六月，索尼去世。七月，康熙亲政。按理，鳌拜应该见好就收，但他自恃功高，加上索尼已死，无人能控制他，他根本就不把小皇帝放在眼里，反而有恃无恐，妄图攫取启奏权和批理奏疏权，成为真正的宰相。

苏克萨哈则是个明白人，他见皇帝已经亲政，便不愿与鳌拜同流合污，坚决抵制鳌拜的卑劣行径。鳌拜对他更加痛恨，必欲置之于死地。而苏克萨哈见鳌拜的权势很大，自己无法与之抗争，便打算退出权力中心。在康熙亲政的几天后，他就以"身婴重疾"为由，上书要求"往守先皇帝陵寝"。他希望以自己隐退的举动迫使鳌拜、遏必隆也一并辞职交权。而鳌拜早就想对他下手，在康熙虽然亲政，但还没有掌握大权的时候，鳌拜决定借此除掉苏克萨哈。他抓住苏克萨哈在要求去守先帝陵寝上疏中有"如线余息得以生全"之语，大做文章，以皇帝的口吻指责说："兹苏克萨哈奏请守陵，如线余息得以生全。不识有何逼迫之处，在此何以不得生，守陵何以得生？朕所不解。著议政王贝勒大臣会议具奏。"七月十七日，鳌拜操纵议政王大臣会议，给苏克萨哈编造了"不欲归政"等24款大罪，议定之后向皇帝奏报，称苏克萨哈"存蓄异心，欺藐主上，苏克萨哈之子内大臣查克旦不行劝阻，革职，即凌迟处死"，其余子孙，无论已到年龄未到年龄，皆斩决籍没。康熙"坚执不允所请"。但是鳌拜连日强奏，不达目的不肯罢休，最后康熙只得把苏克萨哈处以绞刑，其他都按其原议行刑。康熙刚亲政就被鳌拜来了一个下马威，他对这位权臣的跋扈也看得更清楚了。但羽翼未丰，暂时还无法用强，他不得不隐忍待机。

鳌拜则认为康熙软弱可欺，于是得意忘形，越来越肆无忌惮地结党营私、擅权乱政，把自己的儿子和亲信安插在内大臣、大学士、六部尚书等重要位置上。

辅国公班布尔善死心塌地地依附鳌拜，结党营私，利用权力擅改票签，决定拟罪、免罪，处心积虑地配合鳌拜杀害苏克萨哈。他由于帮助鳌拜排除异己有功，被鳌拜提升为领侍卫内大臣、秘书院大学士。

玛尔赛更是个谄媚小人，深得鳌拜信任，也被提拔。户部尚书苏纳海被冤杀后，鳌拜企图把自己的党羽打入户部，控制中央财政，便不顾其他人反对，援引顺治年间曾设两位满洲尚书的旧例，迫使康熙同意将玛尔赛补为户部尚书，又任命其兼任正白旗蒙古都统。玛尔赛经常和另一位户部尚书王弘祚发生冲突，班布尔善就借户部的一次过失，将王弘祚革职。马尔赛病死，鳌拜又逼迫康熙予以封谥，康熙没有同意，鳌拜竟将他擅自谥为"忠敏"。

鳌拜的亲友更是个个手握重权。他的弟弟穆里玛担任满洲都统，康熙二年（公元1663年）被授为靖西将军，因为镇压起义军有功，升为一等阿思哈尼哈番。他的另一个弟弟巴哈，顺治时任议政大臣，领侍卫内大臣，其子娶顺治之女为妻，被封和硕额附。鳌拜的儿子纳穆福担任领侍卫内大臣。可以说鳌拜满门显贵。

经过长期的勾结，鳌拜排除异己，发展自己的势力，已经结成了以自己为核心，以穆里玛、塞木特、讷莫、班布尔善、玛尔赛、阿思哈、噶褚哈为骨干的朋党集团。他们互相勾结，操纵了朝政。据说，他们凡事在家与亲信议定后，才奏报施行，甚至经康熙批准的奏稿，也要带回家去另议，商量对策，再作处理，真称得上是目无朝廷了。

鳌拜一面培植死党，一面不择手段地排斥异己。很多官员因为违背其意愿，被鳌拜处死。朝廷之中人人自危，无人敢说"不"字，鳌拜已经到了权倾朝野的地步。

对于不附从的官员，鳌拜无不加害。费扬古是重要的开国功臣，一直与鳌拜不合，他的儿子倭赫及侍卫西住、折克图、觉罗塞尔弼四人一同在御前值勤，对鳌拜从不表示敬畏。鳌拜为此怀恨在心，伺机加害。倭赫等在景山瀛台值勤，私骑御马，又用御弓射鹿。鳌拜得知后，立刻以此为借口将四人处死，并且还诬蔑费扬古对皇上心怀怨望，就将他连同其子尼侃、萨哈连一同处以绞刑，其子色黑流放宁古塔，还没收其全部家产给了穆里玛。

鳌拜专横跋扈，朝野有目共睹，康熙更是十分反感。但他还是个少年，无威无势，心里恼怒，也无可奈何，只有隐忍下来。鳌拜总认为康熙不过是个乳臭未干的孩子，根本不把他放在眼里。他贪恋权柄，迟迟不愿归政，仍旧恣意妄为，大臣们也是敢怒不敢言。

这样一来，鳌拜就成了康熙执掌朝政的第一块，也是最大的一块绊脚石。因为鳌拜不是一个人，而是一个势力庞大的集团，不将其除掉，最高权力就会旁落，甚至有江山易主的危险。除掉他，对于一个刚刚懂事的孩子，可以说一点胜算都没有。这个时候轻举妄动，只能带来祸患。康熙稳重的性格帮助了他。他没有急于争权，而是尽量控制自己，不与鳌拜发生正面冲突，有时为了迷惑敌人，他故意顺从鳌拜，给他造成柔弱无能的印象。这样一来，鳌拜更不把他放在心上，始终认为他不过是个懦弱的孩子而已。实际上，康熙早已在暗中准备了。他知道，要当成真正的皇帝，必须除掉鳌拜，除掉鳌拜，必须一次成功，要稳、准、狠，绝不能有任何闪失。所以，他不动声色，让鳌拜放松警惕。

康熙考虑到鳌拜是顺治的重要大臣，多年以来他一直致力于网罗亲信，宫廷内外多置耳目，公开缉拿他的话，可能会激起事端，因而应当寻找有利的时机，选择适当的方式，这样才能增加胜算。

为了迷惑鳌拜，康熙下令封赏辅臣，把遏必隆晋为一等公，鳌拜于所有二等公外，授为一等公，他的二等公爵位，由他的儿子纳穆福承袭。后康熙又加封鳌拜为太师，其子纳穆福加封太子少师。

一次，鳌拜声称有病在家，康熙前去探视。御前侍卫发现鳌拜神色反常，便迅速上前，揭开鳌拜坐席，发现一把匕首。鳌拜惊慌失措，以为阴谋败露，但康熙却毫不在意地说："刀不离身是满人的故俗，辅政大臣时时不忘祖训，实在可嘉可奖！"从而稳住了鳌拜。回到宫中，康熙便立即将索额图召进宫内，命令他召集一群身强力壮的少年，在宫中练习布库游戏，每次练习，康熙都在一旁观看，即使鳌拜入奏进宫，也不回避。鳌拜以为康熙年少贪玩，所以喜欢和众少年嬉戏，于是心里十分坦然，并不在意。

采取行动之前，康熙不露声色地以各种名义将鳌拜亲信派往外地，削弱他的力量，避免发生不测。一切准备就绪，胜算在握，康熙决定行动。康熙八年，鳌拜入奏，康熙对这些少年说："你们都是我的心腹卫士，你们是敬畏我呢，还是敬畏鳌拜呢？"大家齐声道："我们只敬畏皇上！"康熙便讲出鳌拜之一桩桩罪恶，命令他们立刻上前将鳌拜捉住。鳌拜手足无措，很快被这群少年生擒活捉。

逮捕鳌拜后，康熙没有忘乎所以。他马上进行了清剿鳌拜党羽的行动，一网打尽。但在处理鳌拜一伙时，他没有感情用事，而是从朝廷的大局稳定出发，有力有度，既清除了鳌拜的势力，又没有影响大局的稳定。

康熙命令康亲王杰书勘问鳌拜，列罪30款，其中包括欺君擅权，任用奸党，结党议政，聚贷养奸，巧饰供词，擅起先帝不用之人，杀苏克萨哈，擅杀苏纳海，更换旗地，奏阻立后，谬用济世，禁止科道陈言，违旨擅谥，旧疏呈览，呵叱人臣，逼令他人迁坟等，罪不容诛。大臣们拟将鳌拜革职立斩，其诸子兄弟一并处死，妻子为奴，没收家产。鳌拜只求开恩免死，他脱下衣服，露出为清朝多年血战留下的无数处伤痕，恳求从轻发落。康熙看到后，不忍加诛，最后判定革职籍没、拘禁。其子纳穆福一并免死，革职拘禁。穆里玛、塞本特则被削职处斩。

辅政大臣遏必隆不但没有起到辅政的作用，反而处处顺服鳌拜，这次也被拿问。经过审讯，他也以"不行纠核""藐视皇上"获罪，共12款罪行。议政王大臣会议提出应拟革职立绞，妻子为奴。康熙予以宽大处理，只革去了他太师及公爵的封号。

鳌拜党羽众多，如果斩尽杀绝，势必给清王朝的统治带来极大的动荡。康熙将首恶与胁从者分别对待，对于班布尔善、阿思哈、噶褚哈、泰璧图等核心成员，非杀不可的，都下令处死，对于那些谄附而无大恶的多数党羽，如苏尔马、巴哈等人，都予以从轻处置，从宽免死。这样一来，既惩戒了奸党，也分化瓦解了鳌拜集团的势力，完满地保证了大局的稳定。

年仅16岁的康熙凭着他过人的聪敏、沉着、果敢和智慧，在最高权力顶峰的博弈中，施展了非凡的政治谋略，不但干净漂亮地清除了鳌拜这个不可一世的权臣，彻底清除了反对势力，而且能稳定大局，真是难能可贵。

第三节　强干弱枝

纵观几千年的中国历史，强盛的时期，往往就是君主能操控全局的时期。这些英明的君主，善于集权，也善于用权，集中力量办大事，国家因此而富强。反之，当权臣当道的时候，君主的实际权力被分散，被他人滥用，结果自然是政治腐败，经济衰退，王朝趋于没落。康熙借鉴了历史上的经验教训，在统治初期，加强了自己掌握权力的力度，严格控制官僚系统，为康乾盛世的出现创造了有利条件。

亲政初期，康熙主要面临的是满洲贵族势力的阻碍。毕竟清朝是由满族建立的，在最初的几十年间，带有浓厚的贵族色彩，君主权力受到一定程度的制约。在中央，对君主决策制约最大的，就是八旗诸王及议政王大臣会议。

议政王大臣会议是在努尔哈赤建立后金政权后所创的亲信重臣与宗室贵族共议政体制的基础上发展起来的。努尔哈赤起兵初期，指定五位大臣，理政听讼，处理有关政务，被称为"议政五大臣"，此外还有十位大臣佐理国事。随着诸子逐渐长大，他们也陆续成为专主一旗或专主若干牛录的贝勒、台吉，开始和五大臣共议国政。后金政权建立，形成了四大贝勒议政的制度，五大臣也渐被八大臣所代替。天命年间，努尔哈赤明确下令八位皇子为和硕贝勒，共议国政。后来，他又设八位大臣为副，筹划军事成败，审议军事得失，就形成了议政王大臣会议的制度。这八大贝勒和八位大臣，在很多事情上有决定权，不仅可以监督皇帝，甚至可以决定废立。但这对于其中的个人，又有制衡作用，有效地防止了个人擅权和分裂行为发生。

皇太极即位，开始有计划地削弱议政王大臣会议的权力。他采用明朝制度，陆续设立六部、理藩院、都察院及内三院等机构，取代了议政王大臣会议的一些职权。多尔衮摄政时，大权独揽，排斥、削夺诸王权势，议政王大臣会议也被架空。顺治亲政，为了共同对付多尔衮，恢复了诸王的权势，增加了议政王贝勒大臣的人数，如顺治八年（公元1651年）至十二年（公元1655年）任命的议政大臣就达30多人。议政王大臣会议的权力也得到很大扩张，甚至敢直接否定皇帝旨意。史书称之为"国议"，记载说："清朝大事，诸王大臣佥议既定，虽至尊无如之何"，"六部事，俱议政王口定"。可以说，这个时候议政王大臣会议的权力达到了顶峰。

康熙初年，四大臣辅政，权势超过了议政诸王。辅臣甚至能决定诸王的升迁和继承，所以诸王贝勒都唯命是从，有人甚至依附了鳌拜。鳌拜专权，在很大程度上就是通过控制议政王大臣会议实现的。康熙六年（公元1667年），鳌拜就是通过议政王大臣会议处死辅政大臣苏克萨哈的，尽管康熙强烈反对也无可奈何。康熙心知肚明，于是在铲除鳌拜集团之后，他就开始整顿议政王大臣会议。一方面，他通过设立南书房、内阁等机构分散议政王大臣会议的职能，另一方面就是削减人数，减少其实力。康熙八年（公元1669年），康熙下令："诸王贝勒之长史、闲散议政大臣，俱著停其议政。以后凡会议时，诸王、贝勒、大臣，务须慎密，勿致泄漏。"此后他又逐步地裁减议政王贝勒。

康熙十一年（公元1672年）时参加议政的宗室诸王有：和硕康亲王杰书、和硕庄亲王博果铎、和硕安亲王岳乐、多罗惠郡王博翁果诺、多罗温郡王孟峨、掌宗人府多罗顺承郡王勒尔锦、宗人府左宗正多罗贝勒察尼、多罗贝勒董额、多罗贝勒尚善等人。十二月，康熙先后批准了和硕裕亲王福全、和硕庄亲王博果铎、多罗惠郡王博翁果诺、多罗温郡王孟峨辞去议政职务，解除了他们的议政之权。其他的议政王贝勒也纷纷疏辞，但康熙为了保持稳定，没有批准。三藩之乱，八名王、贝勒被派出领军，议政的人数减少，于是康熙命和硕裕亲王福全、和硕庄亲王博果铎再次参与议政。

平定叛乱实际上是一次对领军将领的真实考验。很多王、贝勒养尊处优，缺乏指挥才干，陆续受到惩处。康熙认为，其中只有少数人"尽心王事，已著劳绩"，大多数表现都不好，于是，他命议政王大臣等举太祖、太宗军法，陆续"严行议罪"。自康熙十六年（公元1677年）二月至康熙二十一年（公元1682年）十二月，八名出征的王、贝勒中，有五名被削爵、罢议政、解宗人府职。这是对满洲贵族的一次较大打击。

康熙二十年（公元1681年）八月，康熙又下令罢免了和硕庄亲王博果铎的议政权力。二十四年（公元1685年）五月，因和硕因安亲王岳乐隐瞒一外蒙古喇嘛，经宗人府等衙门议奏，革去其议政及掌宗人府事。康熙二十九年（公元1690年）十一月，因在乌兰布通之战的失误，罢大将军、裕亲王福全和恭亲王常宁的议政职权。这样一来，原有议政宗室王贝勒中只剩下了和硕康亲王杰书一人。而杰书于康熙三十六年（公元1697年）死后，至康熙朝终，实际上已经没有了议政王。所以《清圣祖实录》中，只称议政大臣会议，而不再提议政王。

从议政王大臣会议到议政大臣会议的转变，也是康熙削夺特权，集中皇权的一个重要转变，不只是人数的变化和身份的变化，其议政方式也发生了根本变化。议政大臣人数，由康熙根据需要，加以增减，大体限制在六部及理藩院满尚书、都察院满左都御史、领侍卫内大臣及八旗满洲都统的范围之内。议政程序，一般由皇帝决定该议之事，满大学士于议政大臣会议传达谕旨，令其议奏。议覆返回后，大学士于皇帝御乾清门听政时，面奏请旨，由皇帝最后裁决。这样，康熙严格控制了会议的内容，使之成为自己掌握下的一个普通议政机构。

与此同时，康熙在其他方面也开始削弱诸王的特权。由于诸王都是八旗的旗主，有一定的实力，康熙既要维护八旗的战斗力，又要强化自己的直接控制，主要目标就放在了皇帝不能直接掌控的下五旗上。主要措施有：

一、严禁诸王府利用特权垄断贸易。八旗内部有浓厚的主奴关系，很多旗下奴仆经常打着主人的旗号，或受主人指使，招摇撞骗，为非作歹。对这种情况，康熙采取严厉控制，他下令：凡有此类事件发生，"在原犯事处立斩示众，该管官革职"，宗室公以上、王以下家人，则分别罚银7百两至1万两不等，交宗人府从重议处，其家务官都要革职,如果地方文武官不行查拿,也一律革职。

二、严禁诸王及旗下大臣勒索官员及干预地方事务。满族内主奴关系往往是终身的,即使朝廷任命旗下的人为高官,其对原来的旗主,仍然是奴仆。为了防止诸王、旗主用这种关系控制地方,扩张权势,康熙下令要"严拏具奏,将主使之人究出,从重治罪"。康熙十九年(公元1680年)十月,他下令吏、兵、刑三部会同都察院会议制定《旗下人出境干求处分则例》,规定:"旗人私往外省地方,借端挟诈,嘱托行私,犯扰小民等弊者,系平人,枷号三月,鞭一百;系官,革职,鞭一百,不准折赎。失察之佐领罚俸三月,骁骑校罚俸六月。其差遣家仆之人系闲人鞭一百,系官革职。差去之仆,枷号一月,鞭一百。"

三、议处犯罪诸王,削爵。在平定"三藩之乱"期间,很多亲王、贝勒表现不佳,有的"观望逗遛,不思振旅遄进",有的"干预公事,挟制有司,贪冒货贿,占踞利薮",还有人"攘夺焚掠,种种妄行,殊乖法纪"。康熙大为不满,借机削权。八位领军亲王、贝勒中,宁南靖寇大将军顺承郡王勒尔锦、扬威大将军简亲王喇布、定西大将军贝勒董额、安远靖寇大将军贝勒察尼及贝勒尚善五人被削爵,大将军康亲王杰书被罚俸一年,只有安亲王岳乐、信郡王鄂扎因为指挥有方,立下战功而受到奖赏。

四、重新制定宗室王公袭爵法。清初为了优宠功臣,王以下、奉恩将军以上之子,年至十五,一概予以封爵。实际上,随着国家渐趋安定,袭爵的人从来没有临阵经验,更谈不上立功,轻轻松松就当上了王或者贝勒,养成了骄纵习气。康熙认为这种做法不但起不到激励的作用,反而对于培养新的人才不利。他曾对岳乐说:"朕观此中绝少成材者……其所以致高位者,不过承祖、父之荫耳,曾有著绩行阵者耶!我先世曾见此辈否?"在康熙二十七年(公元1688年)二月,他命议政王贝勒大臣等确议改革办法，最后制定了新的袭爵制度：亲王以下、奉恩将军以上之子，"年至二十，辨其文艺、骑射之优者，列名引见，请上□日授封。惟亲王以下、奉恩将军以上有薨逝者，即准一子袭爵……"。通过这个制度，康熙取消了宗室王公原有袭爵特权，将决定其袭封的权力收归自己手中。

五、扶植兄弟、皇子，分其权势。相比于其他诸王、大臣，兄弟和皇子同皇帝的关系自然要亲近得多，也可信任得多。为了进一步平抑诸王特权，康熙改变"军功勋旧诸王"统兵征伐的惯例，委任皇亲出征，如康熙二十九年（公元1690年）、三十年（公元1691年）征噶尔丹，他都是以皇兄、皇弟、皇子为帅，借此排斥了开国诸王子孙独揽用兵之权的传统。到了晚年，他更是直接任命皇子管理旗务。康熙五十七年（公元1718年）十月，康熙指责各旗都统、副都统，有的"起家微贱，专意徇庇"，耽于安逸，旷废公务，因而指定皇七子淳郡王胤祐办理正蓝旗满洲、蒙古、汉军三旗旗务，皇十子敦郡王胤䄉办理正黄旗满洲、蒙古、汉军三旗旗务；皇十二子贝子胤裪办理正白旗满洲、蒙古、汉军三旗旗务，大大削弱了旗主王、贝勒的权力，加强了皇室对军队的直接控制。

枝叶过于茂盛，必然威胁到主干，清初的几次大动荡，都与此有关。对此，康熙看得很清楚，他说："天下大权，当统于一"，"今天下大小事务，皆朕一身亲理，无可旁贷。若将要务分任于人，则断不可行，所以无论钜细，朕必躬自断制，早夜焦劳，而心血因之日耗也。"

康熙所要建立的，就是一个君主集权的政治体制，无论是什么力量，只能受权于君主，而不能威胁皇权。这是保证天下安定，避免内部争权夺利的一个大前提。通过一系列"强干弱枝"的措施，康熙削夺了八旗诸王的权力，实现了天下大权统于一身的君主专制，使得清朝的统治自他之后，皇权得到了真正巩固。

第二章 平三藩

第一节 撤藩令

在智擒鳌拜后,康熙收回了朝中大权,但他依然面临着严峻的形势,那就是三藩割据。在是否撤藩的问题上,当时的朝廷内是有不同意见的。有的人畏惧三藩的力量,怕捅马蜂窝;还有的人认为三藩对建国有功,不宜撤除。康熙通过学习历史认为,三藩不能与宋初的开国功臣相比,而是属于唐末的藩镇之流,势在必除。因此,康熙从巩固君权的角度驳斥持不同意见的大臣:"天下大权,惟一人操之,不可旁落。"还说三藩"撤亦反,不撤亦反,不若先发"。

所谓三藩,就是清初朝廷分封的三个异姓王:吴三桂、尚可喜(后由其子尚之信袭)、耿继茂(后由其子耿精忠袭)。吴三桂、尚可喜及耿继茂的父亲耿仲明都是降清的明朝将领。顺治年间,清朝利用原明朝的降将吴三桂、耿继茂、尚可喜等人消灭了李自成、张献忠的农民起义军和南明王朝之后,封吴三桂为平西王,镇守云南;耿仲明及其子耿继茂死后,由孙子耿精忠袭爵为靖南王,镇守福建;封尚可喜为平南王,镇守广东。当时并称为三藩。

朝廷这样做表面上是奖励功臣,实际上是防范功臣。吴三桂等人明白,之所以把他们封在遥远的边疆,是因为清王朝对手握重兵的汉人绝不会真正信任。如果让吴三桂仍回锦州,一旦吴三桂造反,很快就会打进北京,远在云南就好办一些。后来的三藩之乱,也证明这种考虑是有远见的。

康熙清除鳌拜势力后,十分重视国家的统一和权力的集中,又将三藩、河务及漕运三件大事，书写成条幅悬于宫中柱上。其中他将处理三藩，看成是治国安邦的头等大事。

三藩建立后，在南方形成了各据一方的状态。到康熙初年，三藩势力迅速膨胀，各拥重兵。尚、耿二藩，各拥有八旗兵15佐领，约4500人，绿营兵约6000人；吴三桂原来在山海关外，拥有精兵四万，投降清朝以后东征西讨，四万精兵损失大半，但他又收降了许多李自成、张献忠的义军残部，都是身经百战、骁勇善战的部队，在云南又不断招兵买马、扩充实力，此时兵力已达十余万人。三藩的军队多，粮饷开支巨大，出现了"天下财赋，半耗于三藩"的局面。三藩以边疆未靖为借口，向清廷要挟军需，额饷必不可减。

首先是户部向朝廷提出报告，说国库已经负担不起三藩的开销了，建议把三藩的满洲兵统统调回北京，并裁去两万绿营兵。这等于釜底抽薪，吴三桂当然不会同意，他不断地挑起战争，屠杀苗、彝等少数民族，以此来抵制裁军。

吴三桂自率兵入缅甸，抓回了南明永历帝朱由榔而被封为亲王并兼辖贵州后，更是势众权重。他控制的云贵地区成了独立王国；他任命的官吏将领，吏部和兵部不得干涉；他使用的军饷，户部不得查核；他需要的人员可以从全国各地调，还可以委派部下亲信到别的省里去任职，称之为"西选"，造成"西选之官满天下"的局面。

吴三桂在昆明将朱由榔的桂王府改为藩王府，将明朝黔国公沐天波的700顷庄田全部占为己有，改名为藩庄。他在云南多年，常与西藏达赖喇嘛通使，每年通过西藏买进蒙古马上万匹。"日练士马，制造兵器，水陆要冲，均置心腹驻守"。他还通过当了皇帝女婿的儿子吴应熊掌握了解朝廷的动静。在云南，他还强行圈占明代卫所军田，将耕种这些田地的农民都变为他的佃户，强行纳租纳税。吴三桂部下为虎作伥，抢劫杀人，无恶不作。"勒平民为余丁，不从，则曰：'是我逃兵也'"。此外，他们还以放牧、狩猎等各种借口，强征土地，霸占老百姓的产业。

尚可喜、耿继茂二藩，开始同驻广州一城，所以广州受害特别严重，他们创设了"总店"，征收苛捐杂税，每年所得的银两，不下数百万。尚可喜还垄断海上对外贸易，乘朝廷厉行海禁之时，指派部下大搞走私，其获利难以估算，均入私囊。耿精忠移驻福建后，效仿在广州的做法，苛派夫役，勒索银米。

三藩肆虐，不仅引起民众的强烈不满，而且与朝廷其他文武大臣之间的矛盾也十分尖锐。但凡与藩王发生矛盾的，就要遭到迫害。巡按四川的御史郝浴揭发吴三桂拥兵观望、骄横跋扈，却反被吴三桂诬为"欺妄冒功"，被流放戍边多年。御史杨素蕴劾奏吴三桂擅自补授官员，是"轻名器而亵国体"，主张"防微杜渐""一切威福大权，俱宜禀自朝廷"。这下激怒了吴三桂，他抓住了"防微杜渐"这句话大做文章，歪曲是"意含隐射，语伏危机"，请旨质问。因当时吴三桂正在率兵追击南明永历帝朱由榔，朝廷不敢得罪他，只好处罚杨素蕴，罪名为"含糊巧饰"，降职使用。

清廷因为要依靠三藩平定和守卫南方的边疆地区，因此对他们百般迁就。结果一方面消灭了南明，稳定了南方的局势，另一方面也酿成了三藩隐患。

随着形势的发展，清廷与三藩的矛盾日益尖锐。所以康熙清除鳌拜势力后，日夜悬念的就是撤藩问题。他说："死生常理，朕所不讳，惟是天下大权，当统于一。"因此他密令各部院，加紧进行财政整顿，筹措经费，加强训练，提高京师八旗兵的战斗力等，做好应付撤藩的准备工作，等待时机。

到了康熙十二年（公元1673年）春，平南王尚可喜见儿子尚之信太过嚣张，为明哲保身，遂向康熙上疏请求回到辽东养老。同时，他请求让其子尚之信袭封王爵，统兵继续镇守广东。

康熙接到奏报后，觉得这是撤藩的好时机，便下令，一方面肯定尚可喜"欲归辽东，情词恳切，具见恭谨，能知大体"；同时又以"广东已经底定"为理由，以及不使尚可喜父子、官兵兄弟亲族分离，撤退全部王下官兵家口归辽东。其所属左右两营绿营官兵，仍留广州，归广东提督管辖。撤藩命令由钦差大臣送到广州。尚可喜对朝廷比较恭顺，接到命令后，即陆续上报起程日期及家口马匹的具体数目等。

吴三桂与耿精忠得知尚可喜主动疏奏撤藩，受到很大的震动。为试探朝廷的态度，他们便向朝廷呈送了要求撤藩的报告。吴三桂的谋士说："朝廷久欲撤藩，苦于没有借口，王爷这份奏书递上去，岂不是给了朝廷撤藩的借口？撤藩是铁定了，请王爷三思。"而吴三桂却自作聪明地说："朝廷绝不敢撤藩，我这样做，只是为了使皇上放心罢了。"

结果，事态发展完全出乎吴三桂的预料，康熙接到疏报后，立即降旨称赞二王"请撤安插，恭谨可嘉"，并以云南、福建已经底定，同意将二藩撤离，令议政王大臣合议。对于吴三桂的撤藩问题，大臣们有分歧。独有明珠、米思翰力主撤藩，诸王大臣不同意撤。

米思翰说："云贵早已安定，吴三桂不宜再握重兵，长期驻扎，历史上藩镇久握重兵者，皆尾大不掉，于国家不利，此种教训不可不察。"大学士索额图和大多数朝臣都认为撤藩必定引发战乱，不如维护现状更好。

如果能不发生战乱而将三藩撤掉，当然最好，但这种不付出代价的好事是不可能的，维持现状又能维持多久？拖延解决，付出的代价是否更大？双方意见不能统一，只好由皇上决断。

康熙对这个问题，早已反复考虑过，他认为"三桂等蓄谋久，不早除之，将养痈成患。今日撤亦反，不撤亦反，不若先发"，做出了全撤的决定。康熙做出这个决定，虽然显得操之过急，如果先撤二藩，使吴三桂失去援手，同时在战略要地部署军队，战争的形势可能更为有利，不至于旷日持久，生灵涂炭，但也表现出他的决心不可动摇，处事果断。

同年，康熙命折尔肯、傅达礼往云南，梁清标往广东，陈一炳往福建，分别会同总督、巡抚、提督，经理各藩撤兵起行事宜。康熙知道，这次派往云南去的使臣是要冒极大风险的，因此在他们启程时，他特赐御用佩刀一口，良马两匹，以示关怀，并壮其势。康熙将自己亲笔写的诏谕叫他们带给吴三桂，对吴三桂进行劝说和警告。

吴三桂素来功高自负，他本以为，青年康熙一定会优诏慰留他，却不料朝廷派使臣来收回他的权力，交给地方督抚。吴三桂妄图永镇云南的幻想破灭了，故"反谋益急"。吴三桂表面上对朝廷使臣很尊重，表示要启程迁移；背地里却加紧进行谋叛的准备，派遣心腹将领扼守关隘，控制人员出入。不久，吴三桂集合部下官兵，当众杀害了拒绝从叛的云南巡抚朱国治等，扣留了朝廷使臣折尔肯、傅达礼，自称天下都招讨兵马大元帅，蓄发换服，旗帜皆用白色，以明年为周王元年，并发檄文于远近，声称为明室复仇才起兵反清。

虽然吴三桂拥有雄厚的军事实力，可惜当时天下大局已定，康熙的施政又很得当，挑起战乱注定不得人心，刚开始时拥护吴的一些前明遗老，在看清了他的真面目后也纷纷离去，机关算尽的吴三桂从一开始就注定了日后灭亡的命运。

第二节　吴三桂反

康熙清除了鳌拜集团，开始朝纲独断，自主地治理国家。为时不久，便爆发了以吴三桂为首的大规模武装叛乱，刚刚安定下来的国家，再次陷入内战的深渊。这一事变，远比同鳌拜集团斗争要严重得多。它对于才迈入青年时期的康熙无疑是一次命运攸关的考验。

康熙十二年（公元1673年），康熙下令三藩俱撤还山海关外，但没想到吴三桂却正式起兵反清。起兵前后，吴三桂先后致书尚可喜、耿精忠和台湾延平王郑经（郑成功之子），以及贵州、四川、湖广、陕西等地的旧相识，相约发兵，三藩之乱由此开始。为了师出有名，吴三桂佯称拥立先皇三太子，兴明讨清，到处散发《吴三桂奉天讨满檄文》：

> 原镇守山海关总兵官，今奉旨总统天下水陆大师兴明讨虏大将军吴，檄告天下文武官吏军民等知悉：本镇叨明朝世爵，统镇山海关。一时李逆倡乱，聚众百万，横行天下，旋寇京师，痛哉毅皇烈后之崩摧，惨矣！东宫定藩之颠踣，文武瓦解，六宫恣乱，宗庙瞬息丘墟，生灵流离涂炭，臣民侧目，莫可谁何。普天之下，竟无仗义兴师勤王讨贼，伤哉！国运夫曷可言？
>
> 本镇独居关外，矢尽兵穷，泪干有血，心痛无声，不得已歃血订盟，许虏藩封，暂借夷兵十万，身为前驱，斩将入

关，李贼逃遁，痛心君父，重仇冤不共戴，誓必亲擒贼帅，斩首太庙，以谢先帝之灵。幸而贼遁兵消，渠魁授首，正欲择立嗣君，更承宗社封藩，割地以谢夷人，不意狡虏遂再逆天背盟，乘我内虚，雄踞燕都，窃我先朝神器，变我中国冠裳，方知拒虎进狼之非，莫挽抱薪救火之误。本镇刺心呕血，追悔莫及，将欲反戈北逐，扫荡腥气，适值周、田二皇帝，密令太监王奉抱先皇三太子，年甫三岁，刺股为记，寄命托孤，宗社是赖。姑饮泣隐忍，未敢轻举，以故避居穷壤，养晦待时，选将练兵，密图恢复，枕戈听漏，束马瞻星，磨砺警惕者，盖三十年矣！

兹彼夷君无道，奸邪高涨，道义之儒，悉处下僚；斗筲之辈，咸居显职。君昏臣暗，吏酷官贪，水惨山悲，妇号子泣。以至彗星流陨，天怨于上；山崩土震，地怨于下，卖官鬻爵，仕怨于朝，苛政横征，民怨于乡；关税重征，商怨于涂；徭役频兴，工怨于肆。

本镇仰观俯察，正当伐暴救民，顺天应人之日也。爰率文武臣工，共襄义举，卜取甲寅年正月元旦寅刻，推封三太子，郊天祭地，恭登大宝，建元周启，檄示布闻，告庙兴师，克期进发。移会总统兵马上将耿（精忠），招讨大将军总统使世子郑（经），调集水陆官兵三百六十万员，直捣燕山。长驱潞水，出铜驼于荆棘，奠玉灼于金汤，义旗一举，响应万方，大快臣民之心，共雪天人之愤。振我神武，蒯彼臊氛，宏启中兴之略，踊跃风雷，建划万全之策，啸歌雨露。倘能洞悉时宜，望风归顺，则草木不损，鸡犬无惊；敢有背顺从逆，恋目前之私恩，忘中原之故主，据险扼隘，抗我王师，即督铁骑，亲征蹈巢覆穴，老稚不留，男女皆诛；若有生儒，精习兵法，奋拔岩谷，不妨献策军前，以佐股肱，自当量材优擢，无靳高爵厚封，其各省官员，果有洁己爱民、清廉素著者，仍单仕；所催征粮谷，封贮仓库，印信册籍，赍解军前。其有未尽事，宜另颁条约，各宜禀遵告诫，毋致血染刀头，本镇幸甚，天下幸甚！

此檄文虽然只是为了蛊惑人心，利用民族情绪妄想让汉族人民为吴三桂的"大周朝"卖命而炮制出来的东西，但文章用词饱满、气势磅礴、情真意切，所以还是有一定的迷惑力的。在吴三桂的煽动下，先后共有总督、巡抚、提督、总兵等地方大员26人参加叛乱，其中明朝降清武将有20人。此外，吴三桂还煽惑征集云贵土司、苗彝各族兵丁数万。一时间，长江以南数省，叛乱烽起。吴三桂叛军主力东侵黔、湘，很快集结了14万兵力；侧翼北攻川、陕，兵力亦不下数万。

当吴三桂叛乱的消息传到朝廷时，康熙召开御前会议商讨对策。当初反对撤藩的索额图说："吴三桂兵多将广，三藩要攻入北京易如反掌，看来只有清君侧，把主张撤藩的明珠等人杀了，将首级送去谢罪，事情也许还能挽回。"

既然已经下诏撤藩，岂能因为惧怕吴三桂而妄杀大臣！索额图头脑简单，又过高地估计了吴三桂的实力，并且，他似有借机倾轧明珠之嫌。两人皆权倾一时，各植党羽，明争暗斗。

明珠说："如果杀了臣可以使吴三桂罢兵，则臣这颗头颅不足惜，但吴逆决不会因朝廷杀一二大臣而罢兵。"

康熙面对种种议论，十分冷静。他否定了索额图的意见，他说：

"朕自少时，以三藩势焰日炽，不可不撤，岂因吴三桂反叛遂诿过于人耶？汉景帝错杀晁错并未制止吴楚七国之乱，这是历史教训，应该记取，可令福建、广东两地暂停撤藩，削去吴三桂爵位，速行剿灭。"

康熙分兵遣将，指挥若定，总的方略是：以荆州、岳州为根本，沿长江布防，阻止叛军北进，再由陕西、西川进军阻击叛军西北之路。

大学士王熙建议道："请将吴三桂的儿子吴应熊和孙子吴世霖处死，以寒老贼之胆，以绝群奸之望，以激励军心。"康熙同意，遂下令赐死吴三桂的儿孙。康熙在处理地方官员和将领反叛的问题上，也极有谋略和气度，他下令处死吴三桂的儿孙，却不株连其他在京的吴三桂旧部，只要他们不做内应，朝廷照旧信任他们。他命新任云南提督胡拜、贵州提督赵赖以皇帝的名义发布广告，告诫军民人等，不要听从吴三桂的威胁利诱，对误入歧途者，只要能幡然悔悟，弃暗投明，朝廷一概不咎既往，欢迎归来。

康熙在平三藩中，把吴三桂作为主要敌人，把湖南作为主要战场。他在康熙十四年（公元1675年）就指示大将军岳乐：江西收复要地稍有头绪，就进兵湖南。那一年，吴三桂企图乘陕西王辅臣叛乱，留兵7万守长沙、萍乡等地，以挡住江西岳乐的部队；又分兵7万守住岳州、澧州等地各个水口，以阻止江北的清军南渡；又遣一部分兵力进逼湖北襄阳，和陕西的王辅臣叛军沟通，联合作战，吴三桂自己亲自赶赴荆州上游的松滋，居中调度指挥。

康熙十五年（公元1676年），康熙针对吴三桂的兵力部署和作战意图，将勒尔锦、尚善、岳乐3名大将军所统的数万兵力投入湖南战场。吴三桂急忙从各地调集了18名将军、10余万人，全力守长江，自己率岳州、澧州的部分兵力援助。康熙早料到吴三桂会采取这一行动，遂命在岳州的尚善、荆州的勒尔锦两位大将军，渡江进攻岳州和澧州。但尚善和勒尔锦于三月份相继渡江后，进展非常缓慢。勒尔锦在太平街失利后，就又退回荆州去了，使康熙的这次迂回包围计划未能实现。

康熙对诸王、贝勒拥兵自重、畏缩不前、贻误战机的现象十分忧虑。为了改变这种局面，康熙大胆地破格任命前锋统领穆占为征南将军，给他调了和岳乐等大将军相近的兵力，还将他召到北京，当面交代了战略意图。康熙十六年（公元1677年），穆占率兵抵达长沙外围，经过一个多月的准备后，即开始攻城。由于大将军岳乐不予配合，长沙没有攻下来，而且造成了重大伤亡。而这时吴三桂为了摆脱清军的三面包围，率众往衡州，另遣兵3万往湖南南部的宜章，企图进兵广东。康熙一面派兵坚守广东韶州；一面令穆占等进攻衡州，堵住吴三桂进广东部队的后路。至康熙十七年（公元1678年），康熙彻底粉碎了吴三桂向广东发展的图谋。

吴三桂在康熙调兵遣将、步步紧逼的打击下，军事上完全丧失了主动，处处陷于被动挨打的境地，便于康熙十七年（公元1678年）三月初匆匆称帝，是年67岁，立年号为昭武。改衡州为定天府，封了百官和诸将，封妻子为皇后，孙子吴世璠为太孙，确定实行新的历法。八月，吴三桂集中兵力猛攻永兴，双方激战二十昼夜，大炮轰鸣，声震长江，战斗甚为惨烈，清军都统宜里布、护军统领哈克山等战殁，前锋统领硕岱率兵入城死守，浴血奋战，战况十分危急。康熙闻报为之寝食不安。然而就在此时，吴三桂听说他的女婿胡国柱密谋降清，心力交瘁，突然一命归西了。

吴三桂死后，他的孙子吴世璠从云南赶到衡州继位，改年号为洪化。吴世璠不敢留在衡州，便向贵州贵阳撤退。此时的叛军已经是军心涣散、斗志全无。康熙审时度势，抓住了这一大好时机，命大军水陆夹击，迅速收复了岳州、长沙、衡州等地。至此，康熙已经取得了平定三藩的决定性胜利。

第三节　尚耿从乱

所谓三藩之乱，实际上只有吴三桂一藩是铁心反叛。尚之信和耿精忠，与其说是反叛，不如说是见吴三桂势大，也想浑水摸鱼，扩大自己的利益而已。对他们，康熙更多是以招抚为主，他把主要精力放在对付吴三桂一方上，分清主从，分别对待。

康熙十三年（公元1674年），靖南王耿精忠响应吴三桂，和部下曾养性、江元勋、马九玉、白显忠等密谋反叛，囚禁总督范承谟，自称"总统兵马大将军"，分兵攻占延平、邵武、福宁、建宁、汀州等地，占据了福建全省，并派人联络吴三桂和台湾的郑经。消息传至朝廷，康熙下令削除他的王爵，命定南将军希尔根、平南将军赍塔、平寇将军根特巴图鲁，分别从江南、浙江、广东三路进军福建，又派军驻于江南、京口待命，同时降旨招抚，派工部郎中周襄绪及原来耿精忠属下的一等护卫陈嘉猷前往福建宣诏，谕旨中说："谅耿精忠必系一时无知，堕人狡计，与吴三桂不同，故将吴三桂子孙正法，耿精忠在京诸弟照旧宽容，所属官兵并未加罪。""耿精忠自祖、父以来，受恩三世四十余年，非素蓄逆谋首倡叛乱者比。""果能追念累朝恩德及伊父忠荩遗言，革心悔祸，投诚自归，将侵犯内地海贼速剿图功，即赦免前罪，视之如初"。

耿精忠拒绝招降，囚禁了周襄绪，并且派兵攻打浙江、江西。康熙于是命令康亲王杰书和固山贝子傅喇塔由浙江进击，又派岳乐、喇布两军声援，连败耿军。借胜利之机，康熙再次颁诏，派耿聚忠前去招降。在诏书中，康熙历数耿精忠祖、父的功劳，陈明利害，苦口婆心劝其归降，遣耿聚忠赍敕谕诏，说："尔若即悔罪率众归诚，当复尔王爵，仍旧镇守，所属人员职任俱各如故，兵民人等照前安插。倘能剿除海寇，共奏肤功，仍优叙加以爵赏。前使臣周襄绪等不遣之归，或别有故，朕不介意。朕以诚心待天下，断不食言。"但耿精忠毫无悔意，连他的弟弟都没有见，依旧调兵遣将，派江元勋等据守关隘，督促马九玉等进攻衢州。在这种情况下，康熙命令清军加大进攻力度，叮嘱杰书不可因为招抚而耽误进剿，并且提出了"海寇宜用抚，耿精忠宜用剿或用间"的战略方针，将耿精忠作为打击重点。在康熙的遥控指挥下，清军英勇作战，取得了一个个胜利。浙江总督李之芳率部在金华和衢州击溃了耿的部将曾养性和马九玉。

正在此时，据守台湾的郑经也趁火打劫，从耿精忠身后进攻，试图吞并福建。耿藩世居福建，和台湾郑氏集团长期战争不断。耿精忠发动叛乱，希望联合郑氏，一同反清，但郑氏对耿精忠貌合神离，不但不愿出兵，反而借机登陆扩张。康熙十三年（公元1674年）六月，泉州提督王进功之子杀死了耿精忠的总兵等人，献城投降郑经。耿精忠派人索地，郑经嘲笑说："天下乃我太祖之天下，与尔主何干？况漳、泉系本藩父母之邦，又是尔主请本藩渡海，戮力匡襄，共扶明室，故本藩不惜跋涉，提师前来。岂墨迹未干，遂尔背约？"反而倒打一耙，让耿精忠无计可施。这样一来，耿精忠联合郑经的图谋就破产了。

后来，郑经派冯锡范在福建海澄等地张贴檄文，称赞吴三桂，却指责耿精忠"从不遵及大明正统""妄自尊大，待以附庸"，因此"惟郑王为盟主，复我大明三百年之基业，澄清东南之半壁"。实际上他已经发出了宣战书。不久，郑经就占据了漳州、泉州、潮州等重要地方，兵马强盛。耿精忠屡战屡败，不得不派人求和。

双方虽然暂时和好，但聪明的康熙知道，他们势难两立，因此定下了抚郑剿耿的方略。康熙十五年（公元1676年）三月，尚之信反清，吴三桂约郑经和耿精忠进兵江南，不料郑经企图借机吞并整个福建，攻占了重镇汀州，又攻克兴化府，兵锋直指福州。耿部纷纷依附郑经。耿精忠这才认识到郑经的险恶用心，但为时已晚。这样一来，耿精忠进攻江西和浙江的阴谋都破产了，自己的根据地却被郑经夺去了大半。加上连年征战，民怨沸腾，军饷匮乏，军士纷纷逃亡，败相已现，面对郑经的进攻，他不得不撤回攻打江西的耿继善，回守福建。

康熙敏锐地认识到"耿精忠撤建昌诸贼，其为海寇所逼无疑"，下令康亲王杰书，率军直取福建，"我兵宜乘机前进，其令大将军杰书，将军贝子傅喇塔、赖塔，总督李之芳等，速剿闽寇，酌量招抚，勿坐失事机。"清军遂长驱进入福建。耿精忠受腹背夹击，势力穷蹙，部下将领白显忠等率军投降。康熙见时机成熟，再次令杰书前往谕降。康亲王杰书致书耿精忠说："今大兵屯仙霞岭，长驱直入，攻拔蒲城，蒲城乃闽省财赋要地，咽喉既失，粮运不通，建宁、延平旦夕可下，与其引颈受戮，不如率众归诚，仍受王爵，保全百万生灵；况郑经与尔有不共戴天之仇，攘夺郡邑无异时，尔当助大兵进剿立功，何久事仇人为叛逆？"耿精忠得书，犹豫未决，回复道："自愿归诚，恐部众不从，致滋变患。望奏赐明诏，许赦罪立功，以慰众心，乃可率属降。"杰书见他仍旧拖延，不给他喘息之机，命大军迅速进攻延平，守将耿继美投降。耿精忠见大势已去，决意归降。

然而，被耿精忠囚禁的福建总督范承谟还在，他已经被囚禁了多年，备受折磨，仍坚贞不屈，每天写一首七言绝句，表现自己对朝廷的忠心和对耿精忠的愤懑。耿精忠想投降，又担心范承谟揭露他的罪状，于是他决定杀人灭口，亲自派人逼迫范承谟自杀，并将范承谟的幕僚、亲属等50多人全部杀害。然后，他才派儿子耿显祚献印请降。杰书大军进入福州，耿精忠率领属下官员出城迎降。至此，三藩之一被平定了。康熙仍然保留了耿精忠的王爵，命他率领部下协助征剿，戴罪立功。到康熙十六年（公元1677年），清军将郑经所部逐回厦门，各地的叛军纷纷投诚，福建、浙江、江西相继被平定。

镇守广东的尚可喜一直忠于清朝，对抗吴三桂的叛军，得到康熙的信任，但他年老体病，长子尚之信代为理事。吴军攻势很猛，不少部将投降叛军。尚之信借机作乱，接受了吴三桂招讨大将军的任命，囚禁了父亲，夺得兵权。康熙没有惊慌失措，他认为叛军内部矛盾重重，很快就会发生内讧。只要解决了福建问题，广东的问题自然迎刃而解。尚之信起兵后，以为会得到吴三桂的大力支持，不料吴三桂却不断向其索要饷银，又派亲信董重民取代金光祖为两广总督，冯苏代佟养钜为广东巡抚，马雄驻肇庆，企图乘机夺占他的广东地盘。郑经也受吴三桂挑唆，攻占了惠州和沿海一带。尚之信不但没有得到好处，连老巢也几乎不保。清军已经占领了福建，和耿精忠所部一起，攻打过来。就这样，尚之信陷入了四面楚歌的困境之中。

耿精忠降清仍受重用提醒了尚之信，于是他也决定投降。康熙十五年（公元1676年），尚之信派人到简亲王喇布军前乞降。喇布上奏康熙，康熙降特旨说："将尔已往之罪，并尔属下官兵，概行赦免"，"倘能相机剿贼，立功自效，仍加恩优叙"。第二年五月，尚之信率省城将士归顺，其余部下也相继投降。康熙让尚之信袭封平南亲王，部将也各复原职。康熙对大学士们说："叛乱之罪在吴三桂，与被胁从之人无关，只要能悔罪投诚，应一概宽免。"因此就连吴三桂任命的总督董重民等也予以免死释放，以此来争取更多的叛军归顺。

鉴于这些人反复无常，康熙没有放松警惕，在保留他们的利益的同时，他也加强了控制。康熙最后的目的仍然是撤藩，不过他知道吴三桂不灭，彻底撤藩就难以实现。相对吴三桂而言，尚之信、耿精忠不过是附和者。康熙分清首从，分化瓦解，对他们分别对待，因此才保留了尚之信和耿精忠的王爵。

康熙对耿精忠最不放心。康熙十六年（公元1677年），他命耿精忠把自己的儿子耿显祚送入京城做散秩大臣，其实就是充当"人质"。同时，他命令康亲王杰书率军驻扎福建，一方面防备郑经，另一方面也是为了监视耿精忠。

不久，耿精忠杀害范承谟等人的罪行被揭露。原来，看守范承谟的狱卒感念他的忠贞，偷偷到荒野上捡了他的一些遗骨，暗地里收藏起来，亲自来到京城，报告了事情的经过。康熙知道后非常伤心，命令用隆重的礼仪举行祭葬，追赠为太子太保、兵部尚书，康熙还亲自为范承谟在狱中所做的《画壁集》题写了序言。

康熙十六年（公元1677年）十一月，耿精忠属下的参领徐鸿弼等人也联名揭发他，列举了他"归顺后尚蓄逆谋"五项罪行：违背康亲王令，不全部举出叛党；私下和郑经通音信；和刘进忠耳语，说自己本不愿投降；密令心腹藏火药铅弹，说是为日后所用；遣散士兵归农，让他们携带武器，不留给大军。但康熙将这个奏疏留下未发，继续等待时机。按理，耿精忠的一系列做法足以处之死罪，但康熙深知，如果这个时候处理他，将会影响全局，因此假作不知，以安众心。

康熙十七年（公元1678年），吴三桂死，吴军逃回云贵，郑经也退守厦门。康熙担心耿精忠留在福建会发生意外，打算让耿来京，又担心他心中怀疑，所以就密令康亲王让耿精忠奏请陛见。康亲王上书请求将耿精忠治罪，但康熙认为时机还没有到。他在给康亲王的密谕中说："朕思凡行一事必前后计虑，果有裨于国家始可举行，若轻率妄动，必致舛错。今广西、湖南、汉中、兴安等处俱已底定，逆贼余党引领以冀归正者不止千百，若将耿精忠即行正法，不但已经投诚之人以为后日亦必如此声明其罪，即未经投诚之人睹此寒心，亦未可知。关系实重。前朕手谕欲令耿精忠来京者，盖掣回福建一半满兵之意，非欲即行处决，俾其先来也。"康熙考虑得非常仔细周到。他所担心的不是耿精忠，而是如果过早处理他，会造成不利影响，对于迅速结束战争不利。

康熙十九年（公元1680年），耿精忠上疏请求觐见，康熙当即允准。八月，耿精忠到京，他的弟弟耿昭忠、耿聚忠就举报他的不法行为。议政王大臣请求将他交给法司审理。法司判决将其革去王爵，与其子耿显祚及部属曾养性一并凌迟处死。康熙批准了拘审，但一直没有最后处理。直到三藩之乱彻底平定，康熙才下令将耿精忠革去王爵，立即凌迟处死，其子耿显祚被处斩。其手下大将如曾养性、白显忠等被凌迟处死，其他一些主要的叛将也都做了处理。与此同时，撤除靖南王藩的工作也顺利完成。

尚之信的命运比耿精忠似乎好一些。由于康熙对他父亲很信任，也给他留了后路。但尚之信虽然归降，仍然心怀叵测。康熙多次命他进军湖广、广西，他都按兵不动，坐观成败，直到吴三桂死，他才听从朝廷调遣。

尚之信肆意虐待下属，十分残暴，酒后动辄发怒，拿刀杀人。他的部将孙楷宗归顺清廷后，朝廷赦免其罪，尚之信却杀了他。护卫张永祥替尚之信送奏章到京，被提为总兵，尚之信却故意从中阻挠，还鞭打他以示侮辱。护卫张士选言语触怒尚之信，尚之信竟斩断了他的双脚。其残暴行为令人发指，激起了将士的愤怒。

康熙十九年（公元1680年），张永祥、张士选赴京告发他谋叛。康熙当即命侍郎宜昌阿等人以巡视海疆为名赴广东调查，都督王国栋、副都统尚之璋都揭发了尚之信的不法行为。康熙于是命令王国栋将他逮捕，押解京师，当庭对质。尚之信知道后，非常愤怒，就指使其弟尚之节与长史李天植将王国栋诱杀。七月，朝廷以尚之信"不忠不孝，罪大恶极，法应立斩，姑念曾授亲王，从宽赐死"，对尚之节、李天植则就地正法。尚之信一死，平南王藩封相应撤去。其所部的佐领改隶汉军，驻防广东。三总兵标下官兵，裁去一总兵之官兵，剩下两总兵留镇广州。平南王府库金银，全部充作国赋，以济军需。

就这样，康熙用数年时间，平定了三藩之乱，也完成了撤藩的初衷。康熙做事非常老到。从他处理耿精忠和尚之信的过程来看，他不露声色，游刃有余，实在是令人佩服。

第四节　京师危机

当吴三桂发动叛变的消息传到京城，很快就引起了全国的强烈震动。很多人认为，康熙不过是一个少不经事的毛孩子，怎么会是久经沙场的吴三桂的对手，觉得有机可乘，蠢蠢欲动。由于防守京城的禁旅八旗先后奉调南下平叛，京城空虚，杨起隆就利用这一时机，在天子脚下首先发动叛乱。史称"朱三太子案"。

朱三太子是明崇祯帝的第三个儿子，明朝灭亡后，一直下落不明。因而，清朝初年，各地人民反清起事，多以朱三太子为号召。杨起隆亦不例外，当他得知吴三桂叛乱时，就利用一些人对明朝的怀念，诈称"朱三太子"，秘密起事。经多方联系，他组织了京城百姓和贵族家奴1000余人，相约以头裹白布、身扎红带为标记，定于康熙十三年（公元1674年）元旦之日，以放火为号，在内城一起举事。准备趁各官员入朝时，各自杀死自己的主人，将来建立政权时，被杀官员的官职就由该官的家奴担任，因此得到了一些家奴的拥护。一场肘腋之变正蓄势待发。

就在他们即将举事的时候，消息泄露了。康熙十二年（公元1673年），镶黄旗人郎廷枢的家奴黄裁缝在夜里喝醉了酒，胡言乱语，郎廷枢觉得奇怪，就趁他醉意正浓时诱导他说出更多的话。原来黄裁缝也参加了杨起隆的阴谋。郎廷枢得知后大惊失色，当即擒住黄裁缝等3人到旗主处，举报了这件事。

正黄旗人周公直也发现了动静。他报告说，他的家奴陈益正聚集

30多人在家中密谋举事。康熙得到汇报后，大吃一惊，但他没有慌乱，而是果断地命令正黄旗都统图海、祖永烈迅速率领官兵前去擒拿，结果当场拿获了案犯30多人。接着，他又下令关闭城门，严行搜查，捕获首要人犯数百人。首犯杨起隆闻风而逃，后来，图海驻军凤翔时，将他抓捕，判处死刑。康熙镇定自若，举手之间平定了一场大乱。

在审理案件的时候，康熙十分重视，他认识到叛乱分子敢在京城发难，一旦得逞，后果不堪设想。刑部审完了案犯，提出一份判决报告书，拟将黄裁缝等200余人按"谋反律"凌迟处死，其亲属自祖父至子孙，还有叔伯兄弟及其儿子，凡男子年满16岁者，都予以处斩；15岁以下之男子和案犯的母亲、女儿、妻子、姐妹，以及财产都籍没入官。案件交到康熙手中审核之时，他本着从宽处理的原则，改定只将黄裁缝等9人凌迟处死，其余194人改为斩首。案犯亲属，康熙不忍株连过多，一律免罪释放，其家产也免入官，受牵连之人亦不予追究。他采用宽严结合的处理方法，无声无息地处理了一场足以震惊全国的大案，没有引起大恐慌，使京城很快安定下来。

一波未平，一波又起，紧接而来的更大危机继续考验着康熙的定力。

康熙十三年（公元1674年），河北总兵蔡禄准备叛乱响应吴三桂。蔡禄和襄阳总兵官杨来嘉原都是郑成功的部将。郑成功去世后，他们率部降清，被从优提拔，授以总兵官。当获知吴三桂在云南起兵后，蔡禄也萌生了反叛之意，开始和已在谷城起兵反清的杨来嘉书信往来，购买骡马，制造兵器，命令士卒以捕鱼为名，进行军事演习，密谋发动叛乱。

正巧侍卫关保到河北出差，无意间探听到这个消息，当即火速报告康熙。河北属于京畿重地，一旦发生叛乱，首先就会威胁到京城的安危。而且，和杨起隆的乌合之众不同，蔡禄率领的是久经沙场的强兵悍将，对于京城是致命的威胁。形势万分危急。但康熙不慌不忙，始终保持冷静的头脑。他经过认真思考后，立即派内大臣阿密达领护军速赴蔡禄驻防地。在蔡禄还没有将士卒鼓动起来之际，阿密达就已率部迅速包围了他的衙署。蔡禄的部下企图负隅顽抗。阿密达指挥若定，率部冲进衙署，将蔡禄父子及同谋一并擒获，四月二十四日，押解北京处决。这样，一场叛乱又被扑灭在萌芽之中了。

在短短几个月的时间里，京畿重地先后发生的两次叛乱，引起了康熙的高度警觉，他意识到吴三桂叛乱已在各阶层产生了广泛的影响。但此时吴三桂的长子吴应熊尚在京城，虽然已被拘禁，但终究是一大隐患，万一再度变生肘腋，后果实难预计。朝中一些大臣纷纷请求将吴应熊处死，以绝后患。

康熙十三年（公元1674年）三月九日，兵部尚书王熙上疏康熙，请求处死吴应熊，奏疏称：

> 逆贼吴三桂负恩反叛，肆虐滇黔，毒流蜀楚，散布伪札，煽惑人心，今大兵已抵荆南，刻期进剿，元凶授首在指日间。独其逆子吴应熊，素凭势位，党羽众多，擅利散财，蓄养亡命依附之辈，实繁有徒。今既被羁守，凡彼匪类蔓引瓜连，但得一日偷生，岂肯甘心受死。即如种种流言，讹传不止，奸谋百出，末易国防。大寇在外，大恶在内，不早为果断，贻害非轻。为今之计，惟速将应熊正法，传旨湖南、四川诸处，老贼闻之，必且魂迷意乱，气阻神昏，群贼闻之，内失所援，自然解体，即兵士、百姓闻之，公义所激，

勇气倍增。至应熊亲随人等，系累之中，益成死党，闻发刑部者不下五六百人。人众则难防，时久则易玩。速敕法司，讯别情罪，重者立决，次者分给各旗，消除内变之根源，扫荡逆贼之隐祸，洵今日第一要着也。

议政王大臣会议经过讨论，一致支持王熙的建议。但康熙还是有些于心不忍，因为吴应熊是自己的亲姑父。从亲情方面说，他不愿意处死吴应熊，但从国家大局考虑，他不能冒这样大的风险，因此必须处死吴应熊以防患于未然。经过激烈的思想斗争，最后，康熙以大局为重，批准了王熙的奏疏，同意处死吴应熊。为此，他特地颁下了一份谕旨，其中说道：

以枭獍之资，怀狙诈之计，阴谋不轨，自启衅端，藉请搬移，辄行叛逆，煽惑奸宄，涂炭生灵。朕连年遣兵征讨，秦、陇底定，闽、粤荡平，惟吴三桂窃据一隅，苟延旦夕。今大兵云集，恐其挺走，潜窜岭南。兹以王累世屏藩，效忠天国，乱臣贼子，谅切同仇。今已遣诸军大张挞伐，平定粤西，进取滇、黔。尔国壤地相属，素谙形势，王其遴选将士，协力歼除，懋赏荣褒，朝有令典。钦哉，无负朕命。

两次叛乱的平定和吴应熊的被处死，消除了京城的隐患，稳定了人心。

当得知儿子变成刀下之鬼的时候，吴三桂正在饮酒，一听到此消息，登时脸色大变，双手发抖，酒杯从手中掉了下来，落到地上被摔得粉碎，丧子使得这位叛臣也尝到了切身之痛，他老泪纵横，长叹一声，说："今日真是骑虎啊！"当即失望、痛心、愤恨一齐涌向心头，他原想康熙还会顾及其子与清廷的关系而不致伤害，初得湖南还望生得其子。可如今子孙都被杀死，他才意识到康熙的厉害，心中懊悔不迭，但已成骑虎之势，只好硬着头皮拼下去了。

又一场危机过去了，但历史给康熙出的难题却没有结束。

当时，清军在和吴三桂的战斗中，几乎是节节败退。随之而来的是，陕西提督王辅臣叛乱，耿精忠叛乱，四川提督郑蛟麟叛乱。一时间，叛乱席卷全国，南方大部分领土都落入叛军之手。恰恰就在这个时候，也就是康熙十四年（公元1675年），蒙古察哈尔部布尔尼趁机兴兵叛乱。

布尔尼是蒙古林丹汗的孙子。清太宗时将林丹汗征服，林丹汗死后，清廷封其子阿布奈为和硕亲王，并将清朝公主嫁给他为妻。康熙八年（公元1669年），因阿布奈失外藩朝贺之礼，免除了他的亲王爵位，带入京师，爵位由他的儿子布尔尼承袭。布尔尼是清朝公主所生，但对清廷的做法深怀不满，一直图谋报复。

吴三桂叛乱后，康熙无暇北顾，将京城八旗兵大部分南调平叛。布尔尼野心勃勃，积极准备，图谋叛乱，企图借此良机一举实现祖父林丹汗的夙愿。公主长史辛柱设法派他弟弟阿济根至京城告发。康熙觉得叛乱还未显露，而且京城兵力空虚，不能武力镇压，就希望尽力安抚。于是他派侍卫塞楞等去召见布尔尼兄弟及巴林、翁牛特部王公等进京朝见。布尔尼内心生疑，不但不进京朝见，反而扣留塞楞，同时煽动蒙古各部造反。三月二十五日，布尔尼与奈曼王一同发动叛乱，率军直逼张家口。

察哈尔叛乱，对京城的安全构成严重威胁。得知这一消息，康熙十分忧虑，此时京城驻防的军队几乎全部南下，他手中已无兵可派。这时候，又是老祖母孝庄太皇太后指点了他。孝庄给他推荐："图海才略出众,可当其责。"

图海是顺治帝破格提拔的人才,曾任宏文院大学士、议政大臣,后因错误被革职。康熙初年被授为正黄旗满洲都统,不久复任宏文院大学士,进一等阿达哈哈番。孝庄经历了皇太极、顺治、康熙三代,几十年的时间,这使她对所有大臣都了如指掌,在此关键时刻,便将有才干的能臣推荐给了康熙。

康熙马上任命信郡王鄂扎为抚远大将军,图海为副将军,率师征讨布尔尼。京师无兵,图海就把八旗家奴骁健者组织起来。由于图海领兵有方,这支从来没有打过仗的家奴部队,显示了很强的战斗力。

图海率部日夜兼程,赶往前线。为了激励这些人的斗志,他允许众家奴沿途抢掠,所获金帛归个人所有,又号召说:"前此所掠,都是士庶之家,财宝不丰厚。察哈尔是元朝大汗的直系后代,有数百年的基业,珠玉宝货不可胜计,你们如能获取到,可富贵终身。"正所谓"重赏之下,必有勇夫",队伍不几天就到达察哈尔。全军将士斗志高昂,甚至被形容为"无不以一当百"。

图海与布尔尼在达禄决战。布尔尼在山谷间布置伏兵,列阵以待。鄂扎与图海率家奴兵分头进击,冒着布尔尼的炮火,奋勇向前,冲乱了布尔尼的阵脚。布尔尼的部属下都统晋津阵前倒戈,反攻布尔尼,布尔尼大败而逃。与此同时,科尔沁额驸沙津亦率兵来援,不久,沙津率兵将布尔尼及其弟追杀,献首朝廷。不到一个月,这次叛乱就被彻底平定。

察哈尔之乱的平定,使康熙稳定了自己的大后方,得以后顾无忧,全力平定"三藩"之乱,进而实现国家的统一大业。

面对着京城附近接连发生的这几次叛乱,年少的康熙临大乱而不惊,指挥若定,将大难消灭于无形之中,使京畿形势很快稳定下来,从而也就稳定了人心。这充分反映了康熙过人的胆识和能力，显示了他高超的统治能力。

第五节　恩抚王辅臣

　　平定三藩之乱，有一场惊心动魄的较量是绝对不能被人忘记的，那就是对于陕西提督王辅臣的争取。别看他是一个提督，却对战局的走向起着至关重要的作用。如果说康熙和三藩成为天平的两端，王辅臣这个砝码加到哪一方，哪一方就有可能获得最终胜利，其重要性可想而知。在争取王辅臣这件事上，吴三桂和康熙都使出了浑身解数，各有优劣，最终还是康熙剿抚兼施，胜了一筹，从而也获得了最终的全胜。

　　那么，王辅臣究竟是什么人呢？

　　王辅臣，祖籍河南，本来姓李，后被王进朝收为义子，遂改姓王。后来，农民军势大，王辅臣随明朝大同总兵姜瓖归附了李自成，被任命为副将。他是一员出色的猛将，作战英勇，万夫难当，人送外号"马鹞子"。顺治六年（公元1649年），阿济格率领清军围攻大同，王辅臣经常突入敌营，掠人而归，敌不敢当。大同陷落，王辅臣也跟着姜瓖降清，隶属于汉军正白旗，后来被调入京师。顺治帝对他非常赏识，授予御前一等侍卫之职。

　　顺治十年（公元1653年），王辅臣跟随经略大学士洪承畴征战河南、广西。洪承畴对他也很器重，王辅臣对洪承畴更是毕恭毕敬，忠心耿耿，随侍左右，寸步不离。行军时遇有险阻，他必下马，亲手为洪承畴牵马。遇到山涧，他一定背负洪承畴过去。他的忠心让洪承畴极为感动，亲擢他为湖广总兵。

云南平定后，王辅臣留镇云南，隶属于吴三桂。吴三桂很赏识他，将他调任援剿右镇总兵。王辅臣对吴三桂，同样尽心尽力，竭诚竭忠。据清人刘献廷的《广阳杂记》中记载：

> 辅臣之事平西，无异经略，而平西之待辅臣，有加于子侄，念王辅臣不去口，有美食美衣器用之绝佳者，他人不得，必赐辅臣。

两人关系非常亲密。其实，吴三桂这个时候已经有了割据的野心，为了扩大自己的实力，他当然不会放过王辅臣这样能征善战的大将，因此竭尽笼络之能事，在他的推举下，康熙三年（公元1664年），王辅臣被加衔左都督。

而康熙一直关注着吴三桂，他亲政的第二年，也就是康熙九年（公元1670年），他就开始谋划削弱吴三桂的力量，打起了王辅臣的主意。正好，这一年陕西提督缺空，康熙以王辅臣勇谋双全，是难得的人才，于是将他从吴三桂那里调出，升任陕西提督。

任命下达之后，吴三桂才知道，他深感惋惜，如失左右手。王辅臣临行前，吴三桂拉着他的手，涕泣不止，说道："你到了平凉，不要忘了老夫。你家里穷，人口多，万里迢迢，怎么受得了。"遂赠白银二万两作为路费，王辅臣心中感激不已。

陕西是战略要地，可以说是京城的西部门户，必有得力之人方能守卫。康熙将这么重要的职位交给王辅臣，就是对他最大的笼络。王辅臣去平凉上任前，进京谒见康熙，康熙语重心长地对他说："朕真想把卿留于朝中，朝夕得见。但平凉边庭重地，又非卿去不可。"又特地让他过完元宵节，与他一起看灯，并特命钦天监为他择吉日动身。临行前，康熙再次接见他，赐给他一把蟠龙豹尾枪，说道："此枪乃先帝留给朕的，一共只有两把。朕每次外出，都把此枪列于马前，为的是不忘先帝。卿乃先帝之臣，朕为先帝之子。别的东西不足珍贵，只有把此枪赐给卿，卿持此枪往镇平凉，见此枪就如见到朕，朕见到枪就如同见到了卿。"这些可以说是很多大臣一辈子都难以享受到的，相比之下，吴三桂的恩德又在其下了。王辅臣被感动得痛哭流涕，他拜伏于地，发誓道："圣恩深重，臣就是肝脑涂地，也不能报答万一，怎么敢不竭尽全力，报效皇上呢！"

可以说，在争取王辅臣的第一战中，康熙就占据了优势。

后来，吴三桂发动叛乱，他首先想到了担任陕西提督的王辅臣和甘肃提督张勇等旧部，以为靠他以前的恩惠，只需一纸号令，二人就会闻风响应。这样一来，他的胜算就大得多了。

对吴三桂的这一手，康熙早已料到。康熙十二年（公元1673年）十二月，他就给王辅臣、张勇和陕西总督哈占颁布特急诏谕："逆贼吴三桂，傥有伪札、伪书，潜行煽惑，当晓谕官兵百姓，令其举首上闻。"果然不久，吴三桂就派王辅臣原来的亲信带着给王辅臣、张勇的信函和任命札二道来到了平凉。

这时的王辅臣正面临着情感和利益的双重煎熬。他想到吴三桂的旧恩和当下的声势，又想到康熙对他的宠信。最终，还是和康熙的情感占了上风，他立即命令拿下他之前的亲信，连同吴三桂给他及给张勇的信、任命札，派他的儿子王继贞一同解往北京。康熙获知后大喜，当即将他之前的亲信处死，并授给王辅臣三等精奇尼哈番世职，任命王继贞为大理寺少卿。

为了加强对西北地区的控制，康熙派刑部尚书莫洛率兵前往陕西，予他全权调动陕西兵马，又让王辅臣坚守平凉，与莫洛同攻四川。王辅臣对莫洛经略陕西，凌驾于其上，有些不满。他从平凉前往西安，向莫洛陈述征战方略，但莫洛不以为意，还显示出轻蔑之意，王辅臣怀恨在心。康熙十三年（公元1674年）八月，王辅臣一再要求莫洛给他添马兵，但莫洛先将王辅臣所属固原官兵的好马尽行调走，大大影响了王辅臣所部将士的心情。莫洛的歧视和压制，终于引发内讧，在莫洛进军不利，屯兵休整时，王辅臣杀死了莫洛，举起叛旗，响应吴三桂。

定西大将军董额得知王辅臣叛乱，急忙飞报康熙。康熙听到奏报以后，大为震惊，当即召见王继贞。王继贞一进殿，康熙就说："你父亲反了！"王继贞吓得魂飞天外，哆哆嗦嗦地说："我不知道，一点也不知道。"康熙知道王辅臣叛变，京师随时都有危险，此时再追究莫洛之死，已毫无意义了，只期望王辅臣能回心转意，这样就必须采取施恩收服的策略，于是对王继贞说："你不要害怕，朕知你父忠贞，决不至于谋反，一定是莫洛不善于调解，才有平凉士卒哗变，你父不得不从叛。你速回去，宣布朕的命令，赦你父无罪。莫洛之死，罪在士卒。"康熙放回王继贞，同时又派苏拜携招抚谕旨前往陕西，会同总督哈占商酌，招抚王辅臣。

康熙深知攻敌必先攻心的道理。不久，他又给王辅臣发去一封亲笔信，深情地陈述了他与王辅臣交往的一桩桩往事，丝毫没有责备他忘恩负义，反而处处显示着体谅与宽容。在这篇敕谕中，康熙写道：

> 近据总督哈占奏称，进剿四川，军中噪变，尔所属部伍溃乱，朕闻之，殊为骇异。朕思尔自大同隶于英王，后归入正白旗，世祖章皇帝知尔赋性忠义，才勇兼优，拔于侪伍之中，置之侍卫之列。继命尔随经略洪承畴进取滇黔，尔果能

殚心抒忠，茂建功绩，遂进秩总戎，宠任优渥，迨及朕躬，以尔勋旧重臣，岩疆攸赖，特擢秦省提督，来京陛见，面加讯问，益悉尔之忠贞天禀，猷略出群，朕心深为嘉悦，特赐密谕，言犹在耳，想尔犹能记忆也。

去冬吴逆叛变，所在人心，怀疑观望，实繁有徒。尔独首倡忠义，举发逆札，擒捕逆差，遣子王继贞驰奏。朕召见尔子，面询情形，愈知尔之忠诚纯笃，果不负朕。知疾风劲草，于今见之。后尔奏请入觐，面陈方略，朕以尔忠悃夙著，深所倚信，且边疆要地，正资弹压，是以未令来京。经略莫洛奏请率尔入蜀，朕以尔与莫洛，和衷共济，毫无嫌疑，故令尔同往建功。兹兵变之后，面询尔子，始知莫洛于尔，心怀私隙，颇有猜嫌，致有今日之事，则朕之知人未明，俾尔变遭意外，忠荩莫伸，咎在朕躬，于尔何罪。朕之于尔，谊则君臣，情同父子，任寄心膂，恩重河山。以朕之惓惓于尔，知尔之必不负朕也。至尔所属官兵，被调进川，征戍困苦，行役艰辛，朕亦悉知。今变起仓卒，情非得已，朕惟加矜恤，并勿致谴。顷已降谕，令陕西督抚，招徕安插，并遣尔子，往宣朕意，恐尔尚怀犹豫，兹特再颁专敕，尔果不忘累朝恩眷，不负平日忠忱，翻然悔悟，敛戢所属官兵，各归队伍，即令率领，仍还平凉原任，已往之事，概从宽宥。或经略莫洛，别有变故，亦系兵卒一时愤激所致，并不追论，朕推心置腹，决不食言，勿心存疑畏，有负朕笃念旧勋之意。

康熙为了使王辅臣回心转意，将其反叛原因归咎于自己，表示如果王辅臣反正，仍复提督原任，既往不咎。

在招抚的同时，康熙也严加防备。他下令征调鄂尔多斯蒙古兵3000多人，归化城土默特兵700人，前往西安驻守。此外他还派驻守京城的部分八旗兵，迅速起程，前往西安协守。调副都统穆舒浑、鄂善和希福率兵驰赴兴安，以加强西北战略要地，防止不测。由此可以看出，康熙并非一个只知发善心的老好人，而是一个运筹帷幄的伟大统帅。他在用恩招抚的同时，也做好了战争的准备。

王辅臣接到康熙的诏书后，内心颇不平静，想到康熙对自己恩重如山，不能自己，于是率领人马向北跪下，痛哭流涕。后来王辅臣担心自己杀死了莫洛，康熙迟早要和自己算账，得到吴三桂饷银20万两，遂继续发兵。康熙急命张勇、王进宝等率兵进剿，将王辅臣压缩在平凉、固原，久攻不下。

此后，清军节节胜利，康熙仍然想招降王辅臣。康熙十四年（公元1675年）七月，他又给王辅臣发去一道招降敕谕说："平逆将军又取延安，兰州、巩昌以次底定。大兵云集，平凉灭在旦夕。"大兵交战之时，百姓多遭杀戮，"以尔之故，而驱民于锋镝，朕甚不忍。今复敕尔自新。若果输诚而来，岂惟洗涤前非，兼可勉图后效。"将其罪行赦免。

王辅臣回奏康熙说："有皇上念及兵民，概从赦宥，但如何安抚，天语未及。在事兵将，未免瞻顾。"表明很想回心转意，但又担心朝廷将来变卦，心存疑惧，不敢贸然归降。

康熙十五年（公元1676年）二月，康熙命令图海进攻平凉，他坚持执行康熙用恩招抚的策略，攻心为上，劝诱其降。一些大将主张强攻，图海没有同意，他说："仁义之师，先招抚，后攻伐。今奉天威讨叛竖，无虑不克。顾城中生灵数十万，覆巢之下，杀戮必多。当体圣主好生之德，俟其向化。"他采取围而不攻、围而不战的策略，逐渐掌握了主动。图海原来和王辅臣就认识，对王十分了解，知道他骁勇善战，作战有方，一旦强攻，必然是两败俱伤。

平凉城北有一山冈，名为虎山墩，是平凉饷道咽喉，也是全城的制高点。要破平凉，必先攻占这里。图海率部轮番进攻，经过激烈战斗，终于拿下虎山墩，断绝了平凉城的饷道。清兵在墩上安上大炮，轰击城内，让叛军惶惶不可终日。在这个时候，进行招抚，就水到渠成了。

六月六日，图海命幕僚周昌冒死进城抚慰。在康熙真心的感召下，第二天，王辅臣终于宣布投降。图海立即上奏。康熙览奏大喜，他夸奖图海说："宣布恩威，剿抚并用……筹画周详，布置神速。"马上颁布诏令，赦免了王辅臣等人的罪行，宽言抚慰，命王辅臣恢复原职，加太子太保衔，封靖寇将军，令其立功赎罪，和图海一同留镇陕西，助剿吴三桂。王继贞不久升任太仆寺卿。投诚的参将黄九畴升任布政使，总兵陆道清为左都督兼太子少保，其他官员都各加一级从优升赏。叛军不但没有受到惩罚，反而得到重用，无不感激，奋勇杀敌，以图报效。

康熙对王辅臣的宽大处理具有榜样的力量。许多原来投靠吴三桂的将领也动了心思。当清军战场上渐渐得势之后，吴三桂部下纷纷归诚。康熙十七年（公元1678年）闰三月，吴三桂的水师将领林兴珠在湘潭率众投降。林兴珠是福建人，熟悉水性，率军驻守洞庭湖。他精通水军，善于用兵，清军屡攻不下。但他和岳州吴军守将吴应麒不和，吴应麒在吴三桂面前进谗，吴三桂于是将他调往湘潭，不予重用。林愤而降清。吴三桂大怒，杀其二子。林发誓报仇雪恨，献计夺取岳州。康熙采纳了他的建议，封为建义侯，命他在安亲王岳乐帐下效力。林兴珠的投降，为清军攻占岳州创造了良好的条件。

康熙十七年（公元1678年）十二月，吴军水军大将杜辉请降。康熙十八年（公元1679年）正月，吴军总兵王度冲等率舟师归降。岳州是平三藩之乱的主战场，双方主力在此激战多年。占领了岳州，湖南门户大开，吴军的最后灭亡也就随之而来了。由此可见，收服王辅臣对于全局有着至关重要的影响。

康熙于十六年后，将剿抚兼施的策略陆续在湖南、四川、云南、贵州等省全面推行。他明确规定，凡参加叛乱的文武官员、兵民等，只要能悔罪归正，他们的罪行可以一概不究。如有献城或捕获首领来归的，要给予特别优赏。这规定一实行，迅速见效，投诚的官兵络绎不绝。

收服王辅臣，是平定吴三桂这个大棋局中所下的一个胜负手。康熙剿抚兼施，不仅解除了对京师的巨大威胁，而且剪除了吴三桂在西北的羽翼，使吴三桂失去了一个有力的臂膀，顿时扭转了整个西北战局。由于王辅臣重新归附，其他叛军都纷纷归降，这盘棋也一下子走活了。

第六节　平定三藩

"三藩"造反后，气焰非常嚣张，战祸滋蔓了半个中国。但战争进行了几年后，战场形势发生转变，叛军陆续被清军击破，耿精忠、尚之信等相继降清。

康熙十七年（公元1678年）三月初一日，67岁且势穷力竭的吴三桂在衡州（今湖南衡阳）称帝，国号大周，建元昭武，改衡州为定天府，大封百官诸将。但这一政治行动丝毫不能改善叛军的处境，这年秋天，吴三桂病死。

吴三桂死后，其孙吴世璠继位，改元"洪化"，并退据贵阳。康熙十八年（公元1679年）正月，岳州被清军攻下，康熙得到这一胜利消息后，灵感迸发，他在诗中称赞这次胜利是"群臣尽力，将士用命"。岳州一被清军攻破，湖南其他地方的叛军纷纷弃城逃遁。至此，湖南大局已定。

清军不断的胜利和吴三桂的病死，使得叛军已经是日暮穷途。但为了尽快结束战争，康熙依然采取恩威并施的策略，劝诱叛军投降。

康熙十八年（公元1679年）四月，康熙敕谕云贵文武官员："当时倡叛，罪止吴三桂一人，所属人员均系胁从……争先来归，于各路大将军、将军等军前投诚，皆赦其前罪，论功叙录，加恩安插……"他还亲自分别给胡国柱、马宝、郭壮图、夏国相、吴应麒等叛将写了招抚的谕旨，争取他们投诚，减少征剿的压力。这种剿抚并用的平叛策略，曾经收到很好的效果，先后收服了王辅臣、耿精忠、尚之信等人。现在群龙无首，各怀心思，康熙又施招抚，大大瓦解了叛军的斗志。

康熙十九年（公元1680年）九月，清军展开了剿灭云贵叛军的战斗。十二日，蔡毓荣率先出征，彰泰率领大军随后，一路收复了镇远、清平、平越，逼近贵阳。十月二十一日，进抵贵阳城下。吴世璠时正困守贵阳，其大将夏国相、高启隆、马宝、王会则在四川，吴世璠与其叔父吴应麒、将领刘国炳自觉难以对抗，就趁夜逃回昆明。郭昌同文武官员202人以及原任清提督李本琛都相继归降清军。清军轻而易举地得了贵阳。十一月，贵州全省基本平定。彰泰、蔡毓荣在贵阳休整月余。康熙二十年（公元1681年）正月，又挥师杀向云南。

康熙十九年（公元1680年）九月，赵良栋指挥的大军正待进发时，吴世璠令吴应麒与王会、高启隆、夏国相等突袭四川，接连攻陷泸州、永宁、建昌、仁怀等地。已经降清的叛将谭弘、彭时亨等趁机再叛。赵良栋受阻，与叛军角逐，无法南下。

康熙二十年（公元1681年）二月十五日，彰泰大军赶到交水城，与赉塔所率广西清军会合。两军联合，水陆并进，十九日，进抵昆明郊区。二十一日，叛将郭壮图派胡国柄等人统兵万余出城30里迎战。叛军抵挡不住清军的猛攻，败回昆明。清军乘胜追击，阵斩胡国柄等九员将官，进抵昆明城下，掘壕围战。吴世璠抗拒不降，并招四川的马宝、高启隆等回来救援。

康熙命令赵良栋应将马宝、高启隆等就地歼灭。同时，又向他们再次发出了招抚令。在清军的凌厉攻势下，高启隆、马宝从四川撤军，四川形势马上改观，赵良栋指挥清军从后面追击。四川的叛军基本被肃清。赵良栋又统兵杀入云南。

叛军将领高启隆、杨开运、刘魁、赵玉抵挡不住清军的两面夹击，只好向清军投降。五月，马宝部在云南楚雄的乌木山被清军将领希福击败，马宝仅以身免，走投无路之际，想起了康熙的招抚令说只要"尔等若悔罪归诚，其从前抗拒之罪悉为赦免，仍论功叙录"。于是在七月五日，他和将军巴养元、赵国祚等人到姚安府希福军中缴印投降。

清军围城半年多，吴世璠盼望的马宝等人的救援早已化为泡影，但他仍不愿投降。清军亦未攻下。九月，赵良栋率军抵达昆明，从水路上加紧了对昆明的封锁。线缄等人筹谋着拿下吴世璠和郭壮图去投降，吴世璠和郭壮图被逼自杀。十月，昆明城内粮尽，赵良栋挥师攻城，彰泰积极配合，仍未攻下，清军遂向城内射了很多招降书，以瓦解叛军的斗志。

十月，线缄等人打开昆明城门向清军投降。三十日，清军开入昆明城内，从而将叛军的老巢捣毁。戮吴世璠尸，传首京师。至此，持续八年的平定三藩之乱的战争结束，康熙取得了彻底的胜利。

当康熙半夜里接到捷报，挥笔作了《滇平》诗一首，以"回思几载焦劳意，此日方同万国欢"的诗句，表达他的喜悦心情。这时，康熙年方28岁。

叛乱的罪魁祸首吴三桂，康熙是恨之入骨的。虽然他已死去好几年，但是康熙还是在二十一年（公元1682年）正月，下令将他剖棺戮尸，付之一炬，将其骨灰分发各地，以此告诫那些不忠不孝的臣子。将吴世璠的首级交刑部悬挂城门示众，吴三桂的女婿夏国相同时凌迟处死。

怂恿吴三桂起兵并为其谋划的方光琛和他的侄子方学范、儿子方学潜被擒获后，康熙下令将他军前正法。马宝虽然投降，但他罪大恶极，而且是在走投无路的时候才投降的，不能饶恕，康熙下令，将马宝押赴京城，凌迟处死。

三藩之乱被平定之后，康熙宣示天下，宣布将云南、贵州、福建、浙江、广东等地的三藩家产没为军饷；令藩兵全部撤回京师，于福州、广州、荆州等地，各设八旗兵驻防，派遣将军、副都统驻镇，取消世袭兵权及土地之权，大大加强了国家的统一。

平定吴三桂叛乱，废除"三藩"，康熙又乘"平吴"之余烈，抓住时机，开始着手解决长期悬而未决的台湾问题。

第三章

统台湾

第一节　郑氏割据

自从康熙亲政，他一直计划收复台湾，将其列为三大政事之一。之所以这样重视，一方面是出于消除反清力量的威胁，一方面也是国家统一的需要。但同除鳌拜、平三藩相比，收复台湾无疑更具有挑战性。因为对于不善水战的清军来说，越过几百里的海峡攻打郑氏长期据守的台湾，是非常困难的。

台湾是中国的第一大岛，在福建省东南的东海和南海之间。台湾自古以来与大陆有着密切联系。早在两万多年前的旧石器时代晚期，即同大陆有文化联系。三国时期吴国黄龙二年（公元230年），孙权派卫温、诸葛直率万人东渡台湾。南宋时，将台湾划归福建路晋江县管辖。元朝在澎湖设巡检司统管澎湖和台湾。一千多年来，大陆沿海人民相继渡海到台湾定居，特别是福建、广东两地的人最多。仅明末，福建人郑芝龙（郑成功之父）一次就组织数万人到台湾垦荒。

明天启四年（公元1624年），荷兰殖民军指挥官宋克率舰13艘，侵占了台湾西部，在一鲲身山上筑台湾城，又在本岛西南部建起赤嵌城。明天启六年（公元1626年），西班牙殖民军侵占了台湾北部的基隆、淡水等地。明崇祯十五年（公元1642年），荷兰殖民军打败了西班牙军，又夺占了台湾的北部。自此，台湾本岛就为荷兰殖民者侵占。

顺治十八年（公元1661年），郑成功率战舰数百艘，将士数万人，渡海打败荷兰殖民者，使台湾重回归祖国怀抱。

郑成功在台湾建立政权组织，进行屯田，发展农业生产，作为抗清斗争的基地。康熙元年（公元1662年）五月，占据台湾坚持反清的郑成功病逝。其弟郑世袭与其子郑经为争夺王位而火并。清廷趁机招抚驻守厦门的郑经，郑经交出了明朝敕命及玉印等。

次年五月，郑世袭败走泉州，投降清廷，台湾内乱平息。郑经向清廷请求仿照琉球的藩国形式，占据台湾，永不登陆，不剃发，不改汉族衣冠，否则，虽死不降。

为了早日解决台湾问题，从康熙三年（公元1664年）到康熙二十年（公元1681年），清朝和郑氏集团进行了九次谈判。但由于郑经等企图依靠强大的水军，世代据守台湾，提出的条件十分苛刻。康熙认识到争取郑经等上层的希望不大。于是，朝廷就把目标转移到中下层将领和士兵身上，通过招抚，分化瓦解郑氏的力量。

郑成功去世后，台湾的郑氏集团内部接连发生争权夺利的内部斗争。首先是郑氏家族中郑经和其伯父郑泰的矛盾。郑泰辈分高，长期为郑氏管理钱粮事务，又率部留守金门和厦门，势力更盛，招致心胸狭窄的郑经的疑忌。郑泰偏偏又在郑氏政权的继承问题上一度拥护郑世袭，并曾致书郑世袭集团骨干黄昭。郑经入台后发现了郑泰沟通黄昭的信，顿起杀心。康熙三年（公元1664年）六月七日，郑经设计诱郑泰至自己帐中饮酒，将其缢杀，并派兵抄家。郑泰的弟弟郑鸣骏以及儿子郑缵绪被逼无奈，率水陆各镇官员400余人，兵马1万余众，船300余艘来到泉州港，投奔郑世袭，也投降了清朝。郑世袭被授左都督，郑鸣骏封遵义侯，郑缵绪封慕恩伯。

当时康熙还没有亲政，朝廷认为这是收复台湾的大好机会。经过一番准备，海澄公黄梧、福建总督李率泰、提督马得功，分别从海澄、同安、泉州三路攻打郑氏盘踞的金、厦。十月十九日，马得功所部与郑军在金门乌沙港大战，被精通水战的郑军打败，马得功投海自尽。黄梧和李率泰两路人马都打败了郑军，迫使守护高崎的郑将陈升投降。郑经退守铜山，清军收复金、厦。李率泰派人四处招降，扰乱了郑军军心，很多人纷纷归降。但郑经仍拒绝投降。

经过这一战，朝廷认为争取郑氏将领的希望是很大的，于是从兵部、户部各派两名官员长期驻在福建、广东、浙江、江苏四省，诱降郑军中下级军官，还提出了极其优厚的条件：不问真伪，凡海上武官率众投降者按原衔补官，单身投降者降四级叙用，有立功者降二级叙用。为了安插降官，允许武职改授文官。郑军人心浮动，各思投身之路。康熙三年（公元1664年）春，郑经将领林顺为旧友施琅所招而投诚，共计带来文武官4千余人，士兵4万多名，归农官弁兵民6万4千多名，眷属人役6万3千余人，大小船只900余只。郑经见诸将纷纷叛降，自知铜山必难坚守，又恐变起肘腋，遂退居台湾，令周全斌、黄廷二人断后。周、黄二人不愿意远离故土，也率兵民3万余人归附了清朝政府。

康熙十二年（公元1673年），三藩之乱爆发。郑经见有机可乘，派船队集结澎湖待变。康熙十三年（公元1674年）三月，耿精忠反叛。郑经应其所请，率众攻打厦门。当时，清军主力与吴三桂作战，耿精忠又率主力北上江浙，郑经遂趁机攻占闽海、粤东沿海地区，连占泉州、漳州、汀州、兴化、邵武等府和广东潮州、惠州、广州两府的一些州县。郑经并非真心和三藩合作，而是借助这次机会，恢复原来占据的闽粤之地。而这两个地方原来在耿精忠和尚之信的控制之下，他们的矛盾也就越来越尖锐。针对这样的情况，康熙采取了更稳健的做法。他没有全面出击，而是把精力放在对付三藩上。他命军队重点打击耿精忠，对郑经则采取暂时不理的策略。康熙十五年（公元1676年）十月，康亲王杰书亲率大军从浙江攻入福建。耿精忠南有郑经牵制，无力抵抗，被迫降清，并担任向导，转而攻打郑经。康熙借助郑经之手逼降了耿精忠，然后才转头攻打郑经。经过两个月的大战，郑经连败于乌龙江、邵武等地，丢失了广东全省，不得不收缩战线，退守思明。第二年春天，清军连陷兴化、泉州、漳州，郑军全线崩溃，郑经退守厦门、金门及附近岛屿。

当时对吴三桂的作战正在激烈进行，朝廷无力立即攻打台湾。康熙仍然坚持劝降策略，他指示康亲王杰书派人前往厦门招抚郑经，希望趁郑经新败之机，和谈会有所收获。但郑经仍坚持照朝鲜例，不剃发，不上岸。八月，康亲王杰书再派人去厦门见郑经，提出可以按照朝鲜的例子办理，每年纳贡，通商贸易。但郑经更进一步，转而要求沿海诸岛也必须由郑军把守，粮饷由福建供给，因而谈判功败垂成，战端再起。但康熙仍然没有放弃招抚，他下令："郑锦（郑经又名锦）虽无降意，其附逆人民有革心向化者，大将军康亲王仍随宜招抚。"

康熙十七年（公元1678年）二月，郑经突然派手下大将刘国轩猛攻漳州，屡败清军，乘胜攻克同安、海澄，之后分兵北上，留一部继续攻打漳州。康熙以福建总督郎廷相指挥不力，经过康亲王杰书的举荐，任命署福建布政使姚启圣继任福建总督。

姚启圣接任后不久，就密陈方略，提出破敌妙计。康熙看到他的奏疏，高兴地说："闽督今得人，贼且平矣！"姚启圣严格贯彻康熙的平台战略。他一面扭转战局，收复失地，围攻退守海澄的刘国轩，一面派人到厦门招抚郑经。军事上，他大力整顿、充实绿营兵，革除各种军役，招募壮丁入伍以足兵额，加强军力，做好和谈不成武力攻台的准备。政治上，他首先稳定福建民心，解除民困。他改变了郎廷相怀疑闽人与郑氏官兵沟通的做法，广贴告示，不许挟嫌陷害。此举使得民心大定，为对台用兵打下了良好的基础。

姚启圣按照康熙的安排，特别注重策反、招降工作。其方法多种多样，效果也十分显著。首先，姚启圣下令保护沿海各地与郑军有乡邻戚党关系之人，严禁挟隙陷害，消除郑氏官兵的后顾之忧。其次，姚启圣采纳郑氏投诚人员黄性震的建议，在漳州设"修来馆"，不论"官爵、资财、玩好，凡言来自郑氏者，皆延致之"。并规定文官照原衔报部补官，武官一律保留现职。士兵及平民头发长者，赏银50两，头发短者赏银20两，愿入伍者立即收入军营，并领取军饷，愿回乡者送回原籍安插。对屡次逃走而复来者一样对待，不加追问。郑军纷纷来降，至者如归。康熙十八年（公元1679年）初，郑军投诚者更是纷至沓来，五镇大将廖瑞、黄靖、赖祖、金福、廖兴及副总兵何逊等都各自带领所属官兵来归，共文武官员4百余员，士兵1万4千多名。不久，陈士恺、郑奇烈、纪朝佐、杨廷彩、黄柏、吴定芳等人也相继率部投诚。后又有水师五镇蔡中调，征夷将军江机、杨一豹等人率所部10余万人降清。

招降的同时，姚启圣还用反间计扰乱郑氏后方。他派人携带重金潜入郑军，广散谣言，扬言郑军某将将投降，或派人带信及礼物送予郑氏将领，又故意将此事传播，以引起郑军内部自相猜疑。对郑经派来的间谍，不仅不究，反诱以厚利，为我所用。这些措施取得了良好的效果。

康熙对姚启圣的招抚政策给予了大力支持。海澄公黄芳泰原驻漳州，后移汀州，在二州颇有势力。因其父黄芳度及其家眷被郑军杀害，郑军官兵因此不敢来漳州归顺。为此，姚启圣上疏康熙，请求迁海澄公黄芳泰出汀州。康熙立即下旨,命黄芳泰携家回到京师。同时,康熙对于姚启圣所做的其他各项工作也都大力支持,授姚启圣兵部尚书衔。这样,不长时间,姚启圣便充实了清军实力,稳定了民心,大大削弱了对手,使得清军逐渐摆脱被动局面,转入了反攻。

在这种情况下,康熙命姚启圣连续致书郑经,加以招抚。在信中,姚启圣动之以情,晓之以理,言辞颇为恳切。经过一再争取,郑经也有了和谈之意。康熙十八年(公元1679年),康亲王杰书派苏埕再赴厦门,请郑经罢兵议和,并允诺"依朝鲜事例,代为题请,永为世好,作屏藩重臣"。郑经也很高兴,和谈之事,已经接近成功。但因为冯锡范等阻挠,功亏一篑。

清廷内部对台湾郑氏一直存在着招抚和攻剿两种主张,福建水师提督施琅一贯主张以武力攻剿台湾。

施琅是福建晋江人,原来是明朝总兵郑芝龙手下左先锋,因为不从郑成功的招安得罪了郑成功,被迫降清,任清朝福建水师提督。施琅曾上了一道《尽陈所见疏》给康熙,详述武力统一台湾的方略。他提出"因剿寓抚"的策略,即抚与剿并用,但侧重点在于剿,以剿促抚。剿抚都需根据具体情况,敌顺则抚,敌逆则剿,既然朝廷三番五次招抚无效,就应以武力征剿,以强大军事压力迫使郑经就抚。

可惜当时正值鳌拜辅政,对施琅的奏章非但不理,反而解除他的兵权,留在京师,授内大臣职,实际上是闲散供养。

朝廷继续对台湾进行招抚而没有结果的现实,让康熙逐渐认识到,收复台湾不能放弃武力。于是他决定建立一支强大的水师,做好充分准备。康熙十八年(公元1679年)正月,他下令重建福建水师,调镇江将军王之鼎为水师提督。四月,康熙改调在洞庭湖大败吴三桂水军的万正色为提督,从江南、浙江挑选百艘战船拨入福建水师,建立起足以抗衡郑氏水军的一支海上力量。水师建立,很快就发挥了作用。第二年二月,清军水陆两路进攻,势如破竹。郑经慌忙逃回台湾,厦门守将陈昌、海澄守将苏湛等纷纷献城而降,朱天贵也率文武官员600余人,水师精锐2万余人,战舰300艘归降。金、厦及沿海诸岛屿都回到清朝的手中。

经过八年之久的金、厦拉锯战,郑经的势力在政治和军事的双重打击下,已经被大大削弱,他仅率千余人逃回台湾。而清军在战斗中重建了水师,锻炼了海战能力,统一的条件日臻成熟。

第二节 设台湾府

主权领土是涉及国家利益的大问题,在这个问题上,康熙从来都是目光深远,寸土必争。在台湾的弃守问题上,康熙目光深远,坚决抵制了放弃的意见,在台湾设立府县,建立长期驻军制度。这对于台湾的发展、祖国的统一、领土的完整,都产生了深远的影响。

康熙二十年(公元1681年),郑经病死,郑氏集团再次反生内乱。冯锡范、刘国轩发动政变,杀死了郑克臧,拥立郑克塽。主幼臣疑,人心不稳,冯锡范等企图杀人立威,更导致人心惶惶,"军内多思叛"。经过这番折腾,郑氏集团已经处于风雨飘摇中了。

这时候,内阁学士李光地立即上疏朝廷,建议趁机攻取台湾。康熙召集大学士会议,商议攻剿台湾方略。李光地举荐施琅重新担任福建水师提督,认为他熟悉海上情形,并富有谋略,郑氏对其颇为畏惧,姚启圣更是一再上疏保举施琅担任此职。施琅多年前所上《尽陈所见疏》，现在也得到了康熙的重视。

经过深思熟虑，康熙毅然起用熟悉台湾情况、善于海战的施琅替换万正色为福建水师提督。在施琅离京之前，康熙特在内廷召见，激励他说："平海之议，惟汝于同，其努力无替朕命。"表示了对其高度信任。

施琅终于被起用。他请求给予专征之权，总督和巡抚只负责后勤给养，不必干预军务，可是朝廷不允。他知道自己仍受到朝廷的怀疑，万一有人打小报告，自己还是不容易自我洗刷，他请求皇上派遣身边的侍卫吴启爵，随自己一起去。他任内大臣多年，深知侍卫与皇帝关系密切，受皇帝信任，可以保护自己，但是兵部不同意这么办，认为如果皇帝的侍卫也发号施令，与当年派太监作监军有什么区别？如此必然贻误军机大事。

康熙明白施琅的用意，就说："吴启爵只是一个侍卫，留在京城有什么用处？如果去福建，也可以通消息，就照施琅所请办吧。"并特别设宴为他赴任饯行，以示信任。

康熙二十年（公元1681年）十月，施琅奉康熙之命到达福建后，就与总督姚启圣等一起抓紧时间整顿军备，制造战船，练兵育将。同时，他派遣总兵董义、曾成，率战船赴澎湖侦察敌情，探测航路。到康熙二十一年（公元1682年）夏，准备工作基本就绪。

就在即将要进兵的时候，施琅和姚启圣对于如何攻取台湾问题产生了分歧。主要表现在两方面：一是取台湾和取澎湖的先后。姚启圣认为应先取台湾，只要台湾一取，澎湖就不攻自破。姚启圣主张，他与施琅各率一支船队，同时进取台、澎。而施琅则主张先取澎湖，认为只要攻下了澎湖，便扼住了咽喉。他说："郑军以刘国轩最为骁勇，如果打败刘国轩，台湾可不战而下。"施琅反对两路出击，因为即使集中兵力也难以轻易取胜，何况分散兵力，两路出击。而且，两路进兵，万一有一路打了败仗，就会影响另一路，使整个战役受挫。二是关于利用风向的问题。姚启圣主张利用北风。施琅则认为北风刚强，骤发骤息，规律难掌握。南风风轻浪平，将士不会发生晕船，而且居于上风上流，容易取胜。二人各不相让，影响了进兵计划。

施琅在和姚启圣争执不下的情况下，给康熙送去了密奏，请求给予专征之权。他表示：如果皇上信任臣的愚忠，独任臣讨贼。要求总督和巡抚为他保障粮饷供给，并请允许他率水师时常在海上操练，不限时日，一旦风利可行，即发兵攻取，出敌不意，攻其不备，则可一鼓荡平台湾。如若失败，请治臣之罪。

康熙感到自己对海战不熟悉，对施琅的意见，没有把握认定，便交给议政王大臣议复。他在听取汇报时，征求武英殿大学士明珠的意见。明珠认为，若以一人领兵进剿，可得行其志，两人同往则未免彼此掣肘，诸多不便，所以不必命姚启圣同往，令施琅一人进军，似乎可行。明珠是首辅大臣，于是众臣们都表示赞成。康熙认为大臣们的意见很好，就改变了原来合兵进取的决策，决定让施琅独立专任，相机进兵，令总督和巡抚负责办理粮饷，不得有误。

台湾方面，早在康熙二十年（公元1681年），康熙任施琅为福建提督的消息传到台湾后，郑氏集团就紧张起来了。他们知道施琅是个很难对付的水师将领。但对清军的作战意图，他们一时搞不清楚，所以防守的重点放在哪里，一时难以决定。可巧这时他们破获了两名要员给姚启圣的一封密信，写有"澎湖无备，可速督兵前来，一鼓可得。

若得澎湖，台湾即虚，便将起兵相应"的内容。这样，郑氏集团才确定要加强澎湖的防守。郑克塽命刘国轩为正总督，统水陆诸军2万余人、战船200余艘，自副将以下，许其先斩后奏。

施琅接到康熙命其专征台湾的命令，是在康熙二十一年（公元1682年）的十月，那时他正会齐各路总兵在海上操练。为混淆郑氏集团的视听，他一直声称要利用北风进攻台湾，到十一月，又称北风太硬，不便进军，令各部仍回原地待命，自己率船队又回厦门。这使在澎湖的刘国轩也搞不清楚是怎么回事，连福建总督姚启圣也弄不清楚施琅的意图。

康熙二十二年（公元1683年）六月十四日凌晨，施琅率领水师官兵2万余人、各类战船300余艘从铜山起程。澎湖郑军大将刘国轩对施琅集师于铜山的消息，早已知道，但他认为六月份是台风骤发季节，施琅懂得海上风候，不会冒险进兵的。十五日晨，刘国轩突然得报，清军战船风帆如叶，直奔澎湖而来，心中惊恐不已，慌忙命令各岛守将，移大炮罗列海岛应战。施琅督师迅速占领了澎湖以南的各主要岛屿。第二天他即命令全师出动，向澎湖本岛进攻。因遇逆风，船队被郑军大队战舰包围，施琅乘楼船冲入重围解救，被流矢击伤眼睛，他被迫命各部撤出战斗，初战失利。

二十二日，清军再攻澎湖。此时正逢南风劲吹，波涛汹涌，施琅督战船扬帆而进，占据上风，乘势将郑军分割包围，战斗异常激烈，炮火矢石犹如雨点，硝烟蔽日，咫尺莫辨，自早晨七点打到下午四点，终于打退了郑军。这一仗，共歼灭郑军1万2千余人，其中副将、千总以上将领47人，游击以下军官300余人，焚毁战船200余艘。郑军主力几乎全军覆灭，清军也伤亡数千人，总兵朱天贵阵亡。刘国轩率残兵败将退回台湾，澎湖守军随即投降。

郑氏集团澎湖失守，台湾失去了屏障，精锐部队亦已所剩无几，眼看台湾朝不保夕，大家六神无主，各怀鬼胎。郑克塽反复考虑：现在民心已散，无人为自己死守；浮海而逃，又没有生路，唯一的亦只有求抚这一招了。

八月十一日，施琅率官兵前往台湾受降，郑克塽率冯锡范、刘国轩，列队恭迎王师，在天妃宫举行受降仪式。十八日，郑克塽等剃发，遥向北京叩头谢恩。郑氏所争"剃发"二字，终于有了结局，台湾从此与大陆统一。

八月十五日，康熙接到施琅的报告，兴奋异常，挥笔写了《中秋日闻海上捷音》一诗，最后两句是："海隅久念苍生困，耕凿从今九壤同。"康熙将那天自己穿的衣服脱下来，派人疾驰送给施琅，写诗赞扬施琅智勇双全，建立奇功，安定南海疆域，流芳百世，后又授施琅靖海将军，封为靖海侯，世袭罔替。

收回台湾后，清廷内部发生了一场对台湾的弃留之争。许多大臣对台湾的历史、地理缺乏认识，竟然认为台湾地域狭小，得到了不会增加领土面积，失去了也不会有太大损失。因此，有人极力主张"迁其人，弃其地"。认为台湾是海外丸泥，只需留澎湖为东南沿海的屏障就行了。就连原先积极主张收复台湾的大学士李光地，也主张将台湾放弃，他认为台湾远离大陆，朝廷不便管理，还不如让给荷兰人，令他们世守输贡，这是永逸长安之道。

众大臣中只有少数人主张守而不弃，其中包括收复台湾的功臣施琅。在台湾弃留之争中，施琅挺身而出，力排众议，坚决反对放弃台湾，并奏请朝廷设官兵镇守。为此，他还专门给康熙写了《恭陈台湾弃留疏》，反复陈述台湾的战略地位的重要性，指出台湾是关系到江浙、福建等地的要害所在，如果弃而不守，必将酿成大祸。更可贵的是他高瞻远瞩地指出，如果放弃台湾不守，无论是荷兰人还是叛徒，随时可能乘隙而入，而台湾如果再次被外国侵略者所侵占，那时恐怕后悔都来不及了。

康熙的想法和施琅等人一样，主张留守台湾。为了统一大家的思想，他就反复征求意见，做说服工作。有一次他问李光地：如果台湾重被外国人占领，将会对大陆的安全造成什么样的威胁？李光地认为，目前没有问题，有皇上之声灵，几十年可保无事。康熙批评了李光地目光短浅，指出："如此且置郡县，若计到久远，十三省岂能长保为我有？"康熙又问汉人大学士王熙等人的意见。王熙等人同意施琅的看法，认为台湾有地数千里，民众10万，其地甚为重要。放弃了必为外国人所据，或会成为犯法作乱之人的匿身之地，故以守之为上策。康熙听后说："若徙其人民，又恐失所，弃而不守，尤为不可。"便又令召开议政王大臣会议，结果是他们一致主张"请守已得之地，设兵守之为宜"。

康熙见大臣中主张留守台湾的人已居多数，便于康熙二十三年（公元1684年）四月十四日，下令设置台湾新的政权机构，规定台湾府县的官员，由福建总督及巡抚在本省现任官员内挑选。经姚启圣等推荐，康熙批准了汉军镶白旗人蒋毓英为台湾第一任知府。

康熙批准设立台湾府后，又根据施琅的建议，于台湾建立驻兵制度。设台湾总兵1员，水师副将1员，陆师副将2员，兵8000名，分为水陆8营；澎湖设水师副将1员，兵2000名，分为2营。台、澎总计兵力1万名。康熙亲自选定正黄旗参将杨文魁，任为台湾第一任总兵官。清廷在台湾建置政权机构，派驻重兵，增强了边防，促进了台湾经济文化的发展。

至此，宝岛台湾终于得以统一于清朝之下，台湾的行政建制与其他地区完全统一。

第四章

定边疆

第一节　怀柔蒙古

对于边疆各少数民族，康熙力推"怀柔"政策，康熙曾曰："朕思治天下之道，非奉一己之福，合天下之福为福；非私一己之安，遍天下之安为安。"康熙继承了父辈的传统，致力于改善蒙古贵族和中央政府的关系，他尊崇黄教，以宗教信仰作为纽带连接和维系与蒙古各部的关系。此外他还发展创新了满蒙联姻政策、木兰秋狝和巡幸避暑山庄等制度，密切了清王朝与蒙古各部的联系。

康熙时期，厄鲁特蒙古的一部噶尔丹勾结沙俄，企图称霸全蒙古。而内蒙古东西两部又积怨甚深，内蒙古秩序一旦混乱，就会给噶尔丹进一步入侵提供机会。彻底解决喀尔喀蒙古纠纷问题，稳定其内部秩序就有了特别重要的意义。如何将长期迁徙、桀骜难驯的蒙古各部牢牢控制在自己手中，是康熙面临的一大课题。

康熙执政期间，面临的国际、国内环境都很严峻。一方面，沙俄殖民主义势力不断东侵，严重威胁着我国北部边疆的安宁；另一方面，厄鲁特蒙古的一部噶尔丹又乘机勾结沙俄叛乱，企图称霸全蒙古。在这种形势下，散处于我国北方的蒙古各部就有了特别重要的意义。为了巩固统一，加强蒙古各部与中央政权的联系，遏止沙俄进一步东侵和噶尔丹的分裂活动，康熙对蒙古各部采取了有效的政治、经济、军事措施，以把蒙古建成戍守祖国的坚强屏障，使之成为较长城更为坚固的防备力量。

康熙十九年（公元1680年），新疆"回部"（清代对天山南路的通称）伊斯兰教内部黑山派和白山派之间闹矛盾。噶尔丹率12万大军，乘机攻占了"回部"叶尔羌、喀什噶尔等4个主要城市，从而控制了新疆的整个天山南路，进而又攻占了新疆的哈密和吐鲁番，并不断袭扰漠北的喀尔喀蒙古，使清朝的统一和边疆的安全，受到了严重的威胁。

面对噶尔丹的严重威胁，康熙并没有立即出兵，因为三藩之乱还没被平息，收复台湾的战争正在筹备，尚无力顾及西北这个强大的对手，所以，康熙力图暂时稳定西北部局势。

康熙二十三年（公元1684年），噶尔丹征服哈萨克等部之后，转旗东向，把打击的矛头指向喀尔喀蒙古。喀尔喀蒙古（漠北蒙古）分为三大部：东是车臣汗部，中是土谢图汗部，西是扎萨克图汗部。其地东至额尔古纳河和贝加尔湖，与沙俄接壤；西达阿尔泰山，与厄鲁特蒙古相邻；南至沙漠，与漠南蒙古（内蒙古）相连接。喀尔喀地区的安定，不仅影响清朝北部边疆的安全，也直接影响黑龙江前线的抗俄斗争，因而康熙和清政府十分关注喀尔喀地区的局势，采取一系列措施以消除不稳定因素。

一、禁约喀尔喀蒙古、厄鲁特蒙古与内蒙古相互盗窃马匹牲畜，以免引起纷争。当时，蒙古各部盗窃频发，牧民不能安生。康熙命大学士与蒙古王贝勒集议驱盗之策。众议于内、外蒙古接壤的地理重镇屯兵，掘濠障守。康熙认为不妥，如此非但不能防盗，且会引起猜疑。他说：喀尔喀蒙古向来敬慎职贡本朝，无故添汛置戍，不合情理，故不应隔绝，而应加以恩抚。至于对付盗匪之事，内、外蒙古应一体严禁约束，方能服众。康熙的防盗措施，重在使彼此消除纷争，无疑会使喀尔喀心服，这对日后讨伐噶尔丹产生了直接的影响。

二、康熙二十一年（公元1682年）七月，因三藩荡平，清政府决定派大臣前往厄鲁特、喀尔喀，宣谕"武功底定"，同时厚加赏赐，期望蒙古诸部能和睦相处，恭奉清中央政府，敬慎职贡。康熙谕令使臣，在交授诏书和赏物时，不必拘于朝廷礼仪，可以随俗用蒙古礼，尊重其习俗，要求使臣慎言慎行。与厄鲁特汗、喀尔喀汗交谈时，勿致失言。

三、噶尔丹袭杀其岳祖父和硕特部的鄂齐尔图汗，并有其部，鄂齐尔图汗子衮布喇卜坦、侄济农等逃奔至宁夏、甘州边外，噶尔丹以追索为由，随时可以找到借口而逞兵青海。妥善处理衮布喇卜坦和济农的问题，以杜绝噶尔丹寻衅滋事，对稳定西北局势，颇为关键。为此，康熙虽有意抚恤衮布喇卜坦等，但却多次遣人告噶尔丹，衮布喇卜坦等如系厄鲁特所属，则应收取，不然清政府将把他们归并一处，安插于可居之地，并将此决定告知噶尔丹和达赖喇嘛。噶尔丹每有攻伐，多假达赖旗号，故康熙必令达赖知晓。康熙深思熟虑，为的是稳定西北局势，不给噶尔丹以借口生事。

康熙步步周密安排，使噶尔丹不能制造借口逞兵于西北。然而，这时喀尔喀蒙古右翼扎萨克图汗与左翼土谢图汗却矛盾激化。起因是，康熙元年，扎萨克图汗旺舒克被部属额璘沁因私怨所杀，发生内乱。旺舒克兄自立为汗，因未请示清廷，部众不服，逃奔土谢图汗者甚众。从此埋下左右两翼长期不和的种子。康熙九年（公元1670年），清廷命旺舒克弟成衮袭汗号，收集其部众。成衮向土谢图汗索还部民，屡索不还，于是成衮向达赖喇嘛告状。达赖喇嘛认为，土谢图汗应归还部众，并派人前往两部会盟，土谢图汗拒不参加。扎萨克图汗因而又多次上疏清廷，请求归还其部民。至康熙二十三年（公元1684年），扎萨克图汗与土谢图汗关系日渐紧张。康熙唯恐噶尔丹插手其间，发生变乱，决定调解两部纷争，派出大员调解两部纠纷。

康熙始终坚持调解的方针，是因为只有喀尔喀两部和睦，才能不给噶尔丹以可乘之机。

为了真正加强蒙古各部的团结，康熙决定，从解决喀尔喀蒙古两翼纠纷入手，在漠北蒙古地区进一步推行盟旗制度，以加强中央对漠北地区的管理。推行盟旗制度是加强对蒙古各部的管理，稳定北疆社会秩序的一项重要措施。

盟旗制度的推行，起源于清朝入关前的皇太极时期。皇太极即位后，为了在战略上完成对明朝的包围之势，对于蒙古，或以武力征服，或以联姻劝降。经过他的努力，东到吉林，西到贺兰山，南临长城，北到瀚海的漠南蒙古各部如科尔沁、翁牛特、郭尔罗斯、杜尔伯特、札赉特和克什克腾等，先后归降。为加强对其内部的管理，皇太极便将满洲八旗军政合一、兵民合一的组织形式，推行到漠南蒙古各部。清在内蒙古地区分旗设盟，并设理藩院监督管理，这就是盟旗制度。至天聪、崇德年间，清朝政府已在漠南蒙古设置19旗。每旗从旗下王公贵族中挑选一人，由皇帝任命为扎萨克（旗长）。扎萨克是世袭罔替的封建领主，又是清朝的官吏，代表清朝管辖一旗的事务。

为加强对各旗的管理，皇太极还在内蒙古各旗实行会盟制度，在每旗之上设正副盟长各一人。清朝政府通过会盟的形式，检查各旗执行法令等情况，有效地加强了对蒙古各部的管理，将长期迁徙不定、桀骜难驯的蒙古武力牢牢控制在自己手中。入关之后，清朝政府对此政策相沿不变，继续推行。顺治年间，在内蒙古地区又增编了24旗，至此，漠南蒙古已达6盟43旗。由于盟旗制度对于加强中央对蒙古地区的管理十分有利，因此，康熙继位后，更加奉行不渝，在漠南蒙古地区又增编了5旗，并把这一措施推广到漠北喀尔喀蒙古。

喀尔喀蒙古是元太祖成吉思汗十五世孙的后裔的部落，游牧在东起黑龙江呼伦贝尔，西至阿尔泰山，南到瀚海，北到贝加尔湖一带的辽阔土地上。后形成土谢图汗、扎萨克图汗、车臣汗三大部。皇太极在位时，即对其积极加以联络。崇德元年（公元1636年），皇太极遣大臣入喀尔喀，劝其归附。崇德三年（公元1638年），喀尔喀三部遣使来朝。顺治十二年（公元1655年），清朝政府为了进一步加强对漠北蒙古的管理，即在其地效满洲制度重设八扎萨克，分为左右两翼。车臣汗、土谢图汗及赛因诺颜部属左翼，扎萨克图汗属右翼。自此，喀尔喀蒙古与清朝的关系更加密切。

康熙二十五年（公元1686年），康熙命理藩院尚书阿喇尼与达赖喇嘛的代表共赴漠北，准备以会盟方式解决喀尔喀蒙古两翼纠纷问题。当年八月十六，阿喇尼召集左右两翼扎萨克图汗、土谢图汗及济农、台吉等，于库伦伯勒齐尔会盟，宣读皇帝谕旨，令其尽释前怨，将兄弟人民各归奉扎萨克，和谐安居。经过清朝官员的斡旋调停，两翼汗与台吉均表示要遵从皇帝旨意，和睦相处。此次会盟之后，康熙为更加有效地管理喀尔喀诸部，将原8旗改为14旗。

未过一年，此次会盟即因噶尔丹插手喀尔喀事务而宣告失败。康熙二十六年（公元1687年），噶尔丹悍然出兵3万占领扎萨克图汗部，唆使成衮之子进攻土谢图汗。沙俄也与噶尔丹遥相呼应，出兵助乱。喀尔喀腹背受敌，处境危险。而内蒙古秩序一旦混乱，又会给噶尔丹进一步入侵提供有利时机。彻底解决喀尔喀蒙古纠纷问题，稳定其内部秩序就有了特别重要的意义。为此，康熙又在喀尔喀蒙古地区举行了一次多伦会盟。

康熙二十九年（公元1690年），清军在乌兰布通大败噶尔丹后，康熙就派人敕谕噶尔丹，重申喀尔喀蒙古与清朝政府的归属关系，同时决定在多伦诺尔再次举行会盟，由漠南、漠北蒙古共同参加，皇帝亲临主持，以进一步团结众蒙古，孤立噶尔丹。康熙三十年（公元1691年）四月，会盟正式开始。康熙深知，喀尔喀两翼之间的矛盾，关键在于扎萨克图汗部贵族与土谢图汗的关系。土谢图汗拒不归还扎萨克图汗部属民，致使两翼之间的矛盾进一步恶化。但土谢图汗率众抗击沙俄侵略，积极对噶尔丹叛军作战，在喀尔喀蒙古腹背受敌、沙俄欲乘机招降喀尔喀难民时，其部宗教首领哲布尊丹巴又首先率众南迁，归服清朝。相比之下，土谢图汗之功远远大于其过。因此，康熙决定采取恩威并施的策略。五月初三，康熙召见了蒙古各贵族，并让土谢图汗和哲布尊丹巴将其大过自行陈奏，以化解扎萨克图汗部贵族心中的不满，然后指出：土谢图汗虽有擅自出兵之过，但其能积极抵御沙俄入侵，哲布尊丹巴又能率众来归，故朕不忍治罪，遂命各部贵族对土谢图汗之罪进行商议。各部贵族看到皇帝如此重视，又首先化解了扎萨克图汗部贵族的怨气，于是要求赦免土谢图汗。康熙遂将已故扎萨克图汗之子策旺扎布袭封汗号，特封和硕亲王，又赦免了土谢图汗。康熙遂命原理藩院尚书阿喇尼等往喀尔喀蒙古分编佐领，拨给游牧地带，在原22旗基础上，又增编12旗，至此，喀尔喀蒙古已达34旗。

会盟之后，康熙又命阿喇尼等处理善后事务。噶尔丹势力被消灭后，喀尔喀蒙古回到漠北故土。至康熙末年时，喀尔喀蒙古已达69旗。

康熙对于蒙古各部推行盟旗制，有效地加强了中央对蒙古部落的控制，密切了蒙古贵族和中央政府的关系，稳定了蒙古各部的封建秩序，体现了康熙以"蒙古部落为屏藩"的思想。

在推行盟旗制度以加强对蒙古各部控制的同时，康熙还特别重视以宗教信仰作为纽带连接和维系与蒙古各部的关系。他继续奉行清初以来各帝尊崇黄教的政策。

西藏的佛教，曾分有噶举派和格鲁派等派别。明朝初年，格鲁派由西藏地区僧人宗喀巴所创，提倡苦行，严守戒律，服黄衣黄冠，因而人们名之为黄教。明朝洪武二十五年（公元1392年），宗喀巴在他的八个子弟中选了二人，一人为第一世达赖，一人为第一世班禅。此后，达赖、班禅都采取"转世"相承，互为师徒。黄教在群众中威信不断提高，赢得明朝政府的好感。黄教兴起后，在内蒙古兴盛起来。到明朝末年，黄教势力已深入漠南和厄鲁特蒙古地区，深得蒙古各部贵族的信仰。

清朝初年，为了联络蒙古各部，皇太极即表示要尊奉达赖，信仰黄教。入关之后，顺治还隆重接待了到北京朝见的五世达赖，予以最高的礼遇，亲自率诸王贝勒、大臣出怀远门迎接，并授以金册金印，由朝廷册封达赖喇嘛的制度就是从皇太极开始的。这些做法奠定了黄教在蒙古和西藏地区的统治地位。康熙继位后，继承祖辈尊崇达赖喇嘛、抚绥蒙古的既定国策，经常派人去西藏看望达赖和班禅，赠送给他们贵重的礼品。为了加强中央政府对蒙古地区的控制，他一方面继续发展黄教，以表示尊重蒙古人民的宗教感情；另一方面，鉴于西藏第巴桑结嘉措假借达赖五世名义支持噶尔丹叛乱，扰乱喀尔喀蒙古事务的状况，又积极扶助蒙古地区的黄教首领哲布尊丹巴和章嘉呼图克图，以削弱达赖喇嘛及第巴桑结嘉措对蒙古地区的控制和影响，使蒙古各部紧紧团结于清中央政府的周围。

在分别采取政治和宗教措施以加强中央政权与蒙古各部联系的同时，为了经营和开发北疆，康熙还十分注意发展生产，繁荣经济，关心蒙古人民生计，以推动蒙古地区的经济发展，增强蒙古各部对中央政权的向心力，这就是康熙所说的："形胜固难凭，在德不在险。"

在康熙怀柔蒙古的各项措施中，特别值得称道的是他所推行的满蒙联姻政策。

满蒙通婚，是清朝奉行不替的基本国策，也是清朝政府利用姻亲关系加强对蒙古各部政治控制的一种得力手段。康熙继位后，为了经营北疆，继续奉行满蒙联姻政策，他先后将两位科尔沁贵族之女纳入宫中为妃，同时，又将自己的四名公主陆续嫁到内蒙古草原。针对当时喀尔喀各部内附的新局面，他还将联姻范围扩大到喀尔喀蒙古和厄鲁特蒙古，从而与蒙古各部的王公贵族都建立了不同程度的姻亲关系，使蒙古各部进一步成为清王朝"结以亲谊，托诸心腹"的依靠力量。譬如，康熙三十六年（公元1697年），康熙将皇六女和硕恪靖公主下嫁土谢图汗部扎萨克多罗郡王敦多布多尔济，并授郡王为和硕额驸，后又晋升为和硕亲王。

在康熙怀柔蒙古的诸项措施中，木兰秋狝和巡幸避暑山庄也起了重要作用。木兰围场地点在内蒙古昭乌达盟、卓索图盟、锡林郭勒盟与察哈尔蒙古东四旗接壤处，东西相距300里，南北直径也近300里，方圆面积达1万余平方千米。由于木兰围场位于内蒙古的中心地带，北控蒙古，南拱京师，战略地位非常重要，它又是清代前期北京通往内蒙古、喀尔喀蒙古、东北黑龙江及尼布楚城的重要通道。因此，康熙几乎每年都到这里行围狩猎，利用蒙古各部贵族扈从围猎之际，接见蒙古各部上层人物，密切清王朝与蒙古各部的联系，增进团结，使蒙古王公"畏威怀德"，以达到备边防患，巩固基业的目的。

避暑山庄的建立与木兰秋狝有直接的关系。避暑山庄不仅仅是康熙在木兰秋狝时所住的行宫，同时又是康熙处理民族事务，加强北部边防的政治中心。康熙除在"围班"当中接见蒙古贵族外，还在行宫接见蒙古各部官员。随着众蒙古的相继来归，觐见者日益增多，因而康熙每年都要在避暑山庄停留数月甚至半年时间，在口外处理各种民族事务，从而使其成为清朝政府的第二个政治中心。避暑山庄的建立，对于康熙怀柔蒙古也发挥了重要的作用。

稳定喀尔喀蒙古，解决两翼纠纷，不仅是安抚蒙古所必须，也是制止噶尔丹与沙俄勾结，防止其在北方进一步扩张的关键措施，因为一支稳定团结的蒙古武力本身就是一道有力的屏藩。因此，在内忧外患时，康熙先从解决喀尔喀蒙古两翼纠纷入手，以加强中央对漠北地区的管理，稳定了内部，才能腾出手来对付外部的挑战。

第二节 雅克萨之战

雅克萨之战最能体现康熙的主权领土意识，它是沙俄侵略者妄图侵占我国黑龙江流域大片领土，清政府被迫进行的一次反对侵略、收复失地的自卫战争。

中国东北是清朝的发祥地。到明崇祯末年，即后金天聪年间，西起贝加尔湖，北到外兴安岭，南至日本海，东抵鄂霍茨克海，包括库页岛在内的东北广大地区，都在清统治的势力范围之内，属于中国的版图。沙皇俄国是个欧洲国家，原来和中国的疆界相距万里。直到明崇祯九年（公元1636年），俄国人才第一次听说东方有条黑龙江。此后，沙俄政府就不断派遣远征军，对黑龙江地区进行肆意掠夺。

康熙四年（公元1665年），沙俄入侵军窜犯占领了雅克萨（今黑龙江省漠河东、塔河西北的黑龙江北岸），在雅克萨和尼布楚等地建立据点，构筑寨堡，设置工事，不断向黑龙江中下游地区进行骚扰，抢掠中国的索伦、赫哲、费雅喀、奇勒尔等族民众的财产和人口。沙俄政府为配合武装入侵活动，不断地派遣外交使节到中国来，以访问为名，收集情报，探听消息，对中国政府进行威胁和讹诈。康熙九年（公元1670年），沙俄政府派了一个叫米洛瓦洛夫的人来中国，要求康熙向老沙皇称臣纳贡，说这样才能得到俄皇陛下的恩惠和保护。

沙俄使团的这些威胁，没有使康熙屈服。但他们了解到康熙正在全力以赴平定三藩之乱，中国出现了动荡的局势，于是沙俄军加紧了在黑龙江地区的侵略活动，调拨了大批枪炮、物资到尼布楚和雅克萨，不断派遣入侵军人员分路四出，向中国内地蚕食扩张。从康熙十五年（公元1676年）到二十一年（公元1682年），沙俄军前后推进到黑龙江的各条支流上，建立了据点，康熙虽然不断派遣使臣进行交涉、劝说、警告，均未奏效，他们的侵略活动越发变本加厉。

康熙亲政后，面对沙俄军不断升级的入侵活动，他早就意识到这是一大边患。此患一天不除，边疆就一日不能巩固，祖宗的发祥地就一天也不得安宁。他说，自亲政后，他就注意留心黑龙江这个地方了，经常询问那里的土地形势、道路远近及人们性情等情况，只是他亲政后不久，发生了三藩之乱，没有力量去解决。康熙二十年（公元1681年），三藩之乱基本结束，康熙就将解决东北边患问题提上了议事日程。康熙二十一年（公元1682年）二月，康熙率领文武大臣，从北京出发，开始了为期79天的东巡。他经盛京（今沈阳），出柳条边，到吉林的乌拉，登舟巡行在松花江上。

康熙通过此次东巡，了解了备战抵抗沙俄的不少情况及急需解决的问题。回京后，他又派遣副都统郎坦等人，深入雅克萨地区侦察沙俄入侵军的情况。因雅克萨离内地遥远，人烟稀少，兵员补充、粮食供给困难很多,所以康熙认为不能操之过急,要等条件成熟后伺机行动,他决定先派兵建立据点,永戍黑龙江。

对于发兵攻取雅克萨,朝廷文武官员的意见颇不一致。有的畏惧沙俄势力强大,怕难以取胜;有的虽支持出兵,但主张速战速决,将沙俄入侵军赶走了事。后面的意见得到了大多数议政王大臣的赞同。康熙提出永戍黑龙江的主张,前线统帅宁古塔将军巴海就不赞成。康熙本打算让巴海率兵赴黑龙江沿岸筑城建立据点,见他持反对态度,就立即改令副都统萨布素前往。

康熙二十二年(公元1683年)十月,康熙下令设黑龙江将军,由宁古塔副都统萨布素首任此职,命其率宁古塔兵1000人进驻额苏里(今黑龙江省黑河与呼玛之间的黑龙江北岸)。黑龙江将军的设置,使抗击沙俄入侵军有了组织保证,对加强东北的边防建设有深远意义。它和盛京将军、宁古塔将军(后改为吉林将军),奠定了后来东三省建置的基础。

康熙通过永戍黑龙江的措施,到康熙二十四年(公元1685年)初,收复雅克萨的作战准备已基本就绪。他收复雅克萨,对沙俄入侵军遵循先礼后兵的原则,一再声称:"兵非善事,不得已而用之。"一年前,康熙曾用满、蒙、俄三种文字写信致俄国察罕汗,并派官员送给占领雅克萨的沙俄军,要他们立即送还叛逃的鄂温克族一部落酋长根特木尔,从中国撤兵。沙俄政府对康熙的信毫无反应。在此情况下,康熙于二十四年(公元1685年)四月二十八日,命令都统朋春、副都统班达尔沙等统兵3000名,水师将领林兴珠率藤牌兵500名,分批开赴雅克萨,五月中旬陆续到达。五月二十四日,清军列阵,包围了雅克萨。沙俄军首领额里克舍走投无路的情况下,只得竖起了投降的旗子。

清军见沙俄军投降了，就立即停止了攻击。统帅朋春在沙俄军举行投降仪式后，宣布将俄俘全部释放，派遣官兵将其700余人（包括少数妇女、儿童）送至额尔古纳河口，返回尼布楚。至此，第一次雅克萨之战，以清军获胜，沙俄军投降而告终。

康熙对于收复雅克萨后如何设防十分重视。他在出兵雅克萨前，就指示前线将帅要周密部署，不能造成"我进则彼退，我退则彼进，用兵无已，边民不安"的局面。在清军攻克雅克萨后，康熙再次告诫前线将帅，对雅克萨的防御绝不能疏忽。他命令大学士勒德洪、前线统帅郎坦等，研究出具体措施奏报，但郎坦等没有按康熙的命令办。

回到尼布楚不到两个月的额里克舍，奉命又率兵侵占了雅克萨。这次，沙俄军因为得到了波兰600名被俘兵，兵力增加到800多人。

康熙二十五年（公元1686年）二月，康熙得知沙俄军重占雅克萨的消息后，随即部署了第二次雅克萨之战。他谕示文武大臣："今罗刹复回雅克萨筑城盘踞，若不速行扑剿，势必积粮坚守，图之不易。"旋命将军萨布素、郎坦等，速修船舰，统领乌拉、宁古塔兵2000人，攻取雅克萨，将额里克舍斩杀。

清军由于缺少火器，沙俄军重修的雅克萨城又比较坚固，所以一时攻不下来。康熙考虑到已快进入深秋季节，于是命令前线统帅萨布素要做好部队过冬的准备，进行长期围困。清军按康熙的部署，将雅克萨城围得严严实实，使沙俄军人员进出不得，断绝了外援。

沙俄政府得知他们的军队在雅克萨又遭惨败，也无法救援时，被迫遣使团同清政府和谈。康熙二十五年（公元1686年）九月二十五日，沙俄使团先遣人员到达北京，向康熙呈交了沙皇的信件。信中表示愿意和清政府和谈，请求清军撤围雅克萨，等他们的使团一到，和谈就开始。当年冬天，清军按康熙的命令，单方面撤离雅克萨返回瑷珲。至此，第二次雅克萨之战，又以清军获全胜而结束。第二次雅克萨之战结束后，康熙就命清军撤到瑷珲、嫩江一带，并将撤还的原因通知雅克萨俄军。清朝倡议和谈与主动停火撤军的行动，为中俄双方和平解决边界争端创造了良好的氛围。

康熙二十八年（公元1689年）八月二十二日，中俄谈判代表团第一次会议在尼布楚正式召开。中方代表有索额图、佟国纲、萨布素等，俄方代表是费耀多啰、戈洛文、符拉索夫和科尔尼茨基。会议一开始，戈洛文首先发言，他把中俄战争的起因归罪于中方。中方首席代表索额图当场予以驳斥。他以无可辩驳的事实，阐明了中俄战争完全是由俄国的侵略挑起的，中国政府只是在忍无可忍的情势下，被逼自卫的严正立场。在铁的事实面前，戈洛文无言以对。

戈洛文一再固执争辩尼布楚、雅克萨乃是沙俄先去开拓居住之地，一口咬定黑龙江流域自古以来即为沙皇所领有，据此，他要求两国以黑龙江至海为界，妄图在谈判桌上取得俄方未能用战争得到的黑龙江以北的广大领土。这一蛮横无理的要求，理所当然地遭到中方代表的断然拒绝。由于俄方的狂妄要求，第一次会议没有得到任何结果。

八月二十三日，双方代表进行第二次会议，继续讨论中俄边界问题。开始戈洛文仍然坚持以黑龙江为界，索额图等表示坚决拒绝。戈洛文见第一个方案不能实现，抛出俄方第二个方案，提出以牛满河或精奇里江为界，想"让"出曾被俄方侵占而已为清军收复的精奇里江以东地区，而把精奇里江以西包括雅克萨在内的广大中国领土划归俄国，中方当然不能同意。但是索额图误认为俄方已经让步，自己又急于同俄方签订和谈协议，不留任何余地，竟把康熙指令的最后分界线即以尼布楚和音果达河为界,即在石勒喀河北岸以尼布楚为界;石勒喀河南岸以音果达河为界的方案一下子摊了出来。根据这一方案,贝加尔湖以东至尼布楚一带原属中国的大片领土就被让给俄国。然而戈洛文仍然继续耍弄手腕,力求尽量多地保持被其强占的中国领土,拒绝了中方代表的划界方案。会议因而中断,谈判陷入僵局。

于是,双方关系立时紧张起来。二十四日,驻尼布楚俄军进一步加强战备,在城周增派了300名火炮兵,索额图等也相应地采取措施,准备包围尼布楚。但是双方使臣还是希望能在本国政府既定方针下取得和谈协议的。几经交涉,俄方固执己见,妄图使其侵占中国的领土合法化。但由于中方坚持斗争,军事上又做了充分准备,并且一再让步,俄方理亏力穷。权衡利害,戈洛文决定撤出雅克萨,并派人给中方送来一份书面条约草案。之后,中俄双方经过反复磋商,至九月七日,终于正式签订了《中俄尼布楚条约》。

这是中俄两国之间签订的第一个边界条约。条约共6项条款,包括中俄东段边界的划分,越界人员的处理,中俄贸易等内容。康熙划定的这个版图奠定了中国北部版图的基础,一直延续到今天。

这个"条约"虽然让清政府在领土方面作了很大的让步,但也收复了雅克萨等长期被沙俄霸占的领土,制止了沙俄对黑龙江地区的进一步侵略,结束了战争,使东北边境得以安定,并以法律的形式明确了中俄东段的边界。同时,这打破了沙俄同准噶尔部噶尔丹之间的联盟,清朝就可集中精力平定厄鲁特蒙古准噶尔部首领噶尔丹的叛乱。对此,《海国图志》的作者魏源评论说:

> 其时喀尔喀准噶尔未臣服,皆与俄罗斯接壤,苟狼狈掎

角,且将合纵以挠我兵力,自俄罗斯盟定,而准夷火器无所借,败遁无所投。

第三节 三次亲征

准噶尔是漠西蒙古的一支,本来在伊犁一带过游牧生活。自从噶尔丹统治准噶尔部以后,通过一系列的西征,噶尔丹不仅拓疆千里,解除了来自汗国西部的军事威胁,而且在军事实力和物资供应等方面,为挥戈东进做了充足的准备。同时噶尔丹又将准噶尔汗国政治中心转移到伊犁河谷,对富庶的东部虎视眈眈,成为康熙的心腹大患。

康熙一直试图将整个蒙古地区并入版图,完成统一,但却不得不先着力于南方的三藩叛乱。待他平定南方之后,准噶尔汗国已经羽翼丰满,康熙不得不三次亲征噶尔丹。首次出征,击溃噶尔丹于乌兰布通;又深入沙漠,尽歼噶尔丹精锐;最后四处堵截,迫使噶尔丹穷蹙自杀,统一了漠北。

元朝灭亡以后,蒙古退出长城以外,分裂为三大部,一部为漠南蒙古,也就是内蒙古;一部为漠北喀尔喀蒙古,即外蒙古;一部为漠西蒙古,即厄鲁特蒙古。漠南、漠北蒙古是成吉思汗的后裔。漠西厄鲁特蒙古是瓦剌汗也先的后裔。明朝,瓦剌曾多次大举南侵。清太宗时期,漠南蒙古已归附清朝,喀尔喀蒙古亦遣使纳贡,厄鲁特蒙古远在漠西,只是形式上服从清朝而已。

厄鲁特蒙古又分为四部,绰罗斯即准噶尔部,游牧于巴尔喀什湖以东,天山以北,伊犁河流域;杜尔伯特部游牧于额尔齐斯河两岸;

和硕特部游牧于乌鲁木齐地区；土尔扈特部游牧于塔尔巴哈台地区，其中以准噶尔部最为强大。

康熙九年（公元1670年），准噶尔部首领僧格在内讧中被杀。这时在西藏当喇嘛的噶尔丹立即从西藏赶回，声称奉达赖喇嘛的命令，为同母之兄僧格报仇。他将僧格的敌手车臣"台吉"（蒙古贵族的称号）驱逐出去，杀掉了僧格的儿子，囚禁了自己的叔父，攻杀了自己的岳父。"顺我者昌，逆我者亡"，以血腥手段夺得了准噶尔部的领导权。

康熙十六年（公元1677年）十月，理藩院疏言，厄鲁特与喀尔喀交恶兴兵，形势紧张。此时因三藩战争，清政府无力顾及噶尔丹逞兵于喀尔喀，然而，北部边疆不宁，南方战斗正炽，平叛战争将受到牵制。康熙权衡大局，采取的方针是：调解厄鲁特与喀尔喀的矛盾纷争，令其罢兵息争，不使事态扩大，稳定北部边疆。为此，清对噶尔丹所求，适当允准，使其无法找到挑衅的理由，以免分散精力于平叛战争，同时，加强戒备，密切注意其动向。

同年十二月，形势为之一变。张勇奏报，甘州、凉州近南山一带，有被噶尔丹击败的庐帐万余，他们是从黄河西套逃奔而来，大草滩之地处处充斥，所在告警，甘肃汛界受到极大威胁，请旨如何处置。康熙立即命令驻扎西安负责西北平叛战事的图海统筹一切。此时，因甘肃沿边与喀尔喀地区同时告急，而噶尔丹素有侵青海之意，康熙一时不知噶尔丹兵锋所向，决定在西北加强戒备。

康熙十分关注噶尔丹在西北的动向，是因为吴三桂旧部、陕西提督王辅臣叛乱，陕甘战乱年前始未平定。局势初定，若噶尔丹逞兵于甘肃、青海，局面可能被逆转。而噶尔丹将征青海厄鲁特墨尔根台吉的传言甚广，若然，其必将进入汛界。康熙迫于三藩战事，决定有条件地对噶尔丹让步通融，他谕令张勇等：一面放噶尔丹过大草滩，一面奏闻，但必须令其坚立盟誓，不许骚扰民人。若噶尔丹强欲入边则要坚决阻止。这反映了康熙对平定三藩与防备噶尔丹应如何统筹兼顾的思虑。噶尔丹威胁的存在，使康熙不敢稍有疏忽。康熙这时的方针是有条件的通融，避免与噶尔丹交战。

噶尔丹处心积虑欲进军青海，康熙令甘肃清军严加防范，固守汛地，噶尔丹无机可乘，向青海攻掠的野心被制止。同时，也因为准噶尔部内部意见不一，噶尔丹担心大军远行，后方不稳。于是，噶尔丹才在进兵青海的途中返回。

康熙十八年（公元1679年），噶尔丹称雄于西北，羽翼已丰。他自以为西域已定，诸国都奉他为汗，于是向达赖喇嘛请命博硕克图汗的封号。此后，噶尔丹便以博硕克图汗称号遣使进贡，清政府则承认其汗号。噶尔丹既得汗号，不能逗兵于青海，便转向征服南疆回部。

天山南路，在清王朝建立后即奉表进贡。康熙十九年（公元1680年），噶尔丹派12万铁骑进攻叶尔羌与喀什噶尔，白山派教徒纷纷响应配合，于是轻而易举地征服了南疆地区。从此，南疆地区处于准噶尔统治之下很久，其与清政府的关系亦随之中断。乾隆二十四年（公元1759年），清政府统一回疆，才结束了准噶尔贵族在这一地区的统治。

噶尔丹在康熙十九年（公元1680年）一举征服南疆之后，随即挥戈西向，连年征战，先后攻打哈萨克、费尔干等部族。接连不断的胜利，加强了噶尔丹的军事统治，以伊犁河谷为其中心，噶尔丹雄踞西北，其野心也与日俱增。

噶尔丹仗势对邻部横行霸道，但表面上对清政府还比较恭顺，按时遣使进贡。因此，康熙对准噶尔内部事务，一般不过问，实际上就是承认噶尔丹的领导地位。但康熙对噶尔丹以武力吞并或攻掠别部，是一向反对的，如噶尔丹攻灭和硕特部后，向朝廷进献缴获的弓箭等物，都被拒绝接受。

至康熙二十三年（公元1684年），噶尔丹攻破多城，其游牧地区，北自鄂木河，沿额尔齐斯河至阿尔泰山；西至巴尔喀什湖以南，东至鄂毕河的广大地区，并控制天山南路，称雄西北，无人敢与之抗衡。与此同时，噶尔丹与沙俄的勾结日益加深。

噶尔丹是城府颇深之人，他既利用达赖喇嘛的支持以号令蒙古部众，同时，又力图利用沙俄力量来实现其军事政治目的。此前，沙俄悄悄入侵蒙古，遭到喀尔喀蒙古的抵抗，沙俄为了坐收渔翁之利，一直积极支持噶尔丹吞并喀尔喀蒙古，给予军火支持，使其气焰更为嚣张。

康熙二十一年（公元1682年），清军开始在黑龙江中下游及其支流精奇里江扫荡沙俄军事殖民据点，为收复中国领土雅克萨做准备。这一年，噶尔丹派出一个70余人的庞大使团，携带致沙皇的信件，到达伊尔库茨克，向沙俄当局表示支持沙俄同清军作战。噶尔丹认为，只有和俄国结盟才可能征服蒙古，进而窥伺中原。

噶尔丹民族分裂势力的强大，使中国面临着分裂的严重威胁。由于有沙俄侵略势力的支持，多民族国家在封建时代一直存在的民族问题性质发生了变化。康熙三次出塞亲征，清政府与噶尔丹的斗争，既是维护国家统一，也是抗击外国侵略势力的斗争。

随着统治势力不断增强，噶尔丹的野心也不断膨胀，在沙俄侵略势力的支持下，转而向东攻掠喀尔喀蒙古。康熙二十六年（公元1687年），噶尔丹谋掠喀尔喀，唆使扎萨克图汗的儿子沙喇进攻左翼土谢图汗察珲多尔济。土谢图汗出兵击毙了沙喇，及噶尔丹的弟弟多尔济扎布。噶尔丹以此为借口，于康熙二十七年（公元1688年）六月，率兵3万大举进攻喀尔喀。这时喀尔喀部土谢图汗，正率兵在楚库柏兴和沙俄军作战，后方空虚，遭噶尔丹袭击，顿时大乱。土谢图汗立即回兵反击噶尔丹，遭到失败，就与胞弟活佛哲布尊丹巴会合，率领属下台吉、子弟等内迁，请求清廷保护。康熙立即派遣理藩院尚书阿喇尼前往迎接，于漠南蒙古乌珠穆沁等处，妥善安置了其游牧地带。

噶尔丹一再向清廷索要土谢图汗和哲布尊丹巴，都遭到了拒绝，即于康熙二十九年（公元1690年）五月，以追击喀尔喀仇人为名，率兵2万沿喀尔喀河南下，进入漠南蒙古的科尔沁境内，肆意进行烧杀抢掠，并乘势进一步向内地深入。清军阻挡不住，使其一下子进到西乌珠穆沁境内，距古北口仅900里。京师官吏出现危机之感，全城人心惶惶，有些官府衙门竟闭上了大门，市场物价飞涨。康熙镇定如常，命令八旗禁旅将北京城实行戒严；谕示朝廷文武官员，决定利用噶尔丹骄傲轻进的心理，部署兵力出击、围歼。

对于如何对付气势汹汹的噶尔丹，朝廷中一些亲勋重臣意见不一。有的提出，远劳师旅，未必遂能灭除他，主张听之任之，等他进攻北京再说。大将军费扬古坚决主张出兵抵御。他说："噶尔丹狼子野心，既入犯，其志不在小，讲和恐难如所欲，惟有痛剿才是上策。"费扬古，满洲正白旗人，出身贵族，平定三藩之乱时期，转战江西、湖南，升领侍卫内大臣，列议政大臣。

康熙说："费扬古之见与朕不谋而合，朕决意亲征。"

当时还有一个很现实的问题：噶尔丹将漠北喀尔喀蒙古的领土侵占，喀尔喀蒙古暂借漠南蒙古游牧，天长日久若不归复故地，又如何生存？留下的后遗症将永远困扰着国家，和平安定根本没有基础，因此不打是不行的。为国家得以长治久安，绝不能图一时苟安之计，康熙下诏亲征，康熙二十九年（公元1690年）二月，组成两路大军：一路由皇兄和硕裕亲王福全任抚远大将军、皇子胤禔为副率领，为左翼军出古北口；一路由皇弟和硕恭亲王常宁任安北大将军、和硕简亲王雅布、多罗信郡王鄂扎为副率领，为右翼军出喜峰口。两路大军分别由内大臣、皇舅佟国纲、佟国维，及内大臣索额图、明珠、阿密达等参赞军务，于七月六日先后出发。康熙统筹全局，近地指挥。

清军两路大军出发后，各自按康熙预定的路线疾进。左路军由于副将胤禔听信了他人的逸言，和主将福全的关系不协，并且私自向康熙陈奏告状。康熙担心胤禔在军中坏事，就立即下令将其调回了京师，另调了康亲王杰书率兵自察哈尔以东会师福全军。所以，清军左路军北上耽误了几天时间，造成了右路军常宁孤军深入。常宁军在乌珠穆沁和克什克腾旗交界的地方与噶尔丹相遇。噶尔丹军兵锋正锐，常宁军接战不利，向南退却。噶尔丹长驱直入，至七月二十七日，急追至克什克腾旗南境，沿萨里克河至乌兰布通，抢先占据了主峰乌兰布通峰，距同日到达吐力根河的福全军仅30里。康熙得报，命常宁停止后撤，速与福全军会合，夹击噶尔丹于乌兰布通；命杰书等率兵速西进，屯归化城，以切断噶尔丹西退的道路。

噶尔丹军被左路清军阻截在英金河北，又受右路清军自赤峰向西北侧进攻。噶尔丹依山阻水，反客为主，在山林深处结扎营地。到临战时，噶尔丹在山坡上设置了"驼阵"（也称驼城），以骆驼万匹，缚足卧地，又加箱子行礼为城垛，盖上湿毡作为壁垒，环列如栅，作为掩体，兵士们可以从栅的间隙处，发射弓箭和枪炮。噶尔丹军凭驼阵，能攻能守。

正当清军束手无策时，康熙所派的炮兵赶到了，立即投入了战斗。大将军福全命令将各炮列于英金河滩上，齐发猛轰，声震天地，自午一直到傍晚，将噶尔丹设置"驼阵"的骆驼大部击毙。骆驼滚翻仆地，"城栅"断裂。清军趁势冲击，噶尔丹军失去掩体，惊惶溃败，噶尔丹自己乘夜避入山顶险要处。第二天，噶尔丹一面组织部队北撤，一面派喇嘛济隆胡士克图率70余人，到清军营地游说，并捎去请罪书，对佛发誓，保证不敢再犯喀尔喀。福全轻信了噶尔丹的诺言，中了缓兵计，不但自己停止了进攻，而且还命令其他各路军停止出击，使乌兰布通大捷的战果功亏一篑。

康熙通过乌兰布通之战察觉到，要扭转部分将领认为噶尔丹不堪一击的轻敌思想，同时也发现了清军在战略战术方面存在的弱点，因此决定要进行大规模的练兵活动。康熙三十年（公元1691年），康熙下令在八旗兵中设火器营，以公侯大臣为总统，管营务，率领训练官兵，恢复八旗兵丁春秋两季的校猎，组织八旗将士集于宽敞平原之地，排列阵势，鸣锣进退，以熟操练。自此以后，康熙每年都要进行两次规模较大的阅兵。

噶尔丹从乌兰布通率残部2000人回到科布多，他的营地早被侄子策妄阿喇布坦抢劫一空，连妻子（原为策妄阿喇布坦的未婚妻）等家眷也都被掳走。噶尔丹不死心，一面集合旧部，休养生息，以图东山再起；一面乞求沙皇俄国支持。康熙三十年（公元1691年），沙俄托布尔斯克将军派人去科布多会见噶尔丹，继续策动其叛乱。康熙三十三年（公元1694年），康熙多次约噶尔丹参加喀尔喀会盟，以调解其与土谢图汗等之间的矛盾。噶尔丹拒不接受，反而蛮横地写信给清政府，一定要索取土谢图汗及哲布尊丹巴，否则将继续进兵喀尔喀。

乌兰布通一战，噶尔丹虽然战败，但兵力还有数万，他纠合残部，再向沙俄求援，得到大批军火。康熙三十四年（公元1695年），噶尔丹又率兵3万沿克鲁伦河而下，进踞巴彦乌兰苏木，扬言在过冬后，将借俄罗斯鸟枪兵6万，大举进攻漠南。

对此，康熙召集了三品官以上的武臣，商讨征剿方案。武臣中不少人主张不宜出击，理由是距离太远，部队要经过大沙漠地带，携带火器及运送粮食等尤为困难，劝康熙不能轻举妄动。但将军费扬古主张出击，认为噶尔丹为人狡诈，若不及早根除，北部边疆将后患无穷。费扬古的意见正合康熙的意图，康熙又多次听取大学士的意见，组织议政王大臣会议讨论，于康熙三十五年（公元1696年）正月，做了出兵的决定，并再次率兵亲征。

朝中文武大臣听说康熙又要亲征，纷纷极力劝阻，说皇上不必躬临壁垒，只要到这边的地方指授方略就可以了。康熙以乌兰布通之战的教训对大臣们说，那次正因为自己生病，没有能坚持实地指挥，失掉良机，一直感到是最大的遗憾。这次再艰苦，也要亲临实地，运筹决策。

康熙为什么不辞劳苦，连连御驾亲征，而不单独派大将出征？因为当时的情况是诸王和大臣都希望与噶尔丹和谈，说明他们与康熙的认识不统一，行动上就协调不周，为了表示战胜敌人的决心和鼓舞士气，康熙不得不如此。他的英明之处就在于他看准问题后就及时解决，决不拖延。

二月，康熙下令发兵10万，分3路进击。东路由黑龙江将军萨布素统领东三省兵，越兴安岭出克鲁伦河进击；西路由抚远大将军费扬古统陕西、甘肃兵，由宁夏北越沙漠沿翁金河北上，断噶尔丹的归路；中路为主力军，由康熙亲率，由北京出独石口，直奔克鲁伦河，与东西两路军协同夹击。

康熙的中路军，将要在无边无际的沙漠、草原上行程数千里。他命令征调了大批扎萨克图部人做向导，每2名士兵配1个民夫、1头毛驴，随军运输粮食、器材及御寒器具。

康熙在沙漠行军途中，非常关心士兵和马匹的休息。当遇到行李运输迟缓，士兵们不能及时安营时，他每天不到五更就起身，亲自督促运输兵丁行李的驼队早一点出发，使行李先到营地。沿途大雨，每到营地，康熙必须等到士兵扎好帐篷都住进去了，才进帐休息，宁可在雨中淋着，也不首先进帐，士兵很受感动，士气高涨。康熙在沙漠的征途中，还写下了《瀚海》一诗：

四月天山路，今朝瀚海行。
积沙流绝塞，落日度连营。
战伐因声罪，驰驱为息兵。
敢云黄屋重？辛苦事亲征。

此诗反映了他不辞劳苦的无畏气概和战斗精神。

康熙率领的中路军，经过多天的艰苦历程，于五月初五由科图（今内蒙古苏尼特左旗北）继续前进，逐渐逼近噶尔丹军。而西路军和东路军未能按期到达预定地点，这就形成了中路军突进的不利态势。这时，前方传来噶尔丹借来俄罗斯兵6万的消息，这是狡猾的噶尔丹在致科尔沁亲王的信中透露出来的，目的是恐吓清军。大学士伊桑阿等人力请皇上回銮。康熙心里很清楚，他严厉训斥了官员中的畏战惧敌言论，表示这次一定要歼灭噶尔丹后才撤还；并警告官兵："凡不奋勇前进者，必予诛之。"皇帝临危不惧，其御驾亲征才有意义，一遇强敌就回銮，又何必亲自出征？

康熙决意要中路军继续前进，并预计噶尔丹会依托克鲁伦河进行顽抗，就将队伍分成二路，准备夹击。

噶尔丹原先不相信康熙会亲征。他曾说过："康熙不在北京城里安居乐逸，过这样的无水瀚海之地，难道能飞渡吗？"可他从清军放回的俘虏口中得知，康熙已确实亲自出征。他亲自到孟纳尔山上观望，见对面河岸，黄幄龙纛，大兵云屯，漫无涯际，将士个个威武，军容严整，不由大惊失色，当夜便拔营逃遁了。等到康熙率兵渡过克鲁伦河，进抵巴彦乌兰苏木，却扑了个空。

康熙见噶尔丹已逃遁，立即率领岳升龙等3名总兵，选了精兵轻骑，以"疾驰莫惮追奔力，须使穷禽入网罗"的决心猛追。同时他密令西路军统帅费扬古，疾行于昭莫多（今蒙古国乌兰巴托南）设伏堵截。康熙连续追击了5天，终因粮食供应不上，被迫停止。

费扬古接到康熙的密令后，督兵星夜驰奔。将士们知道皇上已到了克鲁伦河，无不奋发："皇上出自深宫，尚且先至敌境，我们怎能不冒死前进？"到五月十三日，西路军终于先敌赶到昭莫多。

昭莫多，蒙古语为大树林的意思，因地势险要，自古即为漠北战场。当年明成祖就在此地击败蒙古鞑靼部将领阿鲁台。康熙善于学习，重视研究历史，所以他果断地命令费扬古在这里设伏。费扬古按照康熙的部署，令部分骑兵下马步战，在昭莫多东侧依山列阵；依托土拉河布置了防御，将骑兵主力隐蔽在对面山上的密林中。噶尔丹率万余骑兵急追，清军乘势四面出击，斩杀3000余人，俘获人畜无数，唯噶尔丹自己先率数骑逃跑脱身。

康熙此次亲征，意义重大，昭莫多一战，将噶尔丹叛军主力全歼，此后噶尔丹率领残部流窜于塔米尔河流域，成为一群无家可归的散兵游勇，他的老家伊犁早已被他的侄子夺走，他吞并的青海、回部、哈萨克等地都开始反抗他，他已经无力镇压，自身尚且难保。

噶尔丹于昭莫多惨败后，又去西部纠集旧部，投靠达赖喇嘛，图谋卷土重来。不久,他即网罗5000余人,打算到哈密过冬。康熙据此情况,仍把噶尔丹当作边疆地区的一大隐患,将注意力转向了西北地区,并做了两步打算,第一步先亲自招抚,如招抚不成,即进行第三次亲征。

康熙三十五年(公元1696年)十月,康熙率领2000名八旗兵,以行围打猎为名,再幸塞外,驻跸东斯垓,即派人将招抚噶尔丹的敕书,送给了大将军费扬古,要他广为颁示:不要急于出兵,要频繁地派遣准噶尔的降人回去做招抚工作。不久,便有1500多人前来投降,这使噶尔丹更加孤立。

十一月,康熙接到费扬古的报告,噶尔丹派了27人组成的使团前来议降,便接见了使团首领,命令他立即返回转告噶尔丹,要其70天内亲自来降,否则必发兵进讨。康熙这次西巡3个多月,招抚了噶尔丹的众多部众,扼制了噶尔丹的外援,重新部署了西北的兵力后,于十二月回京。

康熙三十六年(公元1697年)二月初,康熙见规定噶尔丹归降的约期已过,还未见动静,便决定举兵再亲征。这时朝臣中又有人出来劝阻说:"小丑已极困穷,计日就戮,请圣驾不必再临沙漠。"康熙批评了这种意见,认为一定要汲取平定三藩的教训,现在如不趁噶尔丹穷困之机将其扑灭,待其滋蔓,将来必费更大的周折。

二月六日,康熙命令发兵6000人进击噶尔丹。康熙亲临宁夏节制作战。三月二十六日,康熙到达宁夏,将诸事安排就绪后,继续向前线深入。四月十五日,康熙接到报告,噶尔丹已于闰三月十三日,在阿察阿穆塔台一带服毒自杀,有的说是得暴病死的。噶尔丹部下首领丹济拉等,携带噶尔丹尸骸,及其女共300户来归降。五月十六日,康熙凯旋而归。

《剿灭噶尔丹告祭天坛文》对康熙三次亲征做了概括：

亲统六师，三临绝塞，弘彰挞伐，克奏肤功。

由噶尔丹挑起的这场战乱，前后持续了近十年，至此结束，康熙终于扫除了漠北和西北地区一大不安定因素。

对于那些涉及国家主权等原则性的大问题，康熙绝对不含糊。在处理分裂活动、外敌入侵上，他显得非常强硬。三次亲征噶尔丹，坚决抵抗俄罗斯的入侵，维护了国家的统一和主权，从这个意义上来说，康熙不但是一个英明的君主，也可以被称为中华民族之英雄。

第四节　入藏平叛

康熙成功地平三藩、收台湾、征服噶尔丹，使得中国历史上出现了空前大一统的局面，而清王朝中央集权也自然发展到了顶峰。这一时期，康熙将宗教作为政治手段，将西藏的管理从间接治理过渡到了直接有效的治理，达到了以往历史上任何一个王朝竭尽全力却都未能达到的顶峰。

宗教问题是双刃剑，如果利用不好，反而会对国家造成威胁。当康熙意识到达赖的势力已严重危及清朝中央政权的时候，他就采取了扶持忠于清政府的哲布尊丹巴的势力的做法，避免了一家独大的局面。

清初，信仰黄教的地区和人口相当广泛，黄教在漠北、漠南蒙古及西藏等地区威信很高。但一些宗教领袖试图摆脱清王朝的控制，建立独立的权力中心，有的甚至勾结外族势力。康熙深知宗教问题不能单凭武力解决，他注意在宗教界内部扶持新的精神领袖。

康熙继位后，为了加强中央政府对蒙古地区的控制，一方面继续发展黄教，以表示尊重蒙古人民的宗教感情；同时，鉴于西藏第巴桑结嘉措假借达赖五世名义支持噶尔丹叛乱，扰乱喀尔喀蒙古事务的状况，又积极扶助蒙古地区的黄教首领哲布尊丹巴呼图克图和章嘉呼图克图，以削弱达赖喇嘛及第巴桑结嘉措对蒙古地区的控制和影响，使蒙古各部紧紧团结于清中央政府的周围。

康熙二十一年（公元1682年），达赖五世去世，达赖五世的亲信第巴桑结嘉措匿丧不报，暗中勾结噶尔丹，支持他侵犯喀尔喀蒙古，并唆使其与清廷对立。第巴桑结嘉措隐匿达赖五世的丧事，过了十五年后，才被康熙派人查清。

此后，康熙更增强了削弱西藏达赖势力的决心。康熙三十六年（公元1697年），康熙特命章嘉呼图克图移居移多伦汇宗寺。康熙四十年（公元1701年），康熙又封其为"灌顶普善广慈大国师"，令其总管内蒙、京师、盛京、热河、甘肃及五台山等地的黄教寺院。从此，漠南蒙古也有了自己的活佛转世系统。康熙在漠南、漠北地区发展黄教势力，建立哲布尊丹巴呼图克图和章嘉呼图克图两大活佛系统，使清中央政府对蒙古各部的宗教控制大大加强。

哲布尊丹巴是喀尔喀蒙古的宗教首领，哲布尊丹巴一世是土谢图汗之弟，也是噶尔丹的师弟。顺治六年（公元1649年）改宗黄教。在政治上，他坚决拥护清朝中央政府，并与清政府一直保持密切关系。长期以来，黄教的唯一中心在拉萨，哲布尊丹巴虽然已改宗黄教，但其地位远不及达赖喇嘛派出的代表。

因此，当清朝政府为解决喀尔喀蒙古两翼纠纷，在库伦伯勒齐尔会盟，哲布尊丹巴与达赖喇嘛代表西勒图平起平坐时，即被噶尔丹视为"非礼"，并以此为借口，大举入侵喀尔喀，同时，沙俄又乘机招降喀尔喀难民。在这关键时刻，哲布尊丹巴毅然率部南下，投奔清朝，他向部众指出："俄罗斯素不奉佛，俗尚不同我辈，异言异服，殊非久安之计。莫若全部内迁，投诚大皇帝（康熙），可邀万年之福。"再次表明了他忠于清朝的政治主张。

噶尔丹入侵及第巴桑结嘉措假借达赖之名暗中支持叛乱，使康熙意识到，达赖的势力已严重危及清朝中央政权，如不加以削弱，势必会影响清朝政府的统治，因此，在喀尔喀蒙古地区发展黄教，扶持忠于清朝政府的哲布尊丹巴的势力就成为当务之急。多伦会盟中，康熙特封哲布尊丹巴为大喇嘛，令其掌管漠北黄教事务。这样，既迎合了喀尔喀蒙古信奉黄教的心理习惯，又在拉萨之外形成了一个宗教中心。哲布尊丹巴的声望也因此日益提高，成为一支独立的活佛转世系统。

对西藏地区的动静，康熙一直密切关注着，发现有违背国家利益的事情发生，就当机立断，迅速解决。

取代噶尔丹的准噶尔部首领策妄阿喇布坦，开始的时候他对朝廷还很恭顺，但随着势力的扩张，也开始产生叛逆之心，特别是一直觊觎吞并西藏。当拉藏汗在西藏遭到孤立，向他求援时，策妄阿喇布坦就娶了拉藏汗的姐姐为妻，将女儿嫁给了拉藏汗长子丹忠，借此获得了拉藏汗的信任。

康熙五十五年（公元1716年）十一月，策妄阿喇布坦以护送丹忠夫妇回西藏省亲为名，派其表弟策零敦多布率兵向西藏进发。第二年七月初，经藏北腾格里海直趋达木。这个时候，拉藏汗正在青海用兵，毫无戒备。他发现真相，调兵拦截，为时已晚，屡次兵败，不得不退居拉萨，同时派人向朝廷求援。

策零敦多布所率领的准噶尔兵很快就占领了拉萨，拉藏汗被杀，一番大规模的抢掠洗劫后，建立了以达孜巴为第巴的新准噶尔政权。另外，准噶尔军队向前藏进攻，做好了长期占领西藏的准备。消息传到京城，康熙非常震惊。康熙五十七年（公元1718年），他命令侍卫色楞统领2400人紧急前往救援。

色楞所统满洲、绿营、土司之兵及自西宁调往之兵，共2400名，人少力弱，为当时清朝官员所公认。为什么派这么一支军队冒险远征？这是因为康熙对敌情掌握不准，估计战局偏于乐观。虽有报告说敌进藏兵力6000乃至10000人，但青海亲王罗卜藏丹津又报：策零敦多布所领之兵只有3000人，厄鲁特之兵少，乌梁海之兵多，到者只2500名。康熙由此认为，该军经长途跋涉，到藏又遭顽强抵抗，疲惫已极，除阵亡病死外，未必满2000人。加之处境进退维谷、一筹莫展，"自分攻取，则兵力不支；彻兵而回，亦无生路"。他想到两年前策妄阿喇布坦偷袭哈密，清兵曾以200人，败其2000余人，认为今日侵藏敌军又非昔日侵哈密者可比，因此，康熙没有细心研究可能出现的问题和困难，盲目自信地对大臣说：对手的军队既可以到藏，我们的军队也可以深入他们的地盘。兵也不用多，两百余人便可破之。既然200余人便可破之，那么2400人当然更稳操胜券。

康熙的轻敌思想直接影响到了他的侍卫色楞。色楞盲目自信，急于求成。五月十二日，他不等西安将军额伦特的策应部队到来，便率兵越过青藏交界处的穆鲁乌苏，一路深入藏地。准噶尔兵自色楞等入藏之日，即佯败退却，诱其深入，而以精兵埋伏于喀喇河严阵以待，同时胁从吐蕃数万，以其一半人马据河抵抗清军，并分兵潜出绕到清军背后，截击其粮道。清军遇敌伏兵，突围不成，相持月余，弹尽粮绝，九月终于全军覆没，主将额伦特、色楞二人阵亡。

此战获胜，策妄阿喇布坦更不把朝廷放在眼里，他命策零敦多布继续向东进至喀木地区，企图争夺今四川的巴塘、理塘，继而进取青海、云南等地。而康熙已经得知了前线的紧急情况，他认识到问题的严重性，因此在这年的十月，他就派皇十四子胤禵为抚远大将军，赶往西宁筹划进藏事宜，同时提升四川巡抚年羹尧为四川总督，负责督办设立进藏驿站，保证进藏官兵的粮饷供应。第二年二月，他又命令都统法喇及副将岳钟琪率满汉官兵招抚巴塘和理塘，为进藏开辟通路。康熙五十九年（公元1720年）正月，他又命胤禵率兵从西宁移驻青海的穆鲁乌苏，管理进藏军务及粮饷，居中调度，分三路大军，进藏平叛。中路由皇侄延信为平逆将军，率兵1万2千人出青海，进军喀喇乌苏；南路由噶尔弼为定西将军，和云南都统武格率1万人，从巴塘进兵；北路由将军富宁安、傅尔丹率兵2万5千人，分别从巴里坤、阿尔泰出师，配合出击，牵制援敌。

在同年二月，康熙又册封罗卜藏噶尔桑嘉穆错为宏法觉众第六辈达赖喇嘛，命中路军护其入藏。四月，三路大军向西藏进发。延信率中路军，多次击败策零敦多布，歼敌3000余人，策零敦多布率残部数百人逃回伊犁。在清军的护送下，达赖平安入藏，并于九月十五日在布达拉举行了隆重的坐床典礼。南路和北路大军也接连获胜，彻底粉碎了准噶尔吞并西藏的图谋。

康熙在处理西藏地区的事务上体现了他高超的政治智慧。他充分尊重了这些地区人民的宗教信仰自由，但对其中的分裂活动，则坚决制止。他果断地派兵入藏平叛，加强对西藏的管理，有力地维护了国家的统一。

第五节　经营西藏

康熙在平定西藏叛乱后，进一步加强了对西藏的管理，其有关控制西藏的意义重大的举措有：派驻藏大臣，册封班禅，确立"噶伦共管"制度，建立驻兵制度等。

藏地远离京城，如果没有一个常驻衙门及官员，其信息多有不灵，其统治多有不顺。例如，清初皇太极修书数封欲分致西藏各派领袖，可是直到使者抵藏后方知蒙古和硕特部已经被消灭。又如，康熙二十一年（公元1682年），达赖五世去世，第巴桑结嘉措竟匿丧不报，隐匿长达十五年之久。消息失灵已经近乎到了荒唐可笑的地步了。

康熙四十八年（公元1709年），清廷派侍郎赫寿赴藏协同拉藏汗办理西藏事务。赫寿被许多史学家考证为清廷第一位驻藏大臣。驻藏大臣衙门是清廷驻藏的一个派出机构，代表中央王朝行使对藏主权，它是清廷加强中央集权、削弱地方权力的典型举措。但是此时的驻藏大臣的正式称谓尚未确立，权力也相对较小。

雍正五年（公元1727年），清政府正式派驻西藏地方的行政长官，全称是"钦差驻藏办事大臣"，又称"钦命总理西藏事务大臣"，设正副职各一员，副职称"帮办大臣"。从雍正五年（公元1727年）到宣统三年（公元1911年），清朝派出的驻藏大臣共83任57人，帮办大臣共52任49人。

后来的驻藏大臣是代表中央政府会同达赖监理西藏地方事务的高级官员，具有很大的权力，诸如高级僧俗官员的任免，财政收支的稽核，地方军队的指挥，涉外事务的处理，司法、户口、差役等项政务的督察等。此外，驻藏大臣还专司监督有关达赖喇嘛、班禅及其他大呼图克图（活佛）转世的金瓶掣签、指定灵童、主持坐床典礼等事宜。

驻藏大臣之设立是自唐宋以来中央政府对西藏地方管理制度的重大发展，对于加强祖国统一、巩固边防、促进民族团结均起到积极作用。

首先，从社会经济方面而言，每次驻藏大臣的到任对于西藏的社会生产力都是一次推动和促进，因为每次旧驻藏大臣回京述职和新驻藏大臣到任，来往并非单单一两个人，而是上百乃至上千人。这些人将内地先进的社会生产资料和生活资料等及时地带入西藏，包括书籍、水利、建筑、农作物生产工具等方方面面，这使藏汉民族的相互交往得到进一步加强。西藏每遇战争或天灾人祸，驻藏大臣总是同达赖喇嘛和班禅喇嘛商量上奏朝廷减免一切捐税，并抚慰西藏的老百姓，使西藏的社会经济迅速恢复，在很长的时间里，西藏百姓能够安居乐业。

其次，驻藏大臣的设置缓和了当时达赖和班禅之间的矛盾，并起到缓解各种社会矛盾的作用。驻藏大臣代表清政府主持班禅、达赖历世转世灵童的"金瓶掣签"和坐床典礼。

总之,驻藏大臣在中央政府管理西藏的事务中起到了很大的作用。吴丰培先生在所著的《清代驻藏大臣传略》中,指出了驻藏大臣几个主要的历史作用:

(一)抵御外辱,保卫边疆;

(二)整饬军政,讲究吏治;

(三)赈恤灾黎,安抚民众;

(四)扬善惩奸,平定叛乱;

(五)维护宗教,"原予封赠";

(六)文献建设,保存史料。

西藏地处青藏高原,无论从气候、地理、人文及交通各方面同中原相比都有很大的差异,为了避免出现一系列可能出现的局面,清廷明智地利用驻藏大臣对西藏的政治、军事、经济、宗教、外事及国防进行直接的管理,从而避免了出现"山高皇帝远"的不利局面,将中央和西藏紧紧地联系在一起。

康熙五十二年(公元1713年),清廷册封班禅五世为"班禅额尔德尼"。但此次册封绝不是册封达赖喇嘛制度的简单扩展或承袭,而是有着新的重大的历史意义:一方面,这是班禅活佛转世系统受到中央政权正式册封的开端,西藏有了两个由中央王朝册封的政策,一定程度上反映了清朝对西藏中央集权统治的加强;另一方面,提升班禅的地位,客观上使之形成了对达赖的权力上的制约,削弱了达赖的势力,便于中央王朝对西藏僧俗社会的统治。

最初,清朝政府对西藏的统治,主要是通过和硕特部首领来实现的，在内部则靠由达赖喇嘛任命的第巴（官职名称）总揽全局。

康熙五十五年（公元1716年），准噶尔军趁西藏形势动荡侵入西藏，清军驱逐准噶尔军后，在康熙六十年（公元1721年）春，清廷重新组建西藏地方政权，采取"噶伦共管"制度，废除在西藏政务中独揽大权的第巴，设立1名首席噶伦，另设4名噶伦共管藏务，并且派兵驻守拉萨。

康熙六十年（公元1721年）春，康熙任命阿尔布巴、康济鼐、隆布奈及达赖喇嘛的总管扎尔鼐四人为噶伦，也就是政务官，联合掌握政务，其中康济鼐为首席噶伦，正式组建西藏地方政府。地方政府的主要官员，由朝廷任命，改变了西藏地区经常受到其他地方势力影响的局面。从此以后，西藏地区出现了安定局面。

后来，又经过多次变化改造，清最后确定了在驻藏大臣和达赖喇嘛共同领导下，四噶伦共同办事的制度。参加噶厦（西藏地方官署）的噶伦，1名是僧官，其余3名都授三品顶戴。噶伦出缺，由驻藏大臣会同达赖喇嘛提名合适人选，奏请朝廷补放。"噶伦共管"制度是西藏正式纳入清朝版图之内的标志。至此，清朝对西藏行使主权才有了真正的实质性的有力证据。

在平定了西藏叛乱后，为了进一步加强对西藏的管理，维护当地的安定，康熙还决定建立驻兵制度。他派遣满洲、蒙古及绿旗兵4000名进驻西藏，命策旺诺尔布代理定西将军，额附阿宝、都统武格参赞军务，统辖驻藏兵马。从此，清朝政府建立了在西藏驻兵的制度。

驻兵制度是清廷治藏方略的重要内容，是清政府在西藏进一步开展政治、军事工作的继续与发展，直接体现了清朝对西藏行使主权的力度,其意义十分深远。它保卫了边疆、巩固了国防、安定了西藏、提升了西藏地方对中央政府的向心力,促进了西藏地方政治、军事、经济和文化的积极发展,为维护祖国统一和民族团结做出了重要贡献。

第五章 圣祖仁皇帝

第一节　臣民楷模

晚清大臣曾国藩将康熙列入"自古英哲非常之君",认为康熙承前启后,继往开来。康熙节俭不尚奢华,好学不虚度时日,孝敬极重亲情,勤政尽心竭力。他一生都极重视修行自身、以身作则,要求臣子们做到的,自己必当更严格地去做。凡事不尚空谈,讲求身体力行。

康熙十分强调督抚大员的表率作用。他说:"民生的安危,取决于吏治的清浊,吏治的清浊,则取决于督抚的表率,倘若督抚清正,实心爱民,那么下吏哪个敢不洁己奉公?"上有所好,下必甚焉。而要求官吏做到的,领导者先做到无疑最有说服力。

在日常用度上,康熙的信条是:以一人治天下,不以天下奉一人,常思此言而不敢有过。奉行此言便是躬行节俭,不搞特殊。

康熙尊崇儒学,坚持日讲官制度,既是听课,也是开学术讨论会。康熙十一年(公元1672年)十月十六日,听讲毕,康熙召翰林院掌院学士熊赐履到御前,问他:近来朝政如何?熊赐履回答道:前见上谕禁奢靡,崇节俭,人人皆以为当今第一要方。然而奢侈之风至今有加无已。贪官污吏,财尽民穷,种种弊端,皆由于此。恐怕积习日深,一时难以改正,有关方面只看成是官样文章,奉行不力。多亏皇上的亲自实践倡导,加意整顿,才有了这太平盛世的大业。

这绝非熊赐履的逢迎之言,在节俭方面康熙确是言行一致,为天下人垂范。他说过:节俭固然是美德,人们都能挂到嘴上,而真正能够做到的很少。现在天下太平,国家富裕,朕躬行节俭,宫中费用,非常节约。计明朝一日之用，足供朕一月的需要。提倡节俭的目的很明确，他说，因为一切费用都是劳动人民的血汗积累而成的，朕思作为人主的皇上唯有能够约束自己，那么贵者就更加可贵，《易经》上说是谦虚则光荣。如果只知道奢侈无度，则不觉得可贵了。我祖宗的传统就是如此，我要时刻警惕着。

康熙不尚空谈，注重实践。他对以皇帝个人享受荣华富贵为中心的内容、劳民伤财的大兴土木的举动不感兴趣。康熙八年（公元1669年），只有16岁的康熙就有过出色的表现。当时，因乾清宫交泰殿的栋梁朽坏，孝庄太皇太后提出拆掉重建，以做康熙听政之地。康熙是孝子贤孙，不敢违背祖母的意图，但却批示工部：不求华丽、高贵，只令朴实、坚固、耐用。

康熙二十四年（公元1685年）十月，康熙对掌膳食的官员说：天下的物力有限，当为天下人惜之。现在的酥油、乳酒等物品，供给有余，收取足用则已，不可过多。蒙古地方很贫穷，收取者减少，则平民百姓日用所需，就可以满足。

康熙三十四年（公元1695年）十二月，户部报告说：吉林乌拉地区打捕貂鼠不足额，供应不上，管理此事的官员应该议罪。康熙说：数年以来经常捕打，所以貂少，只能维持原数而已。就因为不够数，讨论处分有关的人员，等于是给无辜者加罪，实在不公。如果得不到上等的貂皮，朕但愿少穿一件貂皮大衣，那有什么关系？而且貂价非常昂贵，又不是必需品，朕也没有必要非享用不可。遂命令有关部门转告乌拉将军酌情办理。

关于康熙个人的日常生活，比起他能支配的财富，比起其他帝王的豪华，那是极其简朴的。法国天主教传教士白晋于康熙二十七年（公元1688年）到北京，曾为康熙讲授西洋科学知识，出入宫廷，对康熙的日常生活了解得很细。他在给国王路易十四的报告中做了详细介绍：

从康熙可以任意支配的无数财宝来看，由于国家辽阔而富饶，他无疑是当时世界上最富有的君主。但是，康熙个人的生活用品绝不用奢侈豪华的，生活简单而朴素。这在帝王中是没有先例的。实际上，像康熙这样闻名天下的皇帝，吃的应该是山珍海味，用的应该是适应中国高贵传统的金银器皿。可是他却满足于最普通的食物，绝不追求特殊的美味，而且吃得很少，在饮食上看他从没有铺张浪费的情况。

从日常的服饰和日用品方面，也可以看出康熙崇尚朴素的美德。冬天，他穿的是用两三张黑貂皮和普通皮缝制的皮袍，这种皮袍在宫廷中是极普通的。此外就是用非常普通的丝织品缝制的御衣，这种丝织品即便在中国民间也是很常见的。在夏季，有时看到他穿着用苎麻布做的上衣，苎麻布也是老百姓家中常用的。除了举行什么仪式的日子外，从他的装束上能够看到的唯一奢华的东西，就是夏天他的帽子上镶着一颗大珍珠。这是满族人的风俗习惯，也是帝王的标志。在不适于骑马的季节，康熙在皇城内外乘坐一种用人抬的椅子（肩舆）。这种椅子实际上是一种木制的轿，粗糙的木材上面涂着些颜色，有些地方镶嵌着铜板，并装饰着两三处胶和金粉木雕。骑马外出时也是同样的朴素。御用马具只不过是一副漂亮的镀金铁马镫和一根金黄色的线织绳，随从人员也有节制。

康熙对宫中用费三令五申注意节俭。出巡时，不许为之修路；不得擅建行宫，滥建者责令拆毁；不用华贵的车船；不许随从人员借机苛敛百姓；反对讲排场隆重迎送；不许官吏互赠礼品。中、后期，康熙功德昭著，上下大小官员多次要求上尊号，举行皇帝御极六十年庆贺大典，康熙一概断然拒绝。他首先考虑到这种活动将带来巨大浪费，而且他毫无兴趣,"素性不喜行庆贺礼"。

俭可养廉,廉必清政,政通人和乃民心所向。康熙从国家的命运前途的高度来认识节俭,既要开源,又注重节流,实在是高人一筹。

康熙废除皇太子,原因之一,就是见他穷奢极欲,吃穿所用,远过皇帝,犹以为不足。简朴的生活原则是符合中国的传统文化精神的。儒家提出"修身、齐家、治国、平天下"。以"修身"为第一,这正如盖楼的道理一样,先有第一层,才能继续往上建,否则就是空中楼阁。皇帝能调动全国的资源为己用,往往养成穷奢极欲的恶习。何以康熙能自觉地保持节俭呢?这和他几十年不间断地加强学习和自身修养有密切的关系。

康熙说:"朕政事之暇惟好读书,始与熊赐履讲论经史,有疑必问,乐此不倦。继而张英、陈廷敬以次进讲,于朕大有裨益。"当时,康熙作为十七八岁的青年,正是嗜欲日开之时,他把精力用于治国,犹能勤奋治学,确是十分难得。不仅使那些庸碌懒惰、淫乐无度的明朝皇帝黯然失色,也使那些专为科举考试而读圣贤书的汉族士人相形见绌。他五更就起床读书,夜里读书常常熬夜,竟至过劳,痰中带血,也不休息。汉儒文化对这位年轻的皇帝有着莫大的吸引力。多年的苦读精修,为康熙以后的治国安邦打下了坚实的基础。

熊赐履是康熙最为信赖的一位帝师。他曾就理学"敬"的问题,结合帝王身行,与康熙进行议论讲说。

他说:"敬是知行的根底,主敬是正君心的根本。人君主敬即是敬天法祖,知人善任,安定民生。所以人君必须内而修德,外而修政,治理天下要谨慎,一事不妥,足以感召天变。"

康熙深有同感,连连赞好,说:"敬天,无非是敬民;民视,自我天视;民听,自我天听。"

鉴于明代中后期皇帝往往因纵欲而短命，国事更是乌烟瘴气，熊赐履特别指出："皇上要清心寡欲，心如明镜止水，声色不能乱其聪明，邪佞不能惑其志气，以之读书，则义理昭融，以之处事，则机务明晰。若心体一有所执迷，便为外物所蒙蔽，而本体丧失，本体一失，诸事尚可问乎？所以古之人臣，无时不以敬畏、戒逸欲告诫其君，是有道理的。"

康熙十分满意，并试讲自己的体会：主敬乃是实现政简刑清的根本，人君只有以敬修身，正以诚意，才能实现无为而治，人君势位崇高，何求不得，但必须要有一份敬畏之意，自然不至差错，便有差错，也会反省改正。如若率性而行，毫不谨慎，鲜有不失之骄纵侈靡的。朕每念及此，未尝一刻敢放逸也。谈到《性理大全》一书，他说："总归千言万语，不外一'敬'字而已，人君治天下，但能居敬，终身行之足矣。敬天之事莫过乎爱民，爱民就是敬天。临民以主敬为本，一念不敬或贻四海之忧，一日不敬或致千百年之患。人君惟敬修其德以与天意相感孚，不必指何事为何德之应验。总之，和气致祥，乖戾致恶，乃古今不易之恒理，遇到祥瑞就更加谦逊，遇到灾害就知道上天示敬，人君应无时无刻不谨慎行事。"

通过与熊赐履的反复论讲，康熙的涵养功夫不断深化，确是大有益于治国。及至晚年，他回忆自己的一生时曾说："朕自幼读书，略观经史，知道持身务以诚敬为本，治天下务以宽仁为尚，虽德不厚，性不敏，而此心此念兢兢持守五十年，未曾间断。"

"其身不正，其令不从"。古人说"正人先正己"，作为帝王，不但是领袖，更是楷模。在中国历史上，精通权术、善于用兵、长于治国的帝王不少，能够称得上臣民楷模的却不多见，康熙可以说是其中之一。他对别人很宽，对自己却严格要求，不但好学慎思、清廉节俭、作风严谨、以身作则，而且勤于政事，六十年如一日，堪称天下楷模。

第二节　御门听政

在中国历史上的400多位帝王中，真正能够履行帝王权力的甚至不足四分之一。历史上经常发生宰相擅权、母后专政、外戚篡夺、宦官横行、大臣结党等威胁统治秩序的情况，而清朝则很少发生这样的事情，这与皇帝亲自行使国家大权、不轻易假手于人有重要关系。

清初，国家的体制还带有很浓厚的贵族制色彩，满洲贵族，特别是宗室贵族在一些国家大事上有很大的决策权。经过皇太极、顺治二朝，"四大贝勒"体制和"议政王大臣会议"体制得到了制约，皇权日渐加强。但是康熙初年的四辅臣体制又大大削弱了皇权，这对康熙履行自己的职责、亲掌朝政非常不利。为了尽快投身于国家事务之中，年仅14岁的康熙，在亲政之初就采取御门听政的方式，实现了总揽朝政的目的。

所谓御门听政，就是皇帝亲自到一定场所，听取各部门大臣奏报情况，提出建议，与大学士、学士们一起讨论，大臣呈上折本，皇帝发布谕旨，对重要国事做出决定等的活动。最初康熙御门听政的地点是离他住处最近的乾清门，因此被称为御门听政。每月除了初五、十五、二十五的"常朝"在太和殿外，其余时间都在乾清门。后来根据具体情况和季节变化，也经常在乾清宫东暖阁、懋勤殿、瀛台、勤政殿、畅春园澹宁居、南苑东宫前殿等地举行听政。御门听政时间一般都安排在早晨，因此又被称为"早朝"。康熙勤勉为政，无论盛暑严寒，他都坚持亲临听政，几乎是六十一年如一日，从不中辍。

康熙听政不是图形式，走过场，其认真的程度，就连大臣们都想象不到。对于各部送上来的奏章，他一定要自己亲自御览。很多官员认为皇帝肯定不会字字细读，书写经常疏忽。但康熙连错字都能发现，并加以改正，翻译得不通顺的，他也亲自加以删改，这让大臣们感到汗颜。军务紧张的时候，每天奏章有三四百件之多，通常情况下，也有四五十件，不论多少，康熙都要亲自批览。因为亲自动手，他才能洞察其中的弊端，随时加以纠正，这对于扭转一些不良风气起到了很大的作用。

通过御门亲政，康熙抵制了鳌拜等权臣专断朝政的图谋，为铲除鳌拜创造了条件。鳌拜为了扩张权力，垄断了朝廷大政的处理，他甚至将奏疏带回家中，任意更改，并且结党营私，阻塞皇帝和臣下沟通的渠道。康熙通过亲自听政，突破了鳌拜的封锁，和大臣们广泛接触，共商国是，对鳌拜等擅权自专的行为，也能及时发现和制止。有一次，鳌拜擅自更改已经发抄的红本，被大学士冯溥弹劾，康熙毫不留情地当众批评了鳌拜，鳌拜心虽不甘，但在朝堂之上，也不敢公然对抗皇帝。而康熙也通过这些行动，逐渐树立起自己的权威。

可以说，此时御门听政是康熙亲掌国政的演习，也是为铲除鳌拜进行的铺垫。两年以后，康熙不动声色，举手之间就除去了这个经营多年的庞大集团，如果没有御门听政所做的准备，是不可想象的。

此后，康熙正式亲自掌理国家大权，他不但没有因为鳌拜的覆亡而掉以轻心，放松听政，反而更加重视。三藩之乱，国事繁巨，军情急迫，康熙通过御门听政，充分汲取朝廷大臣的智慧，迅速而果决地处理一系列的事务。重任在肩，他不敢有丝毫放松，每天天还没有亮就起床，天刚蒙蒙亮就开始听政，用他自己的话说，"惟恐有怠政务，孜孜不倦"。当然，他对各部官员也提出了严格的要求，他下诏："令部院官员分班启奏，偷情安逸，甚属不合。嗣后满汉大小官员，除有事故外，凡遇启奏事宜，俱着一同启奏，朕可以鉴其贤否；其无启奏各衙门官员，亦着每日黎明，齐集午门前，俟启奏毕同散。都察院堂官及科道官员，无常奏事宜，俱着每日黎明齐集午门，查满汉部员、官员有怠情规避者，即行题参。"官员们为了避免耽误早朝，凌晨三四点就得起床，点着灯笼上朝。在康熙的带动下，官员们也都养成了未明即起的习惯，整个朝廷呈现出一种勤勉高效的气氛。

平定三藩之后，紧急政务相对减少，但是康熙仍然坚持御门听政，只是对时间做了调整。在京期间，康熙御门听政坚持不辍，外出巡幸，也坚持处理政务，因此热河避暑山庄和各处行宫，也都成了他召见臣下处理政务的场所。每逢康熙离开京城，各部院便将奏章集中送至内阁，由内阁遣使专程转送。康熙如果住在南苑，就一天汇送一次或隔日汇送一次；如果远行外地，就每三日送一次。

每天清晨，各部院尚书、侍郎就要赶到听政的地方，将本部日常事务上奏给康熙。有些问题康熙当时就做出决定，命令有关部门贯彻执行。遇到重要问题，康熙要当面询问详情，征求各方意见，然后仔细调查，最后决定。

从亲政之日起，到去世前五十多年时间里，除了生病、三大节、重要祭祀之日，以及宫中遭遇丧葬等变故，康熙不得不暂停御门听政外，他的一生中几乎无日不坚持听政。因此，虽然御门听政并非康熙独创的理政形式，但在中国历史上，像他这样将御门听政定为常制，注重实效，数十年坚持不辍的皇帝，实在是绝无仅有。康熙利用御门听政，解决了大量的实际问题，大大地提高了国家的管理质量和行政效率。

康熙四十五年（公元1706年）四月十二日，大学士会同户部奏上有关钱价太贱，需要平抑之事。康熙当即做出严厉惩处贩钱抬价者的决策。同年十月，为拿获贩卖大钱人犯一事，刑部侍郎鲁瑚与九门提督发生争执，在康熙听政时面奏请旨。康熙让二人充分述说理由后，严厉批评刑部悖谬，下令交给都察院处理。

许多重要、机密的事，各部还要具本奏上，面奏完毕，由大学士商议处理。

在听政的过程中，康熙尽量发挥大臣们的积极性，让他们畅所欲言，甚至鼓励互相争论。

经过争论，有时康熙发觉自己的意见并不完全正确，就虚心接受，改变自己的决定，采纳臣下的意见。有一次，九卿会议提出请皇上亲临河上，指授方略的要求，康熙开始断然拒绝，并且声明：我屡次巡察途经河道，对治河工程非常清楚，有些地方虽然没有经过，但从地图上也早已十分熟悉，随时可以定夺。我几次南巡，发现走小路十分扰民，所以没必要亲自前往。但是九卿一再坚持，申明利弊，说皇帝不亲临指示，就不敢动工，工程也不能善成。康熙经过通盘考虑，终于同意亲自前往检阅。

这场争论整整进行了一年。九卿有的面奏，有的递折，都直陈己见，大大提高了中枢决策的准确程度，起到了良好的效果。

对于自己的正确意见，康熙还是勇于坚持的，这也是为了加强权威。

康熙四十五年（公元1706年），为治理黄、淮水患，在分工、筹款、官吏管理等诸方面，康熙与九卿存在很多分歧，并在御门听政时进行了多次争论。九卿们提出"河务重大，需饷繁浩，应开捐纳条例"，康熙不同意，反复劝谕，说现在国库里银钱十分充足，如果不充足，怎么能减免各省应纳的钱粮呢？康熙还批评九卿不熟悉河务，指出："我去年视察高家堰，见堤坝再不预先修治，一定会出大问题，就命令张鹏翮开工修治。但张鹏翮却坚持说根本不会有事，一直拖着不办。现在修河，应当以高家堰工程为重，如果高家堰溃决，那么黄河也难保。"康熙仔细耐心地分析利弊，终于说服了九卿，使得自己的意见得以顺利贯彻执行。

对许多朝中大事，康熙都亲自过问。大学士请旨的，康熙每一件都亲自定夺，甚至一些看起来并不重要的事情，他也要关注。有一次，大学士明珠捧折面奏请示户部奏销前一年湖南钱粮，康熙就问："所奏钱粮数目是不是确切？"大学士明珠回答说："我核对过，是相符的。"康熙仍不放心地问："户部钱粮浩繁，很容易蒙混，经常在销算当中出问题，你们要传我的话，要户部务必严加清查，排除弊病隐患。如果不改，一定严加查办！"经过落实，解决了许多问题。

康熙二十五年（公元1686年）七月的一天，康熙处理翰林官外转的奏章，询问大学士的意见，大学士明珠奏报说，可以依吏部所议。康熙听后很是不满，他批评道："这是你们顾及情面，现在的翰林官，有的不善书法，不能写文章，不能读断史书，只知饮酒下棋，这样的人一旦被重用，使无才之人反受宠幸，怎么去教育后人？一定要降谪一二个人来儆戒他们。"于是当即指示大学士、学士带着谕旨到翰林院、吏部去质询。当天晚上，大学士们就回来汇报了吏部与翰林院的疏误之处，加以改正。

这些做法，不但解决了不少实际问题，而且也让康熙掌握了各地、各部门的薄弱之处，对加强皇权、防止权臣擅政现象的发生起到了一定的作用。

御门听政时，康熙不只处理日常事务，而且还借机考察官员，整顿吏治，并通过这种方式增进官员们同自己的感情联系。他首先将官员是否认真按时启奏视为勤勉与否、贤良与否的重要标准。因而对朝奏时偷情安逸的官吏严加训斥，对启奏诸臣，他也时时要求他们要注意民生利病。康熙二十二年（公元1683年）二月初六，浙江布政使石琳奏上本省要政时，多举琐屑事情，康熙严厉批评说："你身为地方大吏，应举有关民生利病应该革除的大事奏告，怎能用这种琐事来搪塞呢？"他曾多次告诫身边的官员说，作为一方大吏，所奏必须与国计民生相关。

对官员们的升转任命，康熙很注意听从大学士们的意见。每当吏部或九卿推荐官吏，康熙总是让大学士们充分发表意见，以决定取舍。有时一时无法议定，便下令有关部院或九卿再作商议。有一年，户部侍郎、贵州按察使、浙江按察使、山东布政使等都出现缺员，吏部报上拟升转名单，康熙并未指点，而是下令："着以开列人员问九卿，各举所知。"对吏部所开山东等九省学政名单，康熙也对学士们说：直隶地区，我已点过；江南等地学臣紧要，这本折子里开列的人员我不大认识，请向九卿去问询。但是对各部部议及大学士们票签的错误，康熙却丝毫不加迁就。

康熙曾经问大学士马齐："前代君王不接见诸臣，所以诸臣也见不到君王，君臣之间怎样通气呢？"马齐回答说："明代皇帝向来无接见诸臣之例，即使接见，也不许说话。"康熙慨叹道："为人君者若不面见诸臣，怎么能处理政务呢！"

为了增进君臣之间的感情交流，康熙对各级官员，处处表示关心。他认为，只有君臣经常在一起商讨国事，才能上通下达，共同筹划，才能避免前明君臣相隔，依赖宦官而至亡国的局面再度重演。

康熙经常通过询问官员的家境来联络感情。出于对他的感戴之情，不少臣下对工作尽职尽责，甚至敢于与他争论。他对这种大臣总是十分赞许，他对大臣们说："你们都是议政大臣，应该各抒己见，直言不讳，即使有小差错，我难道还会因议政而加罪于你们吗？"因此，康熙在位期间，君臣关系一直非常融洽。各级官员普遍任劳任怨，对康熙也备加爱戴。

康熙生病期间，暂停御门听政，但是各部院官员仍然全部赶到左门请安，使康熙十分感动，他动情地说："君臣谊均一体，分势虽悬，而情意不隔。"御门听政中，他对大臣们的"感情投资"得到了回报，大大增加了官员们的向心力，从而极大地强化了他的权力，使得他的统治得到了空前的巩固。

御门听政作为康熙长期坚持的主要处理政务的方式，对于清朝政局的健康发展，发挥了至关重要的作用。康熙充分利用御门听政，使朝廷上下协调一致，克服困难，战胜了一个又一个对手。如在平定三藩之乱的八年中，诸多情况下，都是康熙利用御门听政及时地做出各种决定，并贯彻执行，从而取得了平叛战争的胜利。之后，康熙又抓住有利时机，在御门听政时授任姚启圣为福建总督，施琅为福建水师提督，终于顺利收复台湾，完成祖国统一的大业。

谈到康熙加强皇权，除了御门听政外，还有一件事不得不提。这就是他开创的密折陈奏制度。据有关学者研究，密折起源于请安折，因为满人有经常向皇帝请安的习惯，具折问安时，顺便报告别的事情，久而久之，就形成了习惯。具折的人，大多是满人，而且是皇帝的心腹。在顺治年间，这种折子就已经存在，但形成制度，则是到了康熙时期。对此，康熙曾说："密奏之事，唯朕能行之耳，前朝皆用左右近侍，分行探听。此辈颠倒是非，妄行称引，偾事者甚多。"这里所说的前朝，就是明朝。明朝皇帝为了探听臣下举动，动用宦官和锦衣卫等，这些人居中作恶，不但无益于统治，反而把朝政搞得乌烟瘴气。这一点，康熙是很反感的。他将满人中的请安习惯加以制度化，就达到了既能了解臣下和地方情况，又避免有人借机为恶的效果。这不能不说是一大创举。

为了更好地控制全国，巩固统治，皇帝迫切需要及时了解官员和百姓的情况，不受各种因素干扰，客观地、准确地做出判断和进行处理。但当时皇帝的主要情报来源，除官员面奏和亲自察访所得外，主要是要靠奏报文书。题本和奏本是两种最主要的上行文。这是明朝的制度，清朝统治者继承下来后，已经沿用数百年，暴露出了很大的弊端。主要表现在：繁复迟缓，泄露机密。题奏运转时间长（最少需要4～5天），中间环节多，经办的人手杂，不易保密，经过通政使司及内阁的许多部门多次阅览审核之后，才能到达皇帝案头。而最重要的是，按照制度，题、奏本章不是由皇帝直接处理，必须先送内阁由内阁票拟，即提出初步处理意见，再送皇帝认可。即使是皇帝认可的处理意见，也不是由他亲自批答，还必须由内阁及批本处代为批红。这样一来，皇帝受制因素非常多，很难体现他的个人意志。折奏的主要特点就是可以避开内阁直接送达皇帝，皇帝亲自批复，直接下达给具折人执行。这样一来，密折制度正好弥补了题本和奏本的缺点，有助于皇帝亲自了解、处理有关事务。

自康熙二十年代末至三十年代初，康熙就命令一些派驻外地的亲信，如曹寅、李煦等，用折子向他报告某些当地的情形。开始的时候，只是报一些雨雪粮价之类的信息，当然这些也极为重要，因为这关系到百姓生产生活，关系到国家的稳定。不久，康熙就让他们汇报一些关于地方官的隐私和民间舆情，以及其他消息。这是臣子和君主的直接交流，没有第三人参与，由于谁也不知道皇帝会从别人那里打听什么,也不敢瞒报,这就保证了信息的准确性。这些官员大都远在京外任职,不可能面呈,也不可能通过驿递公开送达,皇帝就命令他们派亲信家人将折子直送皇宫,由皇帝亲自拆封。因为这些折子密来密往,就被称为密折。

后来,为了更广泛地了解情况,被准许用密折奏事的官员也越来越多。一些地方督抚、提镇大员也可用密折奏事。到康熙五十一年(公元1712年),又谕令"内外大臣具折陈事,折奏自此始。"因此到了康熙后期,京内外高级官员用折奏事已十分普遍。密折制度也正式形成,并在雍正朝发挥到极致,以至于逐渐代替了题本和奏本这两种正式的公文。

康熙通过臣工们所递进的密折,掌握了许多官场隐私及民间动静,大大加强了他的控制和统治能量。正如他自己所言:"诸王文武大臣等,知有密折,莫测其所言何事,自然各加警惧修省矣……"这实际上说出了密奏的威慑作用。有些通过其他途径难以查清的问题,也经密奏得以弄清楚。

曹寅和李煦是最早使用密折的官员,康熙对他们奏折的批答,很有代表性。如康熙四十八年(公元1709年)十月初二,苏州织造、大理寺卿李煦上折请安,康熙特地回复说:"近日闻得南方有许多闲言,无中作有,议论大小事。朕无可以托人打听,尔等受恩深重,但有所闻,可以亲手书折奏闻才好。此话断不可叫人知道,若有人知,尔即招祸矣。"这一年三月,康熙复立太子,朝廷内外震动,很多官员私下打探信息,民间也议论纷纷。事关大局,又不能公开询问,康熙就命李煦暗中打听动静,以便了解舆情变化。

很多人都以为雍正帝是密折制度的创立者,实际上,这一制度是康熙所开创的。他派官员刺探朝廷地方的信息及民情舆论,上密折陈

第五章 圣祖仁皇帝

· 119 ·

奏，让皇权对臣下的监视无时无地不在。

康熙之所以被称为千古明君，是因为他善于集中权力办大事。他深受中国文化熏陶，熟悉历史，深知大权不可假于人的道理，他曾说："今天下大小事务，皆朕一人亲理，无可旁贷。若将要务分任于人，则断不可行。所以无论巨细，朕心躬自断制。"尽管从今天的眼光看来，此举是封建皇权专制的体现，但在当时，这对于维护国家的稳定起到了至关重要的作用。康、雍、乾三帝都是大权独揽、事必躬亲的帝王，如乾隆所说："本朝家法，自皇祖皇考以来，一切用人听言大权，从无旁落，即左右亲信大臣，亦未能有荣辱人、能生死人者。"所以，康熙自亲政后，一直牢牢地把握着国家的权力，这可以说是开创康乾盛世的一个大前提。

第三节　宽仁和平

人心的得失关乎天下安危。古人云，得人心者得天下，这的确是硬道理。康熙所追求的，就是让人们从心里服从他，甘心为他效力，而不是威压下的屈从。所以，他以一种特有的方式，和臣子、百姓、士兵建立起了内心的联系，使这些人乐为之用。

在中国封建历史上，说到君臣关系和谐，莫过于康熙盛世。这主要得力于康熙的人性化管理。他没有把大臣们当成是潜在的对手或者御用的工具，而是当成了自己的亲属、朋友，靠感情而不是靠权威，来建立一种更稳定、更协调的关系。

谈到康熙对官员的管理，几乎所有人都用一个"宽"来加以概括。事实确实如此。康熙自己曾解释说："朕自幼读书，见大臣多不能保其初终，故立志待大臣如手足，不论满汉蒙古，非大奸大恶法不可容者，皆务保全之。"康熙对历史太了解了，他对于那些大杀功臣的做法非常反感。如他在读《史记》的时候，发现汉武帝时发生灾变经常杀宰相，大为不解，感叹道："夫宰相者，佐君理事之人，倘有失误，君臣共之，竟诿之宰相可乎？或有为君者，凡事俱付托宰相。此乃其君之过，不得独咎宰相也。"康熙从不诿过于臣下，非但如此，即使臣下有错，他也尽量从宽处理，因此，在整个康熙朝，几乎没有发生过一起官场的冤案，这在中国历史上是绝无仅有的。

康熙这样做，一方面是由于他宅心仁厚，另一方面也是为了稳定江山。他认识到，尽管皇帝在政治上有绝对权威，对臣下有生杀予夺的大权，但仅靠权威，不能从根本上得到大家的拥护。如果官员畏君主之威而不蒙其恩，惧君主之势而不感其德，这种统治只能维持表面上的安定，不能保证长治久安。因此康熙经常强调"天下当以仁感，不可徒以威服"，明确表示自己"尚德不尚威"的观点。他主张君臣应当一体，减少猜疑，减少矛盾。在总结历史经验教训的基础上，他提出了"君臣一体"的主张，为此特地写了一篇《君臣一体论》，其中说："朕嗣守丕基，临御以来，无一日不与群臣接见，恒恐席崇高之势，不克尽群下之情。"

康熙十七年（公元1678年）五月，康熙对大学士明珠及张英、高士奇等人详细地阐述了自己的君臣观，他说：

"朕观古来帝王，如唐虞之都俞吁咈，唐太宗之听言纳谏，君臣上下如家人父子，情谊浃洽，故能陈善闭邪，各尽所怀，登于至治。明朝末世，君臣隔越，以致四方疾苦，生民利弊无由上闻。我太祖、太宗、世祖相传以来，上下一心，满汉文武，皆为一体，情谊常令周通，隐微无有间隔。一游一豫，体恤民情，创作艰难，立万世不易之法。朕虽凉德,上慕前王之盛事,凛遵祖宗之家法,思与天下贤才共图治理,常以家人父子之谊相待,臣僚罔不兢业,以前代为明鉴也。"

康熙的君臣一体观主要表现在以下几个方面:

建立感情联系,拉近距离

君臣关系之所以难以处理,就是因为其等级森严,不能越雷池一步。在君主专制体制下,臣下视君主如仇敌,身家性命都悬于其手,又惊又怕。而君主则视臣下如同奴隶,又要利用,又要防范。因此双方很难建立真正的感情。康熙为了改变这种关系,在保证君臣上下尊卑的前提下,更多的是以师友的身份出现的,和大臣们建立密切的私人感情,这样不仅缓和了矛盾,也增加了亲和力。

为了做到这一点,康熙经常和官员们见面,御门听政是一个机会,每个官员有新的任命的时候,他都要亲自召见,亲切交谈,让官员们感受到皇帝对自己的信任,从而心生感激。为笼络人心,他经常把文学侍从之臣召到宫中,赐茶、赐座、赐物,讲论经史,翻阅卷册,始终和颜悦色,拉近君臣的距离。大臣们都说这是"千古史册所仅见""不世之遭逢"。对那些主要大臣,康熙更是不吝赏赐。

如康熙二十年(公元1681年)七月,康熙将太液池中鱼藕等物赐宴群臣,又赐彩缎,让大臣制衣,并颁布上谕说:"今日宴集诸臣,本当在朕前赐宴,因人众,恐恩泽未能周遍,故不亲莅。诸臣可畅饮极欢,毋拘谈笑,以负朕意。"为了让大臣们不要拘束,他没有亲临,就让内大臣和学士劝酒,结果大臣们全都酩酊大醉,一时成为佳话。

他还特地破除了一些禁忌,来体现自己的优容。康熙二十一年(公元1682年)正月,他传谕道:"向来乾清宫内,止宴满洲诸臣,并未宴及汉官,今思满汉皆属一体,欲将汉官亦于乾清宫内特行筵宴。"十四日,他就在乾清宫大宴,招待满汉群臣。史载:"君臣一体,共乐昇平，同昭上下泰交之盛。"这次，康熙亲自赐饮，并让太监把喝醉的官员扶回家，后人称"君臣相悦，千古仅有"。

他甚至把一直被人视为禁区的皇宫后苑对臣僚开放。康熙十二年（公元1673年）六月，他为了让大臣们休暇，特地在荷花盛开之际，在瀛台赐宴，让群臣泛舟游览中南海的景色。康熙二十一年（公元1682年）六月，又下令说："朕因天气炎热，移驻瀛台，今幸天下少安，四方无事，然每日侵晨御门听政，未尝暂辍，卿等各勤职掌，时来启奏。曾记宋史所载，赐诸臣于后苑赏花钓鱼，传为美谈。今于桥畔悬设罾网以待卿等游钓。可于奏事之暇，各就水次举网，得鱼随其大小多寡携归邸舍，以见朕一体燕适之意，谁谓东方曼倩割肉之事不可见于今日也？"此后，他又多次开放行宫后苑，甚至亲自充当导游，君臣共乐。

臣下一旦有病，康熙总是细心慰问，赐医赐药，关怀备至。如他和李光地，可以说是名为君臣，实为师友。在李光地生病其间，康熙多次派人送药，其情真挚，令人感动。

李光地，字晋卿，福建安溪人，是清朝著名的理学家。他于康熙九年（公元1670年）中进士，选庶吉士，授编修。康熙十二年（公元1673年）二月，担任会试同考官。十月，请求省亲归里，结果遇上了三藩之乱。十一月，吴三桂发动叛乱。第二年三月，耿精忠起兵响应，多方收罗人才，他逼令福建各地知名人物齐集福州，出任伪职。李光地同时收到了耿精忠和郑经逼降、诱降的信。经与同榜进士陈梦雷协商，不能归附，由陈梦雷继续留在福州做内应，李光地借口父病速归，遣人将叛军情况速报朝廷，密疏陈破贼机宜。

康熙接到密奏后大为赞许，特谕大学士说："李光地不肯从逆，避入山中，具疏遣人前来密陈地方机宜，具见矢志忠贞，深为可嘉。"

· 123 ·

下兵部录付领兵大臣。后来清军入闽,李光地募乡勇百余人扼守险要,配合作战。康熙对他更是另眼相看,发谕旨说:"李光地当闽地变乱之初不肯从逆,具疏密陈机宜,殚竭忠贞。今又遣人迎接大兵,指引道路,平险隘,治浮桥,馈食物饷军,率民兵备办粮米,供给兵众口粮,矢志灭贼,实心为国,深为可嘉。"从此以后,李光地成为最受康熙信任的汉人大臣之一,先后被提拔为内阁学士、经筵讲官、翰林院掌院学士、礼部侍郎、日讲起居注官、顺天学政、工部侍郎、直隶巡抚,最后官至文渊阁大学士兼吏部尚书。他精通理学,推荐了著名数学家梅文鼎,著名平台将领施琅,拯救了著名文学家方苞和著名清官陈鹏年,其学问和能力,都是当时汉人官员中的佼佼者。尽管他由于"卖友""夺情""外妇之子来归"三案而为士林诟病,但康熙对他一直信任不疑,二人"情虽君臣,义同朋友"。

康熙五十年(公元1711年)七月,康熙到木兰围场行围,李光地留京。他此时已经年迈,身体残疾,坐卧不便。康熙特地赐给他西洋铁带,帮助行走。后来他身上生疮,痛苦难耐。八月,他给康熙上折,请求休致。康熙回复说:"览卿奏折,朕心惨然。想当时旧臣,近来全无,即如卿等者不过一二人。今朕亦老矣。实不忍言也。早晚回宫当面再说。"为了缓解李光地的病情,他派太监到李家看望,并赐给两罐海水,告诉他泡洗之法。李光地如法使用,果然有所好转,上折谢恩。康熙再三叮嘱:"坐汤之后饮食自然加些,还得肉食培养,羊牛鸡鹅鱼虾之外无可忌,饮食愈多愈好,断不可减吃食。"几天后,李光地再次请求"坐汤",即泡温泉。康熙又嘱咐说:"坐汤好,须日子多些才是。尔汉人最喜吃人参,人参害人处就死难觉。"此后,康熙又多次告诫,"饮食中留心,生冷之物不可食。"其言之谆谆,情之挚挚,没有丝毫作假,如同亲友至交,这样的君主,如何不令人既感且佩？

康熙五十二年（公元1713年），李光地患腹泻病。康熙闻之，非常担心，叮嘱道："李大学士，朕出门时并未闻脾病。近来何如？若用药须十分小心。""卿年高之人，泻久自然伤元气，亦不可看得轻了。赫素处有一种木瓜膏，最能治泻，卿即传旨要来，每日不过五六钱，不泻时吃几次看看。还有止泻膏药，此系外治，可以无妨，用得。"在一个月内，他几次批复，都关怀备至。要知道康熙是一国之君，日理万机，但对臣下的身体还时刻关心，这种情谊，要比一般人的交情珍贵得多。

康熙五十七年（公元1718年）六月，李光地病逝，享年77岁。正在热河行宫的康熙闻知噩耗后，深为悯悼，当天便派遣皇五子胤祺、内大臣公马尔赛等往奠茶酒，赐金1000两，又命工部尚书徐元梦回京护其丧事。康熙又谕部臣等说："李光地久任讲幄，简任纶扉，谨慎清勤，始终如一。且学问渊博，研究经籍，讲求象数，虚心请益，知之最真无有如朕者，知朕亦无有过于光地者。倚任方殷，忽闻患病溘逝，朕心深为轸恻。所有应得恤典，该部察例具奏。"予祭葬，谥文贞。

李光地并不是特例，康熙对很多老臣也都时刻关心。

如康熙二十一年（公元1682年）正月上元节，康熙赐宴大臣。大学士杜立德有病没能参加，康熙就派人赐酒赐食，并传谕道："卿弼亮老臣，久任机密，端醇恪恭、勤慎素著。兹海宇荡平，时当令序，内殿赐宴廷臣。念卿卧病，不克同此欢谦，特遣中使慰问，赐以醴馔。卿其加餐珍摄，副朕惓惓至意。"杜立德致仕时，康熙赐诗赐物，以昭"优礼眷顾之意。"

康熙四十一年（公元1702年）四月，他传谕卧病在家的大学士王熙说："卿耆年旧德，历官最久，自去岁告病在家，朕无日不注念老臣也。近日九卿皆求匾额字对，想卿身虽在告，心未尝一日不在朝中，故特书匾对各一，并临米芾书一幅赐卿，卿其勉强餐食辅以医药，慰朕不忘旧臣之至意。"

康熙四十四年（公元1705年），康熙南巡的时候，年过七旬的江苏巡抚宋荦前来迎驾，康熙传旨慰问："朕有日用豆腐一品。味美异常。因宋荦是年老大臣，可令御厨太监传授与宋巡抚厨人，俾其享用。"

到了晚年，康熙对这种君臣之情更加珍视，对于一个个老臣离他而去备感伤感，他曾说："朕同事老臣渐少，实不忍言。"每当接到大臣请求退休的奏疏，他都伤心落泪。大臣们去世，他仍念念不忘，对他们的子孙也尽量予以照顾。他曾对群臣说："朕于故旧大臣身殁之后不时存问，盖共事日久，不忍忘怀，待满汉臣工皆然，朕天性如此也。当熊赐履居官时，政事言论有不当者，朕未尝不加训饬，即凡大臣皆然。及已去位身故，则但念其好处……今熊赐履二子家甚清寒，尔等亦应共相扶助，令其读书，俾有成就。"

从这些例子中我们不难看到，康熙和臣下的感情并非做作，而是发自内心，如他自己所说，"天性如此"。真情付出当然也会有真情的回报，康熙在位六十一年，朝政基本平稳，没有发生特别大的动荡，不能不说是得益于君臣之间的感情维系。正如有的学者所说的那样："皇帝对老臣'天恩优渥'，不但使老臣'感戴高厚，没齿难忘'，而且在廷臣子'亦无不感戴，奋力报国恩'，起到了加强政治向心力的作用。"

有过自担，不诿过于臣下

臣子们最担心的事情往往不是能否得到重用，能否施展才华，而是能否得到君主的信任，会不会成为君主的替罪羊。大多数的君主为了维护自己的权威，都把自己的过错推到大臣的头上，就连汉武帝这样的有为之主也不能例外，而汉景帝这样的明君也同样不能免俗。在这样的帝王统治下，臣子们无不胆战心惊。

康熙则不然，他对诿过于人的做法最为不耻，这从前文他批评汉代杀宰相的做法就能看出来。最能体现他这种胸怀的，莫过于在撤藩问题中对大臣的处理上。

当初提议撤藩，大多数大臣都竭力反对，只有兵部尚书明珠、户部尚书米思翰、刑部尚书莫洛等少数人支持。但康熙力排众议，决心撤藩。不久，吴三桂发动叛乱。消息传来，康熙立即召开御前会议商讨对策。反对撤藩的索额图说："前议三藩当迁者，皆宜正以国法。"企图效仿汉景帝杀晁错的做法。但康熙断然否决，他说："朕自少时，以三藩势焰日炽，不可不撤，岂因吴三桂反叛遂诿过于人耶？"自己承担起了责任，保护了主张撤藩者，让这些人"感激涕零，心悦诚服"。

三藩平定，大臣们为康熙上尊号，康熙加以拒绝，他回顾了平叛过程，传谕道："顷九卿等以大憝既除，寰宇底定，奏请上朕尊号。朕思曩者平南王尚可喜奏请回籍时，朕与阁臣面议，图海言断不可迁移。朕以三藩俱握兵柄，恐日久滋蔓，驯致不测，故决意撤回。不图吴三桂背恩反叛，天下骚动，伪檄一传，四方响应，八年之间，兵民交困。赖上天眷祐，祖宗福庇，逆贼荡平。倘复再延数年，百姓不几疲敝耶？忆尔时惟有莫洛、米斯翰、明珠、苏拜、塞克德等言应迁移，其余并未言迁移吴三桂必致反叛也。议事之人至今尚多，试问当日曾有言吴三桂必反者否？及吴逆倡叛，四方扰乱，多有退而非毁，谓因迁移所致。若彼时朕诿过于人，将会议言应撤者尽行诛戮，则彼等含冤泉壤矣！朕素不肯诿过臣下，即今部院事有错误，朕亦自任。

朕自少时，以三藩势焰日炽，不可不撤，岂因吴三桂反叛，遂诿过于人耶！今乱贼虽已削平，而疮痍尚未全复，君臣之间宜益加修省，恤兵养民，布宣德化，务以廉洁为本，共致太平。若遂以为功德，崇上尊称，滥邀恩赏，实可耻也。"在此，他明确地把决定撤藩的责任揽在自己身上，以前没有怪罪明珠等支持者，现在也没有怪罪那些反对者。

多方回护，予以保全

康熙对臣下非常宽容，如果不是涉及根本性的问题，稍犯错误，他都能谅解。这并不是说康熙朝的官员就没有贪官，就没有坏人，主要是康熙能够多从臣下的角度思考，不务苛求，包容过失，这几十年间才显得风平浪静。康熙四十三年（公元1704年），他在总结自己为政之道时候说："朕尝阅史书，自古大臣自始终善全者甚少，朕今御极四十余年，大学士周祚、冯溥、杜立德、李霨、宋德宜、王熙等俱得全功名而考终命者，皆朕极力保全之所致也。朕从不多生事，但穆然清净，处之以和平，故诸臣皆得享其福也。"实际情况确实如此。很多大臣犯了错，他都能容忍。即使是那些罪不容诛的人，他也经常网开一面。如鳌拜篡权专横，目无君长，在封建社会，这可是最大的罪过。议政王大臣会议对其判处死刑。康熙特地召鳌拜来亲自审问，鳌拜承认了所有罪行。当康熙看到他身上征战中留下的累累伤痕，怜悯之情油然而生，下笔批示道："鳌拜理应依议处死，但念效力年久，虽结党作恶，朕不忍加诛，著革职，籍没拘禁。"鳌拜因此才保住了性命，最后病死狱中。对他的儿子，康熙也没有处死，其亲戚没有重大罪行的，康熙都予以宽大处理。

连鳌拜都能免死，其他人可想而知。在康熙朝的历史上，我们经常可以看到，很多大臣被判死刑，都是康熙亲自改判，或改为拘禁，或改为流放，甚至予以释放。

对此，康熙说："为君者亦宜宽，不可刻……""朕于大臣官员务留颜面，若不然，则诸臣其何以堪耶？""待臣下须宽仁有容，不因细事而即黜之，所以体群工也。用人则随才器使，无求全责备之心，盖以人材有不齐也……""朕亦有私，但不敢行私耳。"

康熙二十年（公元1681年），左都御史徐元文弹劾福建总督姚启圣借库银贸易、强娶乡绅孙女为妾等不法行为，康熙以所参均系三藩兵乱时所行之事，免于追究，并解释说："今事平之后乃为追论，于事何益？""若乱时之事，今追论不已，何异蜚鸟尽，良弓藏，狡兔死，走狗烹乎？"

王进宝、赵良栋是平三藩之乱的名将，战功显赫，但此二人不识大体，各怀私怨，互相攻讦，以致延误军机。康熙始终没有加以治罪。战事平定，他把两人互相攻击的章奏都发还了他们，以前的事，一概不予追问。二人感激涕零，表示一定消释私嫌，为国尽忠。

诸如此类，多不胜举。即使是心腹老臣，如李光地、高士奇、徐乾学等，也都是因为康熙的宽大，才得以最终保全。正因如此，康熙朝才呈现出君臣和谐、安定团结的局面。

另外，康熙本人不信佛、道，但他并没有去毁佛灭道。他认为，自汉唐以来，信仰宗教已成民俗，不可毁寺禁教，而要使民生得所，必须息事宁人、因势利导，为政以安静为本，最便捷的方法就是顺人之性，因民之俗。与其禁佛，不如借佛教阴助教化。他说，顾念长治久安，务在因俗宜民。有一次，西巡时，他还下令建寺，赐名"广仁寺"，以儒家之"仁"冠之于佛寺，大学士王鸿绪评论他为五台山写的五通碑文时说："五篇碑文内皆寓皇上仁被天下之至意，虽言佛教，而儒家治平之理包括以尽。"说明他对儒家之仁道运用得十分纯熟。

比起历史上那几位毁寺禁佛、政崩教坏的皇帝，康熙真是高明至极。

总之，用一个"仁"字来概括康熙的一生，是非常贴切的。他奉行的仁政，基本上是奉行了儒家的统治思想。他宽以待民，不事苛刻，兴修水利，鼓励发展生产，减轻农民负担，极大地促进了社会经济的发展。在康熙统治的六十一年间，民间很少发生起义，这在清代近三百年历史上，是极为罕见的。康熙死后被尊谥为"圣祖仁皇帝"，也只有他，才真正当得起"仁"这个字。

第四节　唯务实行

在中国历史上，治河是统治者最为头痛的事情之一。而康熙朝治河能大有成绩，在于康熙能杜绝阿谀奉承、欺上瞒下、浮夸成风、报喜隐忧等官场恶习，以求真务实的态度来选派治河之臣。

黄河自青海流经我国西北的黄土高原，像一匹桀骜不驯的野马，挟着大量泥沙向下游奔泻而来。黄河中下游，地势平坦，河道开阔，水流缓慢，因泥沙沉积使河床高于地面，形成"地上河"，每遇雨季，往往泛滥成灾。尤其在黄河、淮河、运河交汇之处，灾情最为严重。因为黄强淮弱，黄水灌入淮水，再涌入运河，致使漕运受阻。严重的河患不仅使广大人民的生命财产损失，农业生产受到破坏，国家的税收无着，而且黄淮溃决，运堤崩溃，漕粮无法按期运往京师，这都直接关乎清朝的统治。所以康熙于亲政之初，便意识到治河乃立国之本。

治河是贯穿康熙执政始终的一件大事，而漕运与治河密切相连，为此他倾注了大量精力。他亲政之后，便把平定三藩、治理黄河和疏通漕运这三件大事，写在宫中的柱子上，天天提醒自己：这是重要的国事。

治理黄河，历朝历代都是难题，问题的关键在于有没有得力的治河大臣。此人首先要有能力，康熙把挑选治河专才放在至为重要的地位上。他说：河道关系重大，必得才能熟练之员，方能胜任这项职责。正如张伯行所说，治河无功，往往坏于不学无术之人，妄行己私，变乱成规。一般头脑简单的治河官僚，面对河患都是束手无策，不过是借机发国难财而已。

那么，清朝的漕运和河道掌握在什么人之手呢？清军入关以后，为了确保粮运，设置了河道总督，简称"总河"，是为治理黄河的最高行政长官。总河辖有军队，叫作"河标"，负责河工调遣、守汛和防险之事。除了河道总督外，又设有漕运总督，简称总漕。这样，清朝政府除了8名地方总督以外，还有两名专业性质的总督，一管河，一管粮，都是从一品大员，在清代都是肥缺。

历史上，中国治河最见成效的时期，要数清朝初年，那是因为康熙知道，选任既不好大喜功，也不可化公为私的清官是唯一可行的方法。康熙经过慎重考察，首先于康熙五年（公元1666年）起用了贵州总督杨茂勋为河道总督，后来又起用了罗多、王光裕，他们都治理不好，于是康熙又起用了安徽巡抚靳辅为河道总督。

靳辅，字紫垣，汉军镶黄旗人。康熙初年任内阁学士，康熙十年（公元1671年）任安徽巡抚，政绩优著，加兵部尚书衔，后升河道总督。

靳辅感激皇帝知遇之恩，唯思力报。康熙十六年（公元1677年）四月他即赶赴宿迁河工署就任，上任之后，立即开始考察，为期两个多月，走遍黄、淮、运河。到清江浦时，正值黄河泛滥，河堤溃决，运河河道阻塞。靳辅在黄淮堤上察看了水情，访问了农人，获取河患的第一手材料。之后，他又遍寻历代治河之论述，从中总结先人治河的经验教训，主张继承明代河臣潘季驯"筑堤束水，以水攻沙"的治河策略，把治沙作为治河的关键问题；并将治河应行事宜分拟《经理河工八疏》，呈交康熙。

靳辅在《八疏》中提出了周密的计划，包括五项工程和三项保证措施。五项工程是："挑清江浦以下，历云梯关，至海口一带河身之土，以筑两岸之堤"，堤高束水、刷沙、引导黄、淮入海的功能；"挑洪泽湖下流，高家堰以西，至清口引水河一道"，"加高帮阔七里墩、武家墩、高家堰、高良涧，至周家桥闸，残缺单薄堤工"，构筑坦坡，他认为平坡能缓和水的激速；"筑古沟、翟家坝一带堤工，并堵塞黄淮各处决口；闭通济闸坝，深挑运河，堵塞清水潭等处决口，以通漕艘"。其三项保证措施是：钱粮浩繁，须预为筹画，以济工需；"请裁并河工冗员，以调贤员，赴工襄事"；"请设巡河官兵"，共六营5860名，配船296只，以经常维修、保护堤坝。他提出首期工程需用时200天，河工12万3千人。至于经费，靳辅核算一下，需费银215万两左右。

这显然是一个牵筋动骨、影响很大的宏伟计划，其中也贯穿了康熙一劳永逸的治河思想。但是，因为清朝政府当时财政尚属匮乏，再者，十余万民工聚集黄河两岸，又不免令清廷统治者眼前浮现元朝末年"莫道石人一只眼，挑动黄河天下反"的景象。因而，当靳辅的奏疏于康熙十六年（公元1677年）七月十九日被拿到有议政王、大臣、九卿、科道等官参加的会奏桌上时，议政王等都不同意大修，并提出"先将紧要之处酌量修筑，等事平之日再照该督所题，大为修治"的建议。

康熙不同意议政王等人暂缓实行的主张，劝令靳辅继续论证。靳辅于康熙十六年（公元1677年）九月奉旨，经反复筹划，再三勘阅，于同年十二月遵旨再上《敬陈经理河工八疏》。康熙十七年（公元1678年）正月，在康熙的敦促之下，议政王大臣讨论通过了这个上奏。由此，靳辅、陈潢开始根据自己的理论，实施整治黄、淮的方略。在黄、淮、运三条河干上，靳辅亲自指挥施工，发现问题，随时修正施工方案，采取补救措施。

从康熙十七年（公元1678年）开始，各工程陆续开工。靳辅亲自率领治河官员60余人，食宿在黄、淮河边，栉风沐雨，不辞辛苦。他很善于学习，无论是幕僚还是缙绅兵民及工匠杂役，只要有一言可取之处，莫不虚心采纳。他还仔细研究了历代治河经验，认为明朝潘季驯的"筑堤束水冲沙法"很是可取，便采用实施。本来，沿河百姓就有集资集力共同治河的传统，可各处都只是光治家乡这一段，有些地方无人治理，又由于财力有限，效果不佳。然而，一旦由国家治理，地方百姓就依赖国家，不主动参加。所以治河官吏就强征民夫，弄得河工弊端百出，其实，治理的方法也很简单，花钱雇工就是了，但是官吏们舍不得这笔钱。

靳辅对治河的民工，采用雇募的办法，一改过去那种强行征派的方式，使工程质量有所保障。治河本应该是为造福人民，但如果是强征百姓服劳役，也就违背了治河宗旨，自然治不好黄河。靳辅治河不为个人升官发财，故不必克扣工钱，中饱私囊。治河的目的不同，手段也就不同，后果当然也会不同。

靳辅的幕客陈潢是他治河的主要助手。陈潢，字天一，浙江钱塘人，有奇才。靳辅见河道败坏不堪，曾有疑虑。陈潢却认为这正可以有所作为，他说，非盘根错节不足以试利器。他的一番话大大增强了靳辅的信心。陈潢日夜奔走在黄、淮、运工地上，心力交瘁，治河官员深为感动，对他尊敬有加，视为师长。

靳辅命将黄河下游河道疏浚300里，以所挖泥土加固堤坝，并根据大臣冀如锡、伊桑阿的提议，两岸广植柳树，疏浚湖泊，并设闸渠与河相通，以便于蓄洪，又把淮河、运河疏通改造，同时高筑分水岭，以利于分洪。

经过三年的努力，黄、淮、运的治理工程取得了显著的成绩。

康熙十九年（公元1680年）至二十年（公元1681年），黄河上游暴雨成灾，两次洪水又将河道冲坏多处，靳辅一面组织人力堵塞，一面上书自责，请求处分。

康熙派大臣伊桑阿、崔维雅等人前往黄河两岸查验河工。伊桑阿等人对靳辅的治河功绩视而不见，多方挑剔。靳辅遇此窘境，表明了治河确有较大的难度，在与靳辅治水政见不同的吏员那里，这些都成为否定靳辅方略的口实。候补布政使崔维雅奏呈说，靳辅所建减水坝无功当毁，请求尽变靳辅治河之法，将靳辅治河功绩全部否定，还向皇上建议撤换靳辅。相互拆台、挖墙脚，是封建社会官场中最常见的现象，防不胜防，皇帝如果偏听偏信，清官办事就更难了。所以古人一再强调"亲君子，远小人"的重要性。多亏康熙对靳辅仍比较信任，认为若另用一人，则旧官离任，新官推诿，必致坏事，虽将靳辅革职，但仍予以留用，只是限期完工。

又经过一年，除了海口工程尚未完成外，各项工程都已完工，黄河归于故道。

康熙二十二年（公元1683年）十二月，康熙恢复靳辅河道总督职。次年，内阁学士席柱从广东回京，路过黄河，顺便拜访靳辅，视察河工。回京复命时，康熙问他河道情况，席柱说："曾见靳辅容颜憔悴，河道颇好，漕运无阻。"康熙自慰当初没有换掉靳辅，使其能够继续完成河工，不由感慨系之。

靳辅死后不久，康熙三十九年（公元1700年），另一位主持河工的廉吏于成龙又病死了，由谁来任河道总督呢？康熙经过反复权衡，终于选中了两江总督张鹏翮。

张鹏翮，字运青，四川遂宁人，康熙九年（公元1670年）中进士，选为庶吉士。他是康熙亲自发现和提拔上来的才学之士，著名清官。康熙曾盛赞他的情操说："从前清官惟宋文清一人，近日张鹏翮勘与匹。"又说："张鹏翮一介不取，天下廉吏无出其右矣。"

张鹏翮鉴于以往之经验，一上任就提出三项要求：

1. 撤销协理徐廷玺，以专总河之任。
2. 乞敕工部毋以不应查驳之事阻挠。
3. 撤销河工随带人员，以节省开支。

康熙表示同意，说："过去河工之无成者，一应弊端起于工部，该部掌管河工钱粮，每借机勒索贿赂，贪图肥己，以致河工总无成效。自后河工经费直拨总河，无须经过工部，使其不能掣肘。"手续多一道，就多扒一层皮。人多不干正事，不如减员以省开支。张鹏翮固然不能根除腐败，但是这三条改革措施，也使他自由了许多。

此番张鹏翮治河，康熙给予大力支持。他谕令工部、户部、内阁等，对治河所需物资、人力、银两，满足所请，及时拨给，不得有误，由于有皇帝亲自监督河工，各部门都不敢怠慢和作弊。因张鹏翮治河殚心竭力，不辞艰瘁，又清洁自持，由吏、工二部议叙奖励，加太子太保衔。康熙书榜赍张鹏翮之父张烺，并赐他御制《河臣箴》和《览淮黄成》诗，恩宠有加。

以后，康熙每隔二年南巡一次，视察河工，对治河提出具体指导。康熙见河水清畅，高兴地说："异哉！此二十年所仅见也。"

张鹏翮及其以后数任河道总督治河依照靳辅成法，使黄河大堤得到进一步治理，从靳辅治河始，中经雍正、乾隆，直到光绪十一年（1885年）黄河改道北上出渤海，这一百多年间黄河从未出现过大患，黄河下游，农业连年丰收，治效之好是历史上所仅见的。

康熙倡导务实的作风，他说："朕孜孜图治，也都是崇尚实政，不尚空谈。"他痛恶浮华不实之风、虚词掩饰之习。实事求是是其安身立命、齐家治国所持的基本态度。康熙不仅说到了，而且做到了，在河工问题上如此，在富民问题上也同样如此。

康熙登基时财政亏空入不敷出，在这种情况下，他采取与民休息的政策，等到社会肌体从病困中恢复过来之后再索取，而不是竭泽而渔。康熙养民的措施有：用各种办法鼓励百姓垦荒，放宽起科年限，减免百姓应缴的钱粮，重视救灾，取消人丁税等。

明末清初，中国大地经历了数十年的战争，社会经济受到严重破坏。据不完全统计，康熙登基之年，即顺治十八年（公元1661年），全国耕地总面积在570～580万顷，比明朝万历年间少150～200万顷。康熙从他父亲手中接收的是一座空虚的国库，不仅无积蓄，而且每年入不敷出，缺饷400万两。为了巩固江山，镇压分裂割据势力，不得不继续增加人民的赋役负担，但增加赋役不是长久之道，康熙在位期间采取各种措施奖励农耕，恢复和发展残破的社会经济，从根本上达到了强国富民的目的。

康熙想方设法鼓励百姓垦荒。康熙即位后，河南道御史认为，产权不稳和起科（征税）太急是影响垦荒事业发展的两大障碍。过去无人承种的荒地被开垦耕熟之后，往往有人来认领，引起诉讼，结果开垦的人劳而无功。过去对新开垦的地，开种就要起科，承担杂项税收，所以百姓对开荒没有积极性。康熙批准采纳了他的建议，明确了开荒的产权，延长起科年限。

首先，康熙决定永远革除"废藩名色"，改变废藩田产的所有权，归耕种者所有。在明末农民大起义中，封建地主土地所有制受到了毁灭性的打击。各家藩王、显贵、豪绅及大大小小的地主，大多遭到农民起义军的镇压，或者逃死他乡，不少土地落到了广大农民的手中。在这些土地中，尤以明朝藩王土地为多，分布直隶、山西、山东、河南、湖北、湖南、陕西、甘肃等八省，共十七八万顷。清朝建立后，这些废藩田产的所有权转归国家，垦种者按藩产租额缴租，同时要按民田额赋纳粮，负担沉重，积极性不高，垦种效果也不好。康熙七年（公元1668年）十月，清朝政府下令改变废藩田产所有权，归耕种者所有。然而清政府在推行这一规定时又留了一个大大的尾巴，下令农民必须用钱购买那些已归农民所有的废藩田产。当时，广大农民极其贫困，国家正项钱粮都难以缴纳，哪里还能有钱来购买田地？因此，藩产变价的措施受到了人民的激烈反对。为了安定社会秩序，发展农业生产，康熙决定撤销藩产变价的命令，把土地无偿分给耕种之人。这种改入民户的废藩田产叫"更名田"。承认这部分土地归垦种者所有，有利于鼓励人们垦荒，对发展农业生产无疑是一大促进。有些地主将土地撂荒，一旦农民将它们开垦后，地主便以产权所有者的身份前来索要，或干脆不许农民开垦。针对这种情况，康熙明文规定："凡地土有数年无人耕种完粮者，即系抛荒，以后如已经垦熟，不许原主复问。"

其次，康熙采取官贷、放宽起科年限等措施，奖励荒地开垦。连年的战争，使大量的土地撂荒，无人耕种。顺治年间虽然也采取了一些奖励垦荒的措施，但短时间内效果并不显著。到了康熙初年，全国的荒地仍然十分广袤。如四川是李自成、张献忠余部李来亨、李定国等坚持抗清达二十年之久的重要战场。由于清军惨绝人寰的屠杀,一直到康熙十年(公元1671年)还是"有可耕之田,而无可耕之民",大量耕地撂荒。东南沿海一带,人民抗清斗争最为激烈,清朝统治者进行了残酷的屠杀,以至于康熙初年江南仍然一片萧条。此外,在两湖、两广、云贵、浙闽、江西等地,情况也无不如此。显然,垦荒已是发展社会经济、保障人民生活,进而稳定封建统治的急务。康熙认识到了垦荒的重要性,于是采取了一系列措施加以提倡和鼓励。首先是官贷牛、种。康熙五十三年(公元1714年)十月,为安插甘肃流民,康熙下令将荒地查出,无业之民给予口粮、种子、牛具,令其开垦。其次是放宽起科年限。抛荒田地从开垦到成熟,一般都需要两三年甚至更多的时间。农民开垦出荒地以后,政府立即起科(征收钱粮)就会使农民所得甚少,甚至所获不敷所征,影响农民的垦荒积极性。因此,历代统治者往往放宽荒地开垦的起科年限。进入康熙朝时期,随着大规模军事行动告一段落,政治形势渐趋稳定,垦荒积极、踏实,放宽起科年限才有了可能。康熙元年(公元1662年)三月,清朝政府允准河南南阳、汝州二府领垦荒时一应杂差"候五年后起派"。康熙十年(公元1671年)六月,康熙同意将浙江温、衢、处三府投诚兵丁所垦荒田,比照山东、山西二省之例,三年之后再宽限一年起科。

再次,重视边疆地区的开发。在大力提倡内地垦荒的同时,对于边疆的开发,康熙也十分重视,在他的关心下,康熙前期,结合抗击沙俄、保护东北边疆,在黑龙江南北进行了大规模的军事屯田活动。康熙后期,西北边疆各地的屯田活动也次第开展。

据《清会典》记载,全国民田总数顺治十八年(公元1661年)为549万顷,康熙二十四年(公元1685年)增至608万顷,雍正二年

（公元1724年）达到683万顷，这里还不包括将近40万顷的军漕屯田、17万顷的内务府官庄和八旗庄田，以及各省的"在官地亩""学田"等。从康熙朝中期起，不少人在山区荒岛从事开垦，更有大批农民从山东、河北、山西、陕西等省到内蒙古和东北地区开垦荒地。因此，康熙朝后期，全国田地总数实际已达到甚至超过明代万历初年的水平。耕地面积迅速增加，流移农民与土地重新结合，使破残的小农经济结构得到恢复。

中国是一个大国，各地的地理、气候等自然条件差异极大，风、水、旱、虫、雨、雹、霜、雪等自然灾害发生的频率特别高。中国自古又以农业立国，农业的发展对天气、气候等自然环境的依赖性特别强，而广大农民抵御自然灾害的能力又特别弱。因此，每遇自然灾害发生，农业收成必受影响。康熙在位时，曾蠲免了受灾百姓大量的钱粮。这其实是一种"养民"的做法，是不与民争利的思想体现。暂时地给百姓喘息的机会，让人民手里宽裕了，才能给国缴得起钱。

所谓蠲免钱粮，就是封建国家把应该向人民征收的赋税减少及至免除征收，以减轻人民的负担。一般说来，此举是建立在封建国家财政充裕或者人民有实际困难、赋税征收难以进行等基础之上。自古以来，有远见的封建皇帝都尽可能地蠲免钱粮，减轻人民负担，以缓和社会矛盾，稳定封建统治。

康熙1661年亲政，豁免了战乱地区的大量税粮。在未受农民战争和征服战争影响的地区，税额也从未高于明朝万历初年的水平。每逢灾年，一般都有豁免。康熙二十二年（公元1683年）到康熙二十三年（公元1684年），先后有四十六个州县灾赋有差，朝廷豁免税粮数额达到极大幅度。康熙曾自豪地指出：从他登位（公元1662年）至康熙四十年（公元1701年）豁免的税粮共9000万两以上，至康熙五十年（公元1711年），免税的总额已超过1亿两。

清代在地丁钱粮以外，又在山东、河南、浙江、湖广等地征收一定数量的米、豆等物，从水路运到京师，以供皇室、贵族、官吏以及戍守北京的兵丁之用，这部分粮食被称为漕粮。一般说来，漕粮都是当年征收，当年起运，不能有丝毫耽误，也例不蠲免。康熙六年（公元1667年），黄河泛滥，江南桃源县（今江苏省泗阳县）受害尤甚，江宁巡抚韩世琦上疏，请求将该年桃源县的起运漕粮，分两年补征带运。康熙七年（公元1668年）二月，康熙批复同意。然而，因灾荒日益加重，至康熙九年（公元1670年）二月两年期满，非但补征未果，反而越欠越多。新任江宁巡抚上疏请免带征漕粮。康熙指出，按照惯例漕粮是不能免的，但是该巡抚既称桃源等处屡遭水灾，民生困苦，与别的地方情况不同，就允准其要求。

实事求是是做事的基本要求，而要做到"实"而力避"虚"，做到所学与所行统一而非脱节，关键在于实践。首先要有求实的态度，凡事要有弄明白的决心，不稀里糊涂地得过且过。其次要调查研究、亲自实践。在这方面，康熙堪称古代皇帝第一人。

康熙自少年时代起就喜欢看人种庄稼，而且自己也把各类种子种到地里，以观察收获的多少。他的这种兴趣一直坚持到老。康熙60多岁时写过一篇《刈麦记》，其中说："在收获的时节，看到苍颜老农欢庆秋收，黄口孺子不再愁饿肚子，这才是我真正的快乐！"康熙注意发展农业生产，是从治国安邦、富国强兵的需要出发的。

康熙经常考虑长城外寒冷地区农业的发展问题，每到边外巡幸，便研究当地的土壤、气候等问题，虚心向有经验的老农请教，并嘱咐督耕大臣：尔等须问土人，宜种何物，才易得收获。朕曾问老农，都说将雪拌种，可以耐旱，尔等应试一试。并让臣僚向农民宣传种植技术:边外耕种,必先试培其苗,观其田土性寒,而风又厉之变化。如有草苗勿令土压。若草重发芽,则有妨田禾生长。以及种植不可过密,若过密,田禾虽觉可亲,但所获实少;若稀疏耕种,所抽之穗既好,而且所获甚多,等等,反复叮嘱。

最能体现康熙注重实践的是他培育良种的事迹。他于西苑建丰泽园,辟稻畦数亩,植桑树十余株,进行实验。某年六月下旬,水稻刚出穗,康熙见一棵高出众稻之上,果实已饱满,便将其收藏,留作种子。第二年试种,看它是否还早熟。果然又是六月成熟,较一般水稻早两三个月。"从此生生不已,岁取千百",终于用"一穗传"的育种方法,培育出早熟新稻种。因其长自西苑的田中,故名御稻米。御稻米色微红而粒长,气香而味厚。由于生长期短,适于北方,南方可一年两熟。种植成功后,不仅宫廷内食用皆此米,而且推而广之。康熙于五十三年(公元1714年)决定向大江南北推广,欲发展双季稻。他首先把一石御稻种发给苏州织造李煦、江宁织造曹頫,令他们试种双季连作,但因下种太晚,没有取得成功。第二季结实甚少,或根本未能成熟。康熙不灰心。第二年,他派专人去苏州指导,提早于三月插秧,结果获得成功。第一季亩产与其他稻种相当,第二季亩产二石一二斗至二石七八斗,亩产量大幅度提高。康熙打破了南方水稻双季以糯和粳连作的传统,实现了同种粳稻双季连作。御稻种深受欢迎,两年以后被传播到江苏、浙江、安徽、江西等地。康熙还摸索了在北方大面积种植水稻的经验。他在北京西郊玉泉山种植水稻成功,后逐步推行,成为有名的"京西稻"。北方试种水稻成功并大面积推广于长城内外,此为康熙朝农业的创举。

中国自古以农业立国,经济发展,财政好转,乃至治国安邦,均离不开农业。圣明君主无不重视农业的发展。因此康熙在农业方面,特别注重从实际出发。他认为：自然条件差的地区要从实际出发，应因地制宜，多方发展经济，不一定都要以粮为主，即不要搞一刀切的计划性种植。康熙五十五年（公元1716年）三月，他对大学士们说，现在天下太平，人口增多而土地未增，士、商、僧、道等不从事农业生产的人口日益增多，不知内地实无闲地。所幸的是现在口外种地度日的人也多了起来。朕意养民之道，亦在本地区相互养育，彼此发展。他以陕西等地为例说：如果土地实在不可以耕种，就在有水草的地方，学一学蒙古人的生活方式搞一搞牧业，则民尽可度日。

在大力发展农业生产的同时，康熙还努力改进地丁银征收办法，尽一切可能地使赋役平均，以减轻人民负担。过去人民负担过重，主要来自两个方面，一是国家索取太多；二是贪官污吏营私舞弊。对于前者，康熙主要以减免钱粮的方式来解决；后者，除澄清吏治外，还通过改进地丁银征收办法来均平赋役负担，防止不法官吏舞弊。康熙采取措施，宣布实行"滋生人丁永不加赋"的制度，这样把全国丁银总额基本固定，从中央到地方都不得随意增加，使广大农民负担相对稳定，减少逃亡，有利于生产。

西汉时对3岁以下的男女儿童征人头税时，贫民常常以杀死自己新生的男女婴儿来对付，结果起征年龄不得不提高到7岁。由于明代地税和劳役负担特重，或由富户转嫁到穷人头上，不幸的农民只能逃离家园，有时一村一地完全废弃。清初的百姓与他们的祖辈相比，看来是幸运得多了。

清朝的地方赋税，沿袭明朝制度，地税、地丁银实行分征制。在这种情况下，田赋蠲免不等于丁银减轻。虽然丁银也屡次调免，但由于人丁并没有进行彻底清查，各州县均仍以明朝万历年间的丁额分担丁银。丁银少时，人民不免受包赔之苦；丁银增加，若超过了明朝万历年间的丁额，仍按原数申报。这样不但对国家不利，而且丁役负担也不减轻。康熙年间，随着各项政策的调整、战争的减少和结束，人口大大增加。但大量人丁不入户籍，被隐瞒下来。康熙南巡时发现一户有五六丁，却只有一人交纳钱粮。或有九丁、十丁，也只按二三人交纳钱粮。其实，对这些不纳粮的人丁，地方官也不会放过他们，只是瞒报朝廷。康熙五十一年（公元1712年），皇帝诏曰："承平日久，生齿日繁。嗣后滋生户口，勿庸更出丁钱，即以本年丁数为定额，著为令。"换言之，全国的总丁数就照1712年的额数永久冻结。19世纪，一位学者认为这是一扫"二千年之政"的盛举。一湖北地方志感慨："而额外之户口惠无穷。"接着在雍正在位期间，几乎已在全国范围内实现了摊丁入地。这一改革使得"无粮之户口受愈无穷"。从此，穷人及无地者就很少或完全不负担丁税。

据当时各地给朝廷的奏报，长寿已不是罕见的现象。在康熙二十五年（公元1686年），当全国刚进入和平和繁荣时期，各省上报有169830人年逾八十，9996人年逾九十，21人百岁以上，年过七十者已极普通，因而已不劳各省上报朝廷了。纳兰性德才华横溢，他生动地描述老人们应邀出席康熙的千叟宴的欢悦景象：

圣朝建都燕山，民物日富。八九十岁翁，敦茂庞硕，朝廷优之，徭役弗事，岁时得升殿上上皇帝寿。百官衣朝服鞠躬以进，视班次惟谨，毋敢越尺寸。而诸耆老高帻博褐，从容暇豫，以齿后先，门者不敢谁何。视百官退，乃陟峻陛，承清光。归而娱戏井陌，或骑或步，更过饮食，和气粹如。大驾出，则庞眉黄发，序钩陈环卫间。见者咸曰："乐哉太平之民也！"

著名作家蒲松龄（公元1640-公元1715年）生动地描述了17世

纪晚期全国家给人足、安居乐业的状况：

> 屋鱼鳞，人蚁迹。事不烦，境常寂。遍桑麻禾黍，临渊鲤鲫。胥吏追呼门不扰，老翁华发无徭役。听松涛鸟语，读书声，尽耕织。

这种概括的描述当然过于理想化，但其中确有部分的真实。

康熙扭转了农业生产凋敝、国库亏空、财政困难、民生贫苦的状况，恢复和扩大了农业生产，调整了社会负担和分配关系，使社会进入发展的轨道，功绩卓越，意义重大：

首先，其各项措施都有利于把人力、物力、财力用于恢复和扩大农业生产；从发展生产入手解决财政问题，增加了社会财富，提高了社会生产力。

其次，在生产恢复和发展的基础上，增加了国家财政收入，国库丰盈，国用富饶，在不断大量蠲免钱粮的情况下，到康熙四十一年（公元1702年）以后，户部存银已达到了5000万两，为康乾盛世打下了坚实的物质基础。

第五节　奖廉惩贪

对于皇帝来说，最难治的不是百姓，而是官员。历史上，官员和帝王之间一直在玩猫捉老鼠的游戏，贪官们无论软的硬的，统统不吃。明朝初年的大杀贪官，其残酷令人发指。但贪风不但没有被消除，反而越来越重。康熙一直重视对官员的监管，通过加大奖惩力度，来确保官僚体制的正常运转。

康熙初年，吏治败坏，贪贿成风。但康熙并没有和明太祖一样，一味地采用"杀"字诀，依靠严刑峻法来防止腐败。他非常明白，只要有利益驱动，贪官是杀不尽的。他更多地采用了奖励清官的做法，以此来激励百官，澄清吏治，从根本上改变官场风气。

可以说，在历史上，任何一个朝代的清官都没有康熙朝多，并不是康熙朝的官员真的廉洁，而是因为康熙采取了褒奖清官、树立典型的做法，从而使这个时代涌现出了一批非常著名的廉吏，形成了特有的清官现象。大多数清官，都是康熙亲自调查发现并最终树立起来的。如：于成龙居官非常清廉，在任期间，从不携亲带故，从不接受亲友及他人的礼物，去世的时候箱中仅有一件绨袍，床头只有几碟盐豆豉。康熙赞扬道："朕博采舆评，咸称于成龙实天下廉吏第一。"还为他亲笔题了"高行精粹"的大字匾额。知县陆陇其为官廉洁，离任时"惟图书数卷及妻织机一具"，康熙将他破格提拔。

因为廉洁得到康熙赏识重用的，还有格尔古德、汤斌、郭琇、张鹏翮、彭鹏、李光地、徐潮等。这些人也举荐了很多为官清正、能力超群的官员，从而带动了整个官场由浊返清。康熙对这些清官，不但经常破格提拔，而且对他们的建议，大多言听计从。这些清官死后，他都要追赠谥号，以凸显他们的德行。如张伯行死后被谥"清恪"、李光地谥"文贞"、赵申乔谥"恭毅"、吴琠谥"文端"、格尔古德谥"文清"、于成龙和陈瑸谥"清端"、徐潮谥"文敬"等，在谥号中对他们清正廉洁的生平进行了总结。这种荣誉虽然没有实际利益，却有很大的激励作用。

对清官的子孙，康熙也都破格重用。如汤斌的孙子汤之旭，康熙四十五年（公元1706年）中进士，官至左通政；张伯行的儿子张师载，以父荫补为户部员外郎；郝浴的儿子郝林，康熙二十一年（公元1682年）进士，亦以廉正著称，官至礼部侍郎；于成龙的孙子于准，受祖父荫得授山东临清知州，因其清正有操守也被"举卓异"而任刑部员外郎，后又任浙江按察使、四川布政使、贵州巡抚等职；徐潮的儿子徐杞，康熙五十一年（公元1712年）进士，官居甘肃布政使、陕西巡抚。

康熙通过表彰清官，为大小官员树立榜样，养成一代清廉的吏风，也借清官监督、揭发、打击了贪官。这种做法的效果要比单纯依靠严刑峻法明显得多。从他亲政开始的三十多年里，整个官场的贪贿之风受到了遏制，政治渐获清明，呈现出清官辈出的局面。这也成为康熙盛世的一个重要标志。

康熙也绝没有放弃对贪官的惩罚。康熙对贪官的痛恨，不亚于明太祖。他曾经说："今朕恨贪污之吏，更过于噶尔丹。"从亲政开始，他就加大了对贪官的打击。

康熙二十三年（公元1684年），康熙下令编制《大清会典》，把贪酷列为考察官吏"八法"的第一条，从法律上规定对贪官污吏从严惩处。他第一次考察官员就惩治了贪官污吏133名。据《清圣祖实录》统计：康熙朝内知府以上官员因贪污罪被流放和处死刑者达15人。

康熙宣传清官，鼓励官吏们争当清官，是对广大官员的鞭策和期望。然而实际上清官不仅数量少，其活动、作用均受局限，不可能改变当时官民对立的基本状况。所以，康熙认为还必须惩治贪官。

康熙三十六年（公元1697年），山西蒲州府发生民变，百姓逃入山中，康熙急忙派倭伦为巡抚进山招抚，同时于五月十二日将山西百姓极为痛恨的原巡抚温保及布政使甘度革职，严拿赴京，交与刑部治罪。他对众大学士说："今噶尔丹已平，天下无事，惟以察吏安民为要务……朕恨贪污之吏，更过于噶尔丹。"到七月二十三日，他又将甘肃巡抚郭洪革职交刑部，问拟枷责，命发黑龙江当差。这样，康熙在短短半年时间，将山西、陕西、甘肃三地巡抚及部分布政使、按察使予以撤换，以惩私派，安定民生。这三地的督抚藩臬全部是由满人担任的，如此大批处置满洲高级官员，表明了康熙察吏安民的决心之大。继蒲州民变之后，康熙三十六年（公元1697年）、康熙三十七年（公元1698年）两年间，广东、云南、山西、直隶等地，又相继发生民变多起。这些小规模民变虽然不久即被镇压或招抚，但却使康熙感到不安，因而进一步推动了察吏活动。一旦发现地方官有虐民劣迹，不待激变，就予以撤换。山东饥荒，老百姓饥寒交迫，巡抚李炜竟不奏报，康熙以"不知抚恤百姓"罪，将其革职。康熙确认，民变的根源在官不在民，从而采取严格措施约束官吏。奖廉与惩贪、扶正与抑邪是相辅相成的。在社会风气败坏的清朝，清官往往遭到贪官的嫉妒、压抑乃至陷害，只有惩治贪官，清官才能成长并施展其才智。

康熙五十年（公元1711年）江苏省乡试，考官与总督噶礼受贿舞弊，发榜之后，苏州士子哗然，千余人抬着财神爷游行至孔庙，供奉于明伦堂，以示抗议。此事使人想起顺治朝的士人哭庙抗议贪官事件，那次事件以金圣叹等人被杀头而告结束。一时间，贪官污吏，大受鼓励，三尺小儿，皆叹不平。康熙命户部尚书张鹏翮会同总督噶礼、巡抚张伯行，以及安徽巡抚梁世勋共审此案，由于有噶礼牵涉其中，迟迟不能定案。

　　康熙五十一年（公元1712年）二月，张伯行愤而疏参噶礼，告他在科场案中，以白银50万两徇私贿买举人，并专门打击刚正不阿的清官，包庇秽迹昭彰的逢迎趋附者。噶礼反而倒打一耙，参张伯行"七大罪状"。

　　康熙将此案先后交由尚书张鹏翮、总漕赫寿、尚书穆和伦、张廷枢审理，除张鹏翮外，三人皆袒护噶礼。因为他是满洲正红旗旗主，清朝开国功臣、八大"铁帽子王"之一何和礼之孙，本来无德无能，能做到两江总督是因为满洲贵族子弟的身份。由满洲贵族子弟把持大权是清廷为了保证大清的江山不被汉人夺走的一项基本措施。一般来说，满汉官员发生矛盾，汉人总是不对。噶礼在山西巡抚任内，即因贪得无厌，私征加派，虐吏害民而屡遭御史弹劾，但弹劾他的御史则往往以诬告罪被革职。有前车之鉴，他们当然袒护噶礼，打击张伯行，照老规矩办就是了。

　　如果换了另一人与噶礼互参，一定是自讨苦吃，可是这个张伯行与众不同，他是一位有名的清官，康熙下江南，降旨命督抚荐举贤官能员，张伯行未被荐举，康熙亲自考察了他的政绩，知道他为官清廉，盛赞张伯行为"江南第一清官"。他对官员们说："你们为何不保举张伯行？朕来保举，将来居官好，天下人以朕为明君，若贪赃坏法，天下人笑朕不识人。"

　　张伯行之所以敢于参劾他的顶头上司，也许正是利用了康熙的这句话。如果康熙这次再袒护噶礼，就是自己打自己的耳光了。四位尚书、总督大人都没有看透这一层，使康熙很不满意。康熙不能不明确表态了，他说："噶礼的操守朕是不信任的，若无张伯行则江南地方必受其盘剥一半了。比如苏州知府陈鹏年稍有声誉，噶礼久欲害之，曾将其'虎丘诗'二首，奏称内有悖谬语，可是朕阅其诗，其中并无谬语。他又曾参中军副将李麟骑射俱劣，李麟护驾时，朕试他骑射俱好。若令噶礼与之比武，定不能及。朕于是已心疑噶礼，二人互参一案，朕初次遣官往审，为噶礼所制，不能审出，再遣大臣往审，与前次无异，尔等应能体会朕保全清官之意，使正人君子无所疑惧，天下太平。"

然而大臣再议时，仍不愿承认偏袒了噶礼，为了平衡他们就把张伯行拉来陪绑，两人一起革职，理由是：二人相互讦参，殊玷大臣之职。

当张伯行罢官之日，扬州士民罢市聚哭，万人空巷来送张伯行回苏州。苏州等郡的士民也举行罢市抗议。百姓送果菜给张伯行，他坚持不收。士民哭道："公在任，止饮江南一杯水；今将去，勿却子民一点心。"为了安慰百姓，他收下了一块豆腐干和一束鲜菜。张伯行由水路回苏州，沿江数万人护送，到了苏州，百姓又纷纷送来蔬菜水果。

不得已，康熙亲自干预此案："命张伯行仍留原任，噶礼依议革职。"最终使清官得以扬眉吐气。江苏士民闻讯，奔走欢呼，如逢节日，家家贴红幅，皆书"天子圣明，还我天下第一清官"。康熙爱护清官，是尊重民意的体现。他对噶礼的人品始终有疑问，有一次他向噶礼的母亲询问噶礼的情况，噶礼的母亲揭发了儿子贪赃枉法的罪行，噶礼丧心病狂，竟然要鸩杀老母，事发后，噶礼被康熙赐命自尽。

问题还不止于督抚,其根源在部院大臣。因为京官无法直接向人民搜刮,但手握官员任免权与钱粮奏销权,可借助权势向京外官员勒索贿赂。康熙亲政之后洞察官场种种弊端,十分重视对高级官吏的考察。起初,他对外官与京官勾结行贿纳贿的事进行教育、警告,明令禁止。但"未见悛改""在外文武官,尚有因循陋习,借名令节生辰,剥削兵民,馈送督、抚、提、镇、司、道等官。督、抚、提、镇、司、道等官复苛索属员,馈送在京部院大臣科道等官。在京官员亦交相馈遗"。康熙认为,兵民日渐困乏,原因就在这里,所以严加制止,谕吏部、兵部:"如仍蹈前辙,事发之日,授受之人一并从重治罪,必不姑贷。"

为割断督抚与部院大臣的非法联系,康熙特规定:凡督、抚、司、道官员与在京大臣各官,彼此谒见、馈送,因事营求,以及派家人"问候"、来往者,将行贿者及受贿者"俱革职";官员本人不知其事者降二级,但将经手此事两家家人"俱正法"。即使这样,问题仍未解决。贪官污吏们以权谋私,用"合法"手段继续作恶。如:各省地丁税课各项钱粮,在本地支销兵饷、驿站、俸工、漕项等,每年用银2000余万两,由皇帝将督抚奏请报销的题本交户部审核,办理报销。但是在履行报销手续时,户部往往借端挑剔,反复多次难以通过。这时督抚只好向户部行贿——"内外使费"。之后,即使报销的题本上有问题,户部也能让其顺利完结。再如:外省向中央解送钱粮的时候,若不足量,户部有权令其补送,称之为挂平。户部大员手中有权,不分青红皂白,硬是以不足量为借口,强令补送,而且让解送的数量相当大,数量每年在解送钱粮总数的百分之三四。如果解送钱粮的官员事先与掌库的户部官员讲明,每10万两银给户部4000两"好处费",便可以免去"挂平"。仅此一项户部每年可得非法收入三四十万两。这可谓在皇帝眼皮底下的结伙贪赃枉法。还有漕督之官与户部大吏互相勾结侵吞国家财富的事也时有发生。这些均是办理公事过程中，以"公事公办"面目出现的行贿受贿、贪污钱粮的例子，它比私下收受贿赂要高明得多，危害也更大。

经济上结伙贪污，政治上就很难秉公从事。如九卿会推官员，不能做到至公至正。有的草率从事，有的立议争胜，极力推荐自己中意之人、亲朋、同乡、门生。这样官员间往往结成党派，互相包庇，徇私舞弊。康熙对督抚与部院堂官营求结纳，分树门户，处理政务放弃原则的行为深恶痛绝。如山西巡抚穆尔赛，贪酷至极，恶名昭著。当康熙向大学士、九卿等询问此人为官称职与否时，满族大学士勒德洪等竟不据实陈奏，企图包庇。康熙震怒，将勒德洪等各降两级，满族九卿科尔坤等各降三级，穆尔赛拟绞、监候秋后处决。康熙还发现，"河工诸臣，一有冲决，但思获利，迟至数年，徒费钱粮，河上毫无裨益"，他认为问题的根子在工部。他亲自主持，经数年清查，终于查实了工部从尚书、侍郎至分司官员，组成了一个大贪污集团。他分别给予惩处。康熙也从中进一步看到了察治部院大员的重要性。他说："天下之民所倚以为生者，守令也。守令之贤否系于藩臬，藩臬之贤否系于督抚，督抚又视乎部院大臣而行。部院大臣所行果正，则外自督抚而下至于守令，自为良吏矣。"所以他于康熙四十二年（公元1703年）正月，第四次南巡途经济南，参观趵突泉，书写匾额"源清流洁"四字。他将"源清流洁"的思想用于吏治，把严格约束和考察高级官员作为吏治之第一要务是英明的。因为高级官吏身居要职，直接影响下级官吏，或带出一批清廉贤吏，或养成一群庸劣、枉法之徒。他们还左右重大朝政，包括财政、人事、立法等，决定着国家能否按正确制度行事，可谓位高权重。

另外，在康熙"宽仁和平"的政治中，有一个十分特殊的现象，那就是康熙对于朋党的打击，从来就不会手下留情。康熙一向乾纲独断，尤其是将人事、行政大权牢牢把握在自己的手中，对于朝臣中的朋党现象，他大力整肃，利用一党打击另一党，再回手收拾剩下的这一党，使皇权永远处于绝对的裁决地位。

在封建专制政治中，官僚之间结为朋党是一种普遍的现象，他们以故吏、师生、同年、同籍、姻戚等关系为基础，形成以一人或数人为核心的集团势力，为了共同的或相近的利益而相互攀缘、相互扶持，并赖此得以立身晋级。他们虽然没有任何组织形式的约束，但是临事却往往有相同的立场、相同的认识，并采取相同的措施，其势力所结，自上而下，如同一张可以蔽日的大网。因而，朋党势力的强大，不仅造成了吏治的腐败，且直接危害到封建专制统治的稳固，为历代封建统治者所不容。

明王朝因朋党竞争激烈，最终削弱了统治力量，自毁长城。及至清代，伴随大批汉人官员进入清政府，各党类派系的纷争也以一种惯习流行于清朝初年。顺治时，有所谓南北党之争，两党势同水火，互相攻讦，以至于影响到朝政。作为满汉地主阶级的联合政权，清朝的党争，不仅体现了不同的官僚集团之间的利益冲突，也时时处处体现出满汉官僚集团之间的利益冲突。康熙朝也有党争，但康熙能抓住症结，果断处理，因此没有产生更大的威胁。

康熙对明末党争有深刻的认识，他说："明末时，从师生、同年起见，怀私报怨，互相标榜，全无为公之念。虽冤抑非理之事，每因师生、同年情面，遂致掣肘，未有从直秉公立论行事者，以故明季诸事，皆致废弛。此风殊为可恶，今亦不得谓之绝无也。"因此康熙反复强调官僚大臣要出以公心，结党营私不仅误国，而且害己。

康熙二十七年（公元1688年）至二十八年（公元1689年）朝廷中发生几起弹劾案，首先是靳辅下河工程屯田案，这之中又发生了明珠、余国柱结党纳贿案。因这几起弹劾案所涉，被罢革、降级者达数十人。

靳辅是在康熙十六年（公元1677年）二月，由安徽巡抚授河道总督。靳辅到任后，向康熙系统地阐述了其"束水冲沙"的治河思想，而后即"大治淮黄堤坝"。经过六年的努力，至康熙二十二年（公元1683年），取得"河归故道"的成就，康熙称其治河卓有成效。只是，靳辅治河虽使漕运得以畅通，但其筑减水坝的措施，仍未阻止淮扬一带的下河沿岸频发水患。康熙二十四年（公元1685年），康熙特命安徽按察使于成龙经理海口及下河事宜，听靳辅节制。于成龙是汉军旗人，以实心任事为康熙所重。十一月，在如何治理下河的措施上，于成龙与靳辅发生了分歧，并引发了长达四年之久的争议。

当时，于成龙力主开浚海口故道。此前，候补布政史崔维雅视察河工之后，写出了《河防刍议》《两河治略》，进呈康熙。其所呈内容全盘否定了靳辅的治河功绩，他建议拆毁全部治河工程，重新再修。康熙也提出了挑浚黄河入海口的方案。靳辅据理力争，认为下河低于海潮五尺，疏海口则会引潮水内侵，故请于高邮、宝应诸外县下河外筑长堤，束水注海，则下河不浚自治。在于成龙和靳辅两人的意见中，康熙是倾向于于成龙的开浚海口之议的，而大学士们则支持靳辅的筑堤束水之议，在对下河的治理上，皇权与相权是存在着意见分歧的。

以明珠为首的大学士、九卿、靳辅等治河官员组织了一场从上到下抵制皇帝开浚下河方案的运动。抵制态度的坚决出乎康熙的意料。从讨论、定案甚至动工之后，明珠一派都在不停地上疏反对。朝中仅有成其范、王又旦和钱珏同意于成龙的方案。朝廷大员的一致反对不仅仅是由于技术上的原因，事实上许多朝臣对河务并不真正了解。问题出在康熙不同意由靳辅兼理"海口"工程，而另派于成龙督理。靳辅是由明珠举荐的，抛却技术上孰是孰非不谈，而把河工与朝臣的利益联在一起，这是不言而喻的。他们在向康熙答辩之时，常常隐去反对意见，形成朝中舆论一边倾斜的局面。由于在廷议中，支持靳辅者为多，特别是明珠等重臣也反对挑浚河口，于是拟用靳辅之策。

康熙看到自己的意见频频被否决，他震惊了，借下河诸州县人为京官者宝应、乔莱的话，明确了自己支持开浚海口的态度。朝廷中闻风者立即转而支持于成龙。于是，康熙命侍郎孙在丰前往督修。

伴随靳辅之议的被否决，九卿在遵旨会议对靳辅的处置时，转而议将靳辅革职。对此，康熙敏锐地指出：这是大臣等挟私意，纵偏论。因此，康熙坚决反对将靳辅革职，仍令其督修。

然而，康熙二十五年（公元1686年）十二月，由侍郎孙在丰主持的下河挑浚工程实施在即，又出现新的意见分歧。为挑浚下河，孙在丰提出要趁水势稍减之时，将上河滚水坝尽行闭塞。但靳辅不同意，说：唯高家堰之坝断不可塞。由于河员多为靳辅旧日人，只愿听命于靳辅，孙在丰被事事孤立。康熙此番则完全站在了孙在丰一方，认为靳辅是在有意阻挠河工。以故，康熙二十六年（公元1687年）三月，康熙曾令大学士、九卿就此事会议，曰："孙在丰以汉人不能约束若辈。"明确指出了官僚们在治河问题上的朋党行为，及当时所存在的满汉官僚之间的矛盾。

而后，康熙虽不断诏询下河事宜，但总因靳辅与于成龙均各执前议、互不相让而未果。特别是靳辅的固执使康熙颇为恼怒，他认定其中必有情弊，遂于十月特命户部尚书佛伦、侍郎熊一潇、给事中达奇纳、赵吉士，与总督董讷、总漕慕天颜会勘河道。但是佛伦是靳辅的支持者。至是年十二月，佛伦回奏称："臣等阅视高家堰地势，应如河臣原议。"而总漕慕天颜、侍郎孙在丰则为于成龙一党，故与佛伦意见相左，又出现了两议相持不下的现象。靳辅的支持者之所以敢于屡次逆上意，其原因在于，靳辅有大学士明珠为后盾。靳辅出任河道总督，乃明珠所荐。在靳辅与于成龙就下河治理争执不休之时，靳辅始终得到了朝中多数的支持，其中一个重要的原因就是靳辅有朝中重臣大学士明珠为其撑腰。靳辅与于成龙意见不合，争至面红耳赤，是因为双方都有倚托大臣，故敢如此。这种以朝廷权臣结成政治核心，进而擅决朝政的现象是康熙所不能允许的。

明珠，满洲正黄旗人，几年时间由侍卫升至兵部尚书。明珠因"力主撤藩"为康熙所信重，康熙十六年（公元1677年）擢武英殿大学士，跻于辅臣之列。明珠为人相当机智灵巧，很会讨皇上的欢心。当他得知康熙将到京城南苑晾鹰台检阅八旗兵时，他便事先暗中安排训练。检阅之时，八旗兵自然军容整齐，威武雄壮，甚得皇上称赞，并被定为阅兵的楷模。诸多此类之事，使得明珠官运亨通，权势日重。

当时，另一个权臣索额图已居首辅，二人为争权夺势，在朝廷内外各结党羽，互相倾轧，可谓势均力敌。

史载索额图生而贵盛，性倨肆，有不附己者显斥之，与朝士独亲李光地。而明珠则务谦和，轻财好施，以招来新进。异己者以阴谋陷之。二人为树立门户，均不分满汉、不论新旧，于官僚集团中广为朋比交结，于朝政各执一端。总的来说，索额图的追随者多为满洲八旗将领，而明珠的党羽多为朝中大臣。内阁大臣会议已被明珠控制，内阁中文件起草和批示皆由明珠指挥，轻重任意。

在康熙朝，君主专制政治呈不断强化的趋势，官僚之间的党争往往围绕着固宠展开，而最终的结局也总是体现出君主的意愿。索额图曾因有"撤藩激变,请诛建议之人"的奏议,为康熙所斥,明珠则是力主撤藩之人,故二人专宠的结果也就不言而喻了。明珠由此得以总揽朝政。

明珠并未因索额图失宠而有所收敛。除去异己之后,明珠党更是遍布朝野,且皆居高位,如大学士余国柱,尚书佛伦、科尔坤、萨穆哈,侍郎傅喇塔,督抚靳辅、蔡毓荣等。显然,这是一个以满人为主体的官僚集团,他们以明珠为核心,上下沟通,互相援引,败坏法纪,在朝廷中影响极大。明珠还示恩立威,笼络人心。凡是皇帝谕旨称不好的人,他就说:"这是皇上不喜欢,我一定尽力挽救。"凡是皇帝谕旨称赞的人,他就说,这是他极力推荐的结果。他身边因此聚集了党羽,每当明珠上朝完毕,出中左门时,他的心腹们便拱立以待,围在一起窃窃私语,朝中一切机密大事俱泄无遗。在这场历时三年的治河方案的讨论中,他们就是以明珠为后盾,支持靳辅对抗康熙的命令,令康熙大失君威。

对专制君主而言,大臣纳贿、结党,必然在客观上造成官僚群体与皇权的对峙,损害皇权的绝对权威,故防止大臣朋党,是其加强专制政治的重要内容之一。所以,明珠与康熙发生冲突的最主要的原因在于他"欺蒙揽权"。其时,内阁大学士序班,当以勒德洪为首,但因明珠最得帝宠,而实居首辅之位,把持朝政,凡是于己有利或为己所用者,明珠都要插手其中。康熙曾怒斥大学士等曰:"尔等职任朝廷重务,岂可专为一身一家之计……今满大学士凡有所言,汉大学士唯唯诺诺,并不辩论是非。"是时,满大学士只有勒德洪和明珠二人,汉大学士有王熙、吴正治、宋德宜。勒德洪虽地位崇贵,却诸事逊让明珠。所以,康熙所指的满大学士即明珠。也就是说,汉大学士等但知有满大学士,唯唯诺诺,等于无视皇帝的存在。

随着权势日重，明珠在用人的问题上也常常与康熙意见不一。康熙二十六年（公元1687年）六月，康熙欲给皇太子挑选"谨慎之人"为师，称"达哈塔、汤斌、耿介三人皆有贤声，朕欲用之"，令明珠等人传问九卿。但明珠却因奏说：达哈塔自称"庸愚"，"何能当此重任？"汤斌也称"今年已六十外，诸事健忘"，"衰老之人，岂能当此重任？"借二人自谦予以反对。康熙十分不快，转问九卿，九卿同奏："此三人皇上简用极当。"康熙遂在九卿的支持下，令这三人在皇太子前讲书。

由此，一场因河工而起，却暗藏着打击权臣的风暴，便由康熙发动起来了。

康熙二十七年（公元1688年）正月二十三日，御史郭琇上《特参河臣疏》，率先参劾靳辅。郭琇说，皇上爱民，开浚河口，靳辅专信幕客陈潢之言，百般阻挠。后来他又参劾大学士明珠、余国柱等人树党营私，是靳辅的后台。参劾明珠那日，正值明珠寿诞，大宴百官，郭琇忽然从袖里掏出弹劾奏章，当众宣读，然后饮大杯酒自罚，说："郭琇无理。"随即昂然而出。

郭琇参明珠奏疏中的内容是经由康熙过目并钦定的。这表明，康熙去明珠之意已决。

康熙览过郭琇的奏疏后，一反以往的做法，既不让大臣讨论处理办法，也不调查所奏是否属实，而是给吏部下了一道长长的谕旨，列举了目前吏治败坏的种种表现，特别强调明珠、佛伦等背公营私之状，最后宣布：明珠、勒德洪革去大学士官衔，令大学士李之芳休致回籍，大学士余国柱革职，满吏部尚书科尔坤以原品解位。这样，在当时五位内阁大学士中，除另一位两朝元老王熙外，全部被革职或勒令休致。不久，支持靳辅一派的尚书佛伦、侍郎熊一潇、给事中达奇纳、赵吉士均相继被解任。

明珠下台后，靳辅遂成众矢之的。见诸臣连日间交章弹劾靳辅，康熙意识到在其背后不无交结倾陷的因素，他明确指出："近因靳辅被参，议论其过者甚多""众皆随声附和"，意欲制止。但随着河工之争的不果，诸臣之间的相互攻讦却有增无减，日趋激化。

二月二十七日，靳辅奉旨入觐，即向康熙面陈于成龙与慕天颜、孙在丰等朋比相结。靳辅说：于成龙久与结拜弟兄慕天颜互致殷勤。又指出：慕天颜与孙在丰结婚姻，因于成龙倡开海口之议，故必欲附成龙以攻臣而助在丰。郭琇与孙在丰为同年，陆祖修为诸生时，拜慕天颜为师，他们都是江南人，故彼呼此应。我们不难看出，以于成龙为首的汉军旗人和部分江南籍的汉人，的确存在着盘根错节的社会关系。

对于双方攻讦的现象，九卿诸官皆缄口不言。因为无论是靳辅还是于成龙，均为朝廷中的实力派人物，为人所惧。但诸臣缄默还有一个更重要的原因，即康熙也对靳辅与于成龙之间的河工之争再次做出了明确的裁决。他说："屯田害民，靳辅纵百口亦不能辩，开海口乃必然应行之事""海水倒注，无有是理。"从而否定了靳辅之议。

三月二十四日，九卿等奉旨议复河工一案的应革人员，康熙诏命将靳辅革职，幕宾陈潢革去佥事道衔。慕天颜、熊一潇、赵吉士也分别以居官不善、庸劣、行止不端被革职。佛伦、孙在丰、董讷、达奇纳分别降级留任，对一应人员做出处置。显然，康熙虽有各打五十大板之意，但实际上，以于成龙为核心的汉军旗人党明显占了上风。

当明珠倒台、靳辅被罢黜时，许多人又跳出来反戈一击。为了脱掉同靳辅的干系，有的人竟不顾事实诬过他人。在这场围绕河工及屯田的论争中，慕天颜所持之议始终与靳辅相左，且态度愤激，并于二月五日先有奏疏参劾靳辅、佛伦等，而后，靳辅被指控，明珠被罢，慕天颜有变本加厉之势，所以，康熙认为其中必有官僚朋谋之事，方致其有恃无恐，于是将其下狱审讯。审讯中发现，慕天颜与于成龙等确有朋比之情。

康熙同样不允许另一派大臣借河工之争进而打击报复。自己还特别褒奖过靳辅的治绩，如果靳辅全错了，自己岂不也错了吗？现在他要反过来整肃于成龙的支持者了。

他在对靳辅等做出处分的同时，又诫谕诸臣曰："凡为臣者，怀挟私意互相陷害，自古有之。不但汉官蹈此习俗，虽满洲亦然。尔等宜竭诚秉公，变此习俗。"康熙还发现，一贯支持自己的于成龙，并不真正了解河务，而是为了辩论道听途说，结盟作假。为了防止于成龙等借端构陷，康熙又颁旨肯定靳辅的治河成绩。康熙先任命王新命为河道总督，又派出兵部尚书张玉书、刑部尚书图纳、左都御史马齐等人，对靳辅主持的河工进行全面审查。康熙特别嘱咐他们对实际情况要做出客观评价。他说："尔等至彼处，从公详看，是曰是，非曰非，据实具奏。"显示了公平的姿态。康熙二十七年（公元1688年）四月，康熙谕旨又全面肯定靳辅开浚中河，明确指出于成龙挟私报复，阻挠河务。康熙说：如果说靳辅治河全无裨益，不只是靳辅不服，朕于心也不安。

封建官场上的是与非，在很大程度上取决于君主的意志。康熙并不想使事态演变成一方压倒另一方的情势，形成新的朋党势力。所以，虽然于成龙有结党倾陷之私，但康熙在于党中选中了官声不佳的慕天颜，借机严惩，以儆效尤。而于成龙乃其主使之人，时廷议削其太子少保，降调。但康熙的处置却出人意料，诏曰："于成龙巡抚直隶，居官甚优，仍著赴任。慕天颜居官不善，素行乖戾，仍著羁禁，俟看河大臣回时定夺。"

康熙对官僚朋党的处置却历来从轻，大都不遽加治罪，似乎缺乏专制君主的必要手段。这一方面与康熙不为"狭小苛刻"，不行"事事推求"的宽容性格有关，他追求的是要官僚们自知罪责，痛加省改。另一方面，这与他对官僚朋党问题的认识有关。在这一问题上，康熙受宋人欧阳修的影响较大。欧阳修的理论是：君子有君子之党，小人有小人之党。但是，在现实中谁为小人，谁为君子？很难找到一把公平合适的尺子。

此外，处理朋党问题的宽大，还与康熙一贯对重大事件谨慎处置有关。康熙中期官僚中的党争主要在三个集团之间展开，即以明珠为代表的满族官僚集团，以于成龙为代表的汉军集团，以及徐乾学、高士奇等人所结成的江浙集团。他们之间既有矛盾，又有联合，其分裂组合则完全取决于个人的利益，或者说利害关系。但从中我们却不难看出，满汉关系仍是一个十分突出的问题，也是当时官僚朋党之风炽烈而复杂的原因之一。

例如，河工一案，从其党争阵营的分野中我们可以看出，靳辅的支持者明珠、佛伦、科尔坤、萨穆哈、葛思泰等皆为满族，而于成龙的支持者慕天颜、孙在丰、董讷等多为汉军旗人和汉人，这其中固然有各种复杂的因素，但不可否认的是，官僚集团中满汉之间的民族隔阂仍是其产生矛盾的一个症结。而康熙在处理官僚朋党的问题时，凡触及满汉关系均相当谨慎。如康熙二十九年（公元1690年）五月，康熙于山东巡抚佛伦奏折内朱批曰："孙光祀居官有年，门生熟人极多，有山东地方为首恶劣乡宦。前年，郭琇刚刚大参满洲为首大臣明珠、科尔坤等。今骤将孙光祀列款参劾，必将属实，国法难宥。在朕虽无私心，但在众汉人心中，或以为朕降旨使参，或以为参劾为满洲报仇，反而近乎画虎类狗，投鼠忌器之言矣。暂且略加观察。"

康熙二十八年（公元1689年），康熙三次南巡，阅视河工。康熙三十一年（公元1692年），王新命坐事罢，康熙曰："闻江淮诸处百姓及行船夫役，俱称颂原任总河靳辅，感念不忘。且见靳辅疏理河道及修筑上河一带堤岸，于河工似有成效，实心任事，克著勤劳。前革职属过，可照原品致仕官例，复其从前衔级。"这场围绕河工及屯田所展开的论争，以靳辅官复原职而暂告一个段落。

康熙虽然是天下之主，但靠他一个人的力量来治理亿万百姓是不可能的，必须依靠大臣。而康熙管理大臣无非是软硬两手，软者恩也，硬者威也。施恩不外乎赏赐，树威莫过于惩罚。另外，他在打击朋党的时候还注意了平衡，同时打击两派大臣。康熙就是靠这一番功夫，既树立了自己的权威，又让臣子们口服心服。

第六节　慎刑轻狱

康熙对于潜在的容易引发变乱的因素格外注意，他对灾荒、流民、民族矛盾、严刑酷法等易激起民变的事，总是尽量以和缓、宽大的手段去处理。

康熙四十六年（公元1707年）至四十八年（公元1709年），发生了将近十起小规模的农民起义。

康熙熟谙历史与国情，"前史民乱，率起于饥"，历史的经验不容忽视，何况"国家赋税皆出于农"。所以康熙体察民情，他对灾荒向来重视，把救灾视为"养民"之举。他牢记明朝末年官员匿灾不救，以致农民饥饿而造反的历史教训。他要求及时报告灾情，最痛恨地方官员匿灾不报，认为"自古弊端，匿灾为甚"。他不止一次地告诫各地督抚：地方遭受了灾荒，应该立即题报，使朕得以预筹救赈之策。他因此规定，凡报灾迟延者都要受到处罚。康熙三十年（公元1691年）陕西西安、凤翔等地旱灾，地方官员未呈报，救不及时，致使大批灾民流离他乡。康熙深感忧虑，决定"大沛恩施"，蠲免其康熙三十一年（公元1692年）的应征银米，并从山西拨银20万两，派人前去赈济。接着，他又调拨宁夏仓粮15万石、襄阳仓粮10万石，送到潼关；从山西再拨银10万两，接济陕西军需民食。流落四方的饥民，均就地赈济，"令各得所"，然后将赈济过的流民人口数目造册题报，对于在这次灾荒中隐瞒灾情、防救不力的官员尽行革职。康熙三十六年（公元1697年），甘肃自西和至陇西等州县皆遭受严重灾害，农业歉收，百姓流离失所，作为甘肃巡抚的喀拜对此竟不上报。这年七月，康熙巡幸塞外，得知当地灾情严重，十分气愤，立即下令办赈，并将喀拜革职。后因为隐瞒灾情不报而受罚的督抚屡见不鲜，甚至有的因此降五级调用。次年四月，康熙为吸引流民回原籍，再次下令动支户部库银100万两，送到陕西供应军需和赈济饥民。如此大力赈济，情况还未根本好转，康熙倍感焦虑，决定停止元旦筵宴，以表挂念陕西灾民之意。

康熙很关注流动人口，他谕令各省督抚稽查越省的游僧、游道、行医人等；并对大学士们说：对流动人口若不防微杜渐，严行禁止，令其任意行走，结成党类，渐致从多势盛，即行劫掠，有害地方，养成祸患就不好办了。明代李自成就是例子。意即要设法防止人口流动，及早着手，如果任他们随意来去，结成团伙，像滚雪球一样越滚越大，越聚越多，这样就会搞抢掠活动，损害地方治安，就难以治理了。因此，康熙设法通过改革赋役制度来控制流动人口。

康熙五十一年（公元1712年）二月二十九日，康熙果断采取措施，毅然宣布实行滋生人丁永不加赋制。康熙为此对大学士、九卿等说：朕览各省督抚奏编审人丁数目，并未将加增之数进行开报。今海宇承平已久，户口日繁，若按现在人丁加征钱粮实有不可，人丁虽增，地亩并未加广。应令直省督抚，将现今粮册内有名丁数，勿增勿减，永为定额。其自后所生人丁，不必征收钱粮。编审时，只将增出实数查明，另造清册题报。朕故欲知人丁之实数，不在加征钱粮也。

康熙谕令地方官，将往来种地民人的年貌、姓名、籍贯，查明造册，移送该抚，对阅稽查以限制百姓任意往返。

通过改革赋役制度、赈灾等措施，清朝调整了各阶级的关系，人民负担相对减轻，既照顾了地主阶级利益，巩固了清王朝统治的阶级基础，也在一定程度上改善了农民的处境，从而有利于社会生产的发展和阶级矛盾的缓和。

满人入关建立清朝后，由于政策不当、残酷压迫汉人，以致满汉民族关系紧张、矛盾重重。在处理这一问题上，康熙视满汉如一体，公平相待，终于团结了两族朝臣，缓和了紧张气氛。

康熙二十二年（公元1683年）九月九日上谕：朕统一中国，无分中外，凡是民人，都是朕的赤子，恻然怜悯，都是为使他们各乐其居，各安其业。

在政治上仿效明朝制度的同时，康熙还着手改变入关以来一直推行的民族高压政策。针对当时满汉民族矛盾仍然十分尖锐的现实，康熙提出了自己的处理民族关系问题的指导思想，即"满汉一家、中外一体"。终康熙年间，康熙曾多次阐明这个指导思想。他对有关官员说：朕统御天下，远近一体，仁育万民，皆欲使之共享安乐。在这一思想的指导下，康熙先后实行了许多缓和民族压迫的措施。

第一，严禁圈地，限制满洲亲贵掠夺汉族士民土地的欲望。清兵入关后，为了解决大批八旗兵丁的生计，保证满洲亲贵的特权地位，顺治元年（公元1644年）十二月，摄政王多尔衮颁布圈地令，称"东来诸王"等无处安置，令户部清查近京各州县的官田和无主荒田，分给东来诸王、勋臣、兵丁，为了杜绝满、汉争夺土地，令"满、汉分居，各理疆界"。但是，在实际执行中，圈占的范围远远超过了最初的规定，许多汉人的土地亦被大量圈占，后来更发展到连房屋也在圈占之列，给人民带来了极大的痛苦。康熙执掌政权之后，立即将圈地问题作为当务之急，予以解决。康熙八年（公元1669年）六月，他正式下达了永停圈地的谕旨。从此，大规模的圈换土地之事确实停止了。经过康熙的三令五申，持续几十年的圈地才真正停止。

第二，修订逃人法，制止投充。入关以前，满族政权实行的是农奴制生产方式。统治者规定，无地的汉族农民可以投向满族统治者为奴，这就是所谓的投充。入关以后，清朝统治者又多次下令，允许丧失土地的汉族人民投旗为奴。这样，随着大规模圈地的展开，大量汉族农民，甚至包括一些地主，丧失了土地，被迫投为旗下奴仆。此外，还有一些汉族地主为了图谋更多的利益，带地投充。一些流氓、无赖浑水摸鱼，暗以他人土地投向满人，满洲贵族及其帮凶趁势逼迫汉人投充为奴。由于投充盛行，兼之以通过战争掠夺和市场购买，不少满洲贵族都掌握了大量奴仆。在满洲贵族的残酷剥削和压迫下，农奴们不断逃亡。为了保证满洲贵族对农奴的占有，清朝政府先后多次颁布和修订逃人法，对逃人，尤其是窝主和牵连人犯加以严厉制裁。一时之间，民族矛盾空前尖锐。有鉴于原先制定的"逃人法"产生了不少弊端，康熙十一年（公元1672年）八月，康熙批准左副都御史任克溥的上疏：今后直隶各省王公将军所属逃人，请交与就近各该督抚审理，奉天将军所属逃人交与盛京刑部审理，宁古塔地方逃人仍听该将军审理，从而使逃人问题上的满、汉矛盾大大缓和下来。对于这一权限变动，不少满官抵触情绪极大，并经常与汉官发生分歧和斗争。满官主张严行逃人法，而汉官则主张宽行逃人法。在满、汉官员的争执中，康熙站在了汉官一方，受到广大汉族地主的拥护。由于停止了圈地，修订了逃人法，大规模的投充也逐渐停止，对于缓和一度十分尖锐的民族矛盾有很大的促进作用。

康熙不但慎重对待百姓中潜在的不安定因素，通过积极的措施把危险消灭于未萌之中，而且，涉及个体的生命，康熙也很慎重，不因自己高高在上掌有生杀大权而草菅人命。康熙认为，人生下来就有生存的权利，不能随便将人置于死地，对男女老少皆如此，甚至对在押的犯人也不例外，该死的按法处死，不该死的不能虐待致死。他常讲人命攸关、人命至重、人命关系重大，所以不可轻忽，不能等闲视之，即寓有此意。康熙亲政后，他于康熙十二年（公元1673年）的一年中发布了三道有关人命问题的谕旨。

清初殉葬之风很盛，八旗官员的家奴都要陪葬，皇帝更不待言。康熙的父亲顺治早逝，四月，予一等阿达哈哈番侍卫官傅达理，随世祖章皇帝陪葬，谥号忠烈。六月十七日他便发布第一道有关人命的谕旨，命令禁止八旗包衣佐领下的奴仆随主人殉葬。第二道发布于八月二十日，下令禁止主人逼死奴婢。康熙多次强调说：人命关系重大。旗下的奴仆，如果抚恤得好，怎么能够愿意轻生自尽呢？嗣后传八旗人家，对家奴要注意爱养，不允许逼迫责骂而导致身亡。第三道发布于十月十三日，下令禁止遗弃婴儿。时有科臣上疏：京城内外，时弃婴儿。康熙命令户部研究这一问题。同时指出：凡是民间因为贫穷不能养活而遗弃亲生儿子，或者为乳主人的孩子而放弃自己的孩子的人，都应当全部包养，使其健康成长。有人扔掉孩子而不管者，一律制止。通饬八旗并包衣佐领（奴主）及五城（东西南北中）御史，一体遵行。

三道命令，一个宗旨，救人活命要紧，给人以生存之权。

顺治年间，许多反对高压政策的官员及家属，因"科场"和"奏销"等案牵连的士人、江南富室及一些抗清斗争失败者，一批一批地被流放到东北的铁岭、尚阳堡、吉林、宁古塔（今黑龙江省牡丹江宁安）等荒寒之地，给当地驻防"新满洲"为奴，受尽了凌辱和折磨。康熙亲政不久，就命令刑部改变原来发遣流犯的时间，他说：十月到正月，都是非常寒冷的季节，所要流徙的罪人大多是穷苦人，穿得很单薄，没有用以御寒的衣物，他们的罪行还没大到被冻死在路上的地步，太可怜了！从今往后，流徙到尚阳堡、宁古塔的罪人，从十月到正月及酷热的六月，都不要再遣送了。

康熙二十一年（公元1682年），他因平定三藩之乱前往东北祖陵告祭，途中目睹了流放犯人的艰难困苦，非常震惊地说：这些流徙到宁古塔、乌喇的人犯，我向来不了解他们的苦楚，现在因为拜谒祖陵来到这里，亲眼看到才知道原来是这样的。这些人既没有栖身的房屋，又没钱财和能力耕种，差役还那么沉重。何况南方人身体弱，来到这苦寒之地，寒风凛冽，这里又远离他们的家乡，不通音信，实在令人怜悯。虽然他们是自作自受，然而遣送到辽阳这些地方，也足以抵销他们的罪行了。这里还有土地，可以让他们耕作用以维持生计，再让他们盖些房舍用以避寒吧！几天以后，他又对刑部下令说：这些流犯，既然已经免掉其死罪，原来是为了让他们活下去，如果仍旧流放到苦寒荒芜的地方，最后还是要受尽折磨而死，这就不是法外宽容他们的本意了，我感到很不忍心。以后，对那些免掉死罪或减刑的犯人，都发放到尚阳堡；而应当发往尚阳堡的，则改为发放到辽阳。至于因反叛罪应当流放的犯人，仍然发往乌喇当差，但不用给新披甲之人为奴仆了。按照我怜悯保全的意思，你们刑部要立即这样去做。

针对执法中的审案草率、偏私含糊，甚至收受请托、用刑逼供、株连牵扯、稽迟拖延、玩忽职守等做法，康熙多次对官员们加以痛斥。为了说明自己对法制的认识和表明自己"慎刑轻狱"的思想，康熙又特意写了一篇论文《慎刑论》。他认为古代圣人治理天下是既用刑罚也用礼教的，为此他说：礼教是劝导人民从善为善的；刑罚是用来禁止人民胡作非为的。他希望人人向善，以至于刑罚最好都派不上用场；之所以设立刑罚，是圣人实在无可奈何的办法！刑罚一施，轻者伤其肌肤，重的就要杀害他的性命，天下最惨痛的事情，要数施加刑罚了。即使是圣人当世，也未必能够使社会上没有一个受刑之人，但是千万不要滥施刑罚；而多施教化之功，用刑该怎么样就怎么样，让人民不多受无谓的困苦，这就得到了慎刑的精神实质了……我曾经说过，要使天下得到大治，必须使刑狱之事少之再少，就是这个原因。

康熙三十七年（公元1698年），康熙下令，除对当时逃匿的首犯继续通缉外，其余从犯全部宽免，准许其开荒种地，输纳钱粮，子弟也可以参加科举考试。不仅如此，对那些各地作乱的乱民、山贼，他虽然也进行镇压，但还是指示地方对一些胁从和因生存无着而附乱的一般民众进行赦免，妥为安置。在许多重大节庆需要"恩诏"时，康熙都会考虑到那些因民间纠纷而在押的人犯，将他们减刑或赦免。这在他执政期间进行了无数次。当然，所谓"十恶"和贪官是难以得到宽容的。

康熙不仅对执法做出许多指导性的指示，还时常对一些较为复杂的案件亲自调阅审案记录，参与裁决。有时他甚至亲自嘱咐刑审官不许乱用夹棍，告诫刑部木枷枷孔不许有大小、厚薄之分。即使对在押人犯，他也多次命令御医给予药物，治疗那些有病的人，并对治病不积极的官员严加批评。

从平定三藩之乱以后，国中形势慢慢地稳定了，社会矛盾虽然仍很复杂，但犯罪率已呈明显下降趋势。后来，随着经济的逐渐恢复和治理工作的展开，到平定噶尔丹叛乱之时，形势更加乐观。康熙三十七年（公元1698年）十一月，大学士以朝审情实案48人请旨，康熙对判案反复审查，最后仅勾决（处死）35人。康熙四十五年（公元1706年）十一月，在上报的70名死刑名单中，康熙反复审阅，仅勾决25名。康熙五十一年（公元1712年），在上报的五50名死刑犯中，他逐一详阅刑部重刑名册，反复审定，最后勾决32人。康熙五十四年（公元1715年），全国秋审勾决的只有15人，并建议因勾决人犯较少，还可以考虑停刑。

康熙在一个总数当时已达一亿数千万人口的国家里，每年处决的罪犯只有20～30人。这在古代史上是罕见的。他曾在康熙四十一年（公元1702年）对刑部谈了自己的想法：我爱惜人民的生命，希望他们多得生路。每次刑狱部门奏上判决书以后，我都一定要连看几遍，看是否能找到让罪犯生存的理由。即使他的罪名属实，我也不忍心立即将他处决，而是改成斩监候缓决，以便来年再观察观察。因为罪犯一旦知道不被立即处死，就会希望能够存活下去。

康熙认为，国家之兴亡，并非定于天命，而是系于人事，民心即为天意，若要社稷久远，江山永固，唯有经世济民，非以一己之威加于天下、作威作福，而是以天下为己任，谨终如始，防微杜渐。他说："仁者无敌，此是王道。与其用权谋诈伪无稽之言，不若行王道，则不战而敌兵自败矣。王道二字，即极妙兵法。"

第七节　选官择吏

治人之首在治吏。在古代，君主贤明的标志之一是选用有德有才的官吏。哪些人入了康熙的法眼呢？首先是清廉的人，其次是理学名臣。但康熙用人的标准并不苛刻，他既有识人之明，又有容人之量，极高明而又中庸，严中有宽，动中有静。

用贤才国家兴，用贪蠹之庸才，国家危殆，百姓遭殃。因此，官吏的清廉洁俭，对国家关系甚重。康熙把清廉作为选择官吏的第一条标准，他说："居官既廉，办事自善。"

清朝初年，清官迭出，尤其是康熙一朝，康熙面对满朝大臣多为贪官这一基本事实，努力澄清吏治，大力推行奖廉惩贪的察吏考官制度。他说："考察官吏，以奖励廉洁为要。"他着意发现清官并加以保护和培植。他最赞赏的清官是于成龙。

于成龙于顺治十八年（公元1661年）任广西罗城知县时，年已45岁，当时亲朋好友都劝他不要去那个穷乡僻壤赴任，上任前他在寄友人的书信中表明心迹："此行绝不以温饱为念，所自信者，'天理良心'四字而已。"然后，他变卖家产，凑足盘缠上路了。

罗城县在一个贫困山区，人民生活困苦，他下令废除苛捐杂税，以身作则不要"火耗"。清朝前期，官吏有俸无廉（即只有分内的俸禄，没有额外的"养廉"钱，廉俸始于雍正朝），即使是清官，不收养廉钱的也很少见。

于成龙在生活上安于淡泊。他住在败屋之中，没有厨房，只在案边设灶，晚上头枕钢刀而卧，以防野兽袭击。百姓见他生活窘迫，反过来周济他。某次，有人送数吊钱给他，他问："这是何意？"那人说："大人不要火耗，不谋衣食，难道不买酒吗？"于成龙嗜酒，于是只留一壶酒钱，多余的奉还。

清朝奖廉制度，把清正廉明，不搞加派、勒索，政绩突出的州县官吏，定选为"卓异"。当时的两广总督卢兴祖，特别推荐了于成龙。有一次廉官秋试，众廉官皆鲜衣艳饰，俊奴高马而来，唯独于成龙布袍破旧，携一苍头而来。众人相互寒暄，不屑于理睬于成龙。巡抚却早闻其贤名，特意要与他亲近，看见他敝衣垢褛，说："此人必罗城令也！"后见于成龙处理政务，甚有章法，与之谈古论今，具有伦要，大为敬服。

于成龙在出任湖北黄冈州同知时，黄州遇灾，民大饥，于成龙及时赈济灾民。上船前他买了几十斤萝卜放在船上，有人笑话他："这种便宜货，何必带许多。"于成龙说："我一路上吃菜就是这些。"在平常人看来，千里带萝卜是可笑之事，认为清官只要为人民多做好事即大恩大德，又何必在饭菜上节省呢？孰不知，在口腹之欲上不节俭，又如何能在政务大事上秉公办理呢？那些从早到晚都在筵席上吃喝不休的官吏，哪有心思去为人民办事？

康熙十七年（公元1678年），于成龙因为政绩卓著迁福建按察使，主管刑狱和官吏考核。清政府对廉能的官吏，提出表扬，康熙多次要群臣推举廉能。"廉能"是与"卓异"相似的一种荣誉称号。福建巡抚吴兴祚，推荐于成龙为"廉能第一"，于成龙因此被擢升为福建布政使。

康熙十九年（公元1780年），于成龙迁直隶巡抚。京畿之地，八旗豪强横行不法，有司不能治，官场中流传一句话：京兆尹难当。所以皇帝特意将他放在这个位置上。在任上，于成龙支持清官廉吏，打击贪官污吏，八旗豪强也不敢不收敛，他把直隶治理得井井有条。次年，康熙在懋勤殿亲自召见他，表彰他是"当今清官第一"，赏赐白金、良马等，以此嘉奖他的廉能。于成龙每次提出免税和赈灾的要求，都能得到康熙的同意，这也是他鼓励清官的一种作为。

官场中，有人认为必须相互攀缘，结党营私，走门路，讲交情，请客送礼，才能官运亨通。然而，于成龙却完全依靠自己的才德和皇上的明鉴，做到了一品大员。这在盛世或中兴时代是比较典型的，皇帝重用清官，自然国泰民安，反之，国计民生就成问题。

康熙对众臣说："设官分职，原以为民。所在得一良吏，则民遂其生。今观各官，虽有品行清洁者，但畏国法而然，如直隶巡抚于成龙之真实清廉者甚少。观其为人，天性忠直，并无交游，惟知爱民，即伊本旗王等门上亦不行走。直隶地方百姓旗人无不感戴称颂。如此好官，若不从优褒奖，何以劝众？可令九卿集议。"

康熙二十三年（公元1684年）四月，于成龙病逝，康熙署中官员去他家吊念，看到他家中的遗物只有床头一个破箱，里面有一套官服、官靴，以及瓦缸中粗米数斛，粗盐豆豉数罐而已。康熙对此十分感慨，称于成龙为"天下廉吏第一"，加赠太子太保，予谥"清端"，荫一子入监，并御书"高行清粹"四字为祠额，以及楹联赐赠。

熊赐履为于成龙撰写了墓志铭，称他是"性善吃苦，诸人所不能堪者，一处之如饴，为学务敦实行，不屑词章之末，尝曰'学行苟识得道理，埋头去做，不患不到圣贤地位'"。

百姓闻听于成龙病死，罢市聚哭，家家绘像设案进行祭祀。康熙叹息说："于成龙因在直隶居官甚美，朕特简选他出任江南总督。听说上任以后，他变得不如从前好了。至病故后，始知他居家清廉，甚为百姓所称道，或许于成龙向来所行耿直，与之不合之人挟仇陷害，造谣污蔑，是不屑之徒嫉妒也，居官能如于成龙者有几人？"康熙考察官吏的标准，是百姓的口碑，而不是属下和上司的评语，可见其颇具洞察力。

在康熙的执政生涯中，理学是康熙的思想根基和决策指南，他努力钻研儒家经典，并求得融会贯通，还坚持不懈地把理学的理想原则一步步运用于现实之中。

在前代各种对儒学的阐发中，他谙服程朱理学。朱熹强调三纲五常，礼之大体，认为君仁、臣忠、父慈、子孝，朋友有信，各有定矩。朱熹学说进一步为统治阶级提供了思想武器。

康熙五十一年（公元1712年），康熙对大学士等下谕说："朕自幼好读书，诸书无不览诵。每见历代文士著述一字一句有不合于义理的，就会被后人指摘。只有宋儒朱子注释群经，阐发道理，凡所著作及编纂之书，皆明白精确，归于大中至正。经今五百余年，知学之人，无敢疵议。朕以为孔孟之后朱子之功最为宏巨。"为此他下令，把朱熹升配大成殿东序之第十一哲。之后，各省府、孔庙都照此办理。第二年，康熙便颁布命令把刻成的《朱子全书》《四书集注》发行全国。

康熙服膺理学，身体力行，清心寡欲，唯以安定民生作为自己的本分，提倡养民与爱民，而养民与爱民是要通过官吏去具体实行的事情，所以吏治问题是一个关键的中间环节，事关国运的长久。而吏治的核心是"实心为民"。康熙说："选用一官如其心中没有百姓，不念民生，便是用人不当。"他下令九卿各官把"有真实留心性理正学之人"推荐上来。

康熙深刻了解到吏治与民生的因果关系，他说："自古帝王治理天下，惠育百姓，必先澄清吏治，而后民生得遂。"康熙非常赞同唐太宗李世民所说"得贤能之臣，为国家之大瑞"的观点，称之为"千古名论"。他曾与当时一些理学大师朝夕相处，并与李光地、熊赐履等结为深挚的伙伴，他延请张英、熊赐履教授性理诸书。康熙精心培植了一批心腹官僚，除了李光地、汤斌、熊赐履等人外，还有"力崇程、朱为己任"的张伯行，"笃守程朱"的陆陇其等，都是显赫一时的理学"名臣"，是理学化解了满汉统治者之间的芥蒂，推崇理学成为满汉统治者的共同语言。康熙扶持清官，不仅赞赏他们的政绩，而且赞同他们的操守。而程朱理学在培养人的操守，加强人的修养方面有固本强基的作用，所以康熙重视理学名臣。在康熙培养的理学名臣中，汤斌、张伯行、宋荦三人都是河南人，故被时人誉为"中州三贤。"

康熙二十三年（公元1684年），57岁的汤斌迁升内阁学士，同年四月，江苏巡抚出缺，部议提名康熙不满意。他对明珠说："道学（所谓道学即理学，又称新儒学，有别于孔孟之旧儒学）之可贵，贵在身体力行，见诸事实。现在讲道学有名的人很多，仔细考究，大都言行相违，只有汤斌是真道学，说的话是这样，做的事也是这样，操守极好，江苏巡抚叫他去。"

有一年大旱，康熙下旨百官议抗旱之法。灵台郎董汉臣应诏疏言十事，语侵内阁，得罪了明珠。有的大臣附和明珠，论斩董汉臣。汤斌站出来仗义执言，他说："汉官应诏直言，没有定死罪的道理。大官不敢讲的话，小官讲了，我们做大官的应当深自反省。"康熙因此赦董汉臣无罪。汤斌却因此更加遭明珠、余国柱的嫉恨，他们一直想置他于死地，因为他远在江南，不容易下手，他们故意先向皇上夸他学问好，推荐他为太子的老师，把他调回北京，然后又在康熙面前挑拨是非，一些势利小人也趁机弹劾汤斌，建议夺去他的官职。康熙总算爱惜清官，仍然将他留任。

汤斌在京城租住一套普通的房屋，冬天只穿一件老羊皮袄御寒。入朝时，宫中卫士不论认识与不认识的，都知道穿老羊皮袄的人是谁，说："穿老羊皮袄的就是汤尚书了。"

康熙谒陵，由遵化南下，直隶巡抚于成龙在霸州接驾，趁无人之时，他说："如今明珠、余国柱必欲置汤斌于死地而后快，若非皇上保全善类，天下将无正人好官。"康熙见于成龙神色悲愤，遂惊问其故。于成龙揭发了明珠的罪行。明珠结党营私、贪赃弄权，声名狼藉，康熙也有耳闻。有一次他旁敲侧击地对明珠说："如今做官像于成龙那样清廉的人非常少。做十全十美的人确实很难，但是，如果把'性理'一类谈修养、正人心的书多少看一些，就会使人感到惭愧。虽然人们不能全照书上说的那样做，但也应勉力而为，依理而行才好。"

宋荦，字牧仲，河南商丘人，也是清初理学名臣，他任江西、江苏巡抚时期，以提倡文教风雅而名重一时。

古代官署衙门口，常高悬匾额曰：清、慎、勤。清是不贪污，慎是断狱明，勤是多调查。

在当时的情况下，没有发达的新闻传媒，官与民之间要相互了解实在很难，官要了解民生疾苦，不微服私访，也没有其他更可靠的办法，由此可以推断，不搞微服私访者，可谓不勤，必不是好官。不搞微服私访者，一是无视人民疾苦，二是贪生怕死，他们轻民生如草芥，重己命如泰山，居住则深宅大院，出行则武弁随从如云，犹觉不安全，怎么肯微服私访？

有一天，宋荦身穿布衣在街头走访，路遇县太爷的轿子从街上迎面而来，百姓纷纷躲避，宋荦不躲，结果被拉到轿前问罪，县令一看是巡抚大人，惊得屁滚尿流，跪在地上请罪，宋荦也不责怪，只是叫他换上便服与自己一同走走。他们来到城外一家酒店，宋荦与县令坐下饮酒，宋荦问店主人："生意如何？官府收税如何？"店主人说："生意还好，就是新来的县太爷太凶横，欺压小民，收税繁重，百姓实在苦啊。"出了酒店，宋荦见县令神色不安，便安慰他说："不必介意，百姓骂官府本是正常的，以后只要爱护百姓，约束下属就行了。"

两人分手之后，宋荦却不回府，而是又去了那家酒店，当夜就住在店里，穿上店主人的衣服躺在外面木柜上。半夜，宋荦被破门而入的差役捆绑起来，押进县衙。县令一看，怎么又把巡抚大人抓来了，下堂来磕头如捣蒜。宋荦道："白天酒保骂你，我并未深信，现在证明，百姓所说确是不假，此事我不难为你，只需你把大印交给我，我转交布政使便是了。"

第二天，布政使衙门口贴出告示：某县着令开缺，罢官回籍。百姓见了告示，拍手称快。

康熙四十二年（公元1703年），康熙南巡，对宋荦大加赞扬，说："朕到此，无一人说尔不好，尔真是好官，深得大臣之体。"中国历史上如康熙这样具有民本思想的帝王是不多见的，康熙常说："知人难，用人不易，致治之道全关于此。"其实，如能尊重民意，知人就不难。

张伯行，字孝先，河南仪封人，治程朱理学，康熙二十四年（公元1685年）进士，因为功绩卓著授补济宁道。他做官清正。封建官场腐败成风，即使是反腐败，也往往成为官吏之间相互倾轧的一种手段，而不是为了政治清明、民众幸福，故此做清官极不易，非有深厚的道德修养、坚强的意志不能做到。张伯行治程朱理学，注重修身，一丝不苟，为了表明心迹，他曾写下禁止馈送檄文："一丝一粒，我之名节；一厘一毫，民之脂膏。宽一分，民受赐不止一分；取一分，我为人不值一分。谁云交际之常，廉耻实伤，倘非不义之财，此物何来？"

康熙强调"学问无穷，不在徒言，要惟当躬行实践，方有益于所学"。于成龙、张伯行等清官之所以备受康熙赏识，正在于他们的穷理知性、伦理涵养是与实践紧密联系在一起的。以如此之真知灼见去指导治理地方的工作，自然会收到实际成效了。如一切学问道德一样，理（道）学也有真假之分，不能因为有假道学，就将真道学一概否定。

康熙是以何种方式来选拔官吏的呢？首先，是科举考选。这是他不喜欢的方式，他说，科举人才多是只会"记诵之学，文词之末"，对于国计民生往往一无所知的书生。武举也是只能得到弓马娴熟的一介武夫罢了。这只是一种低级的选才方式。他更喜欢亲自明察暗访。其次就是保举，他说："朕观人之识见精神有限"，"天下官员，朕一人何能周知？惟左右大臣是赖。"保举既避免了一人不能周知的局限，又给康熙提供了一个考察官吏是否结党营私的机会。如此人所举之人俱是庸劣不堪者，他自己必是结党营私、用人唯亲、裙带襟连的污吏；如此人所举之人皆是公忠为国的清官，他自己必是"实心为国无私之贤臣"；如此人所举之人良莠不齐，他自己可能是一个见识不精、才力有限的人。对于大臣或地方官推举的人才，康熙还要亲自面试，颇能识人。

要用好人、用对人，关键是要"明"。要有识人之明，对于下属要能明察秋毫。

在治理黄河的过程中，由于有专臣在治河前线专理，加之治水的专业性很强，所以涉及评判治河臣工的业绩时，不好妄下断语。康熙为了不"失明"，不变成深宫中任人欺骗的瞎子，特别注重调查研究。

当有人对治河工作提出异议时，康熙先任命王新命为河道总督，又派出兵部尚书张玉书、刑部尚书图纳、左都御史马齐等人，对靳辅主持的河工进行全面审查。康熙特别嘱咐他们对实际情况要做出客观评价。

　　康熙二十八年（公元1689年）正月初八日，康熙南巡临阅河工，靳辅、于成龙、王新命随行。康熙看到新开挖的运河十分狭隘，认为不可靠。这段漕运以前是借用黄河的180里的一段，非常危险，所以靳辅新开这段运河挖的狭隘是为了蓄水，有利于航船和刷沙敌黄。王新命认为，这样一来不利于洪水排泄。康熙对靳辅的做法颇为怀疑。他详细考察了这段运河，并询问商民和官吏，反复听取意见。商民们说行船很安全，随行大臣们也认为挖这条河是有益的，他才对靳辅的做法表示赞同。康熙又阅视了七里闸、太平闸、高家堰一带坝，认为很坚固，减水坝也修得好。沿河官民及商人船夫都盛赞靳辅的功绩，使康熙大为感动。回京之后，他下谕表彰靳辅。

　　康熙四十三年（公元1704年）正月，康熙第四次南巡，视察河工，由于张鹏翮能够认真贯彻皇上的意图，治河大有成效，康熙很是满意，他见到洪泽湖水势，畅出清口（即黄河、淮河与大运河的交汇口），高兴地对随行大臣说："向来黄水高于淮水六尺，淮不能敌黄，常患于垫，今将六坝堵闭，洪泽湖水升高，力能敌黄，运河不致有倒灌之患，此河工之所以能告成也。"以后，康熙每隔两年南巡一次，视察河工，对治河提出具体指导，康熙见河水清畅，高兴地说："异哉！此二十年所仅见也。"他又不断督促张鹏翮，及时纠正他的错误，有时张鹏翮表现得十分懒散，安居署中，数月不出，凡事委派下人，康熙告诫他要时时巡视河堤，不避风雨，以勉恪尽职守。

　　康熙在用人上还讲究公平的原则。为政之道在于用人，用人之道在于公平。公平才有说服力，才能真正收揽人心为己所用。

　　吴三桂从一开始作乱，就很善于拉拢盟友，一些汉族官吏纷纷投入反抗清廷的斗争，某些满族贵族对此的反应是，愈加猜忌和打击汉族官吏,其结果是大大地帮了吴三桂的忙。如果不是康熙及时纠正,采取重用汉军绿营兵的办法,战争的结果还很难说。

清军三路进兵云南,新任云贵总督赵良栋提出一个由湖广、广西、四川三路进兵云贵的方案,受到康熙的赞赏。赵良栋,字擎宇,甘肃人,行伍出身,很富韬略,原来在洪承畴手下任副将,曾受到吴三桂的荐举,但他早就对吴三桂的野心有所认识,知其必反,拒绝了他的拉拢,几乎被吴三桂杀掉。之后他就任天津总兵官。

良禽择木而栖,人生在世,慎选安身立命之所是很要紧的,不可糊涂。但是,以什么来作为标准呢?私欲重的人,无非是以名利来衡量,名利之所在,就如蝇逐臭而至,吴三桂就是这类人,无论仕明仕清,他都是贰臣,只因为他立身处世以名利为归宿,贪心不足,最终也没有好下场。赵良栋看到了高官厚禄后面的陷阱,于是远远躲开吴三桂。

当初,康熙苦于无将可用,想到起用赵良栋,朝中满臣认为他是陕甘人,不可靠,反对任用他。这些人被吴三桂"反清复明"的口号迷惑住了,对汉人普遍不信任。狭隘的民族意识固然是一个原因,但最根本的原因在于封建制度对人的态度问题。封建制度下,上司对下级的态度,无论表面上是赏识还是轻慢,在本质上则只有"利用"二字,一个人才与一匹良马的价值是相同的,所谓"伯乐识马",正反映了这种对人的态度。

为此,赵良栋向康熙请求暂且把自己的眷属留在北京当作人质,而自己率兵前往陕甘剿灭叛军。这下朝廷对他就可以放心了。康熙擢升他为宁夏提督,他在平叛战争中大展雄才,夺密树关、略阳,占领进川要道阳平关,康熙闻讯,无限欣慰,立即部署进川事宜。

康熙十八年(公元1679年)十一月,赵良栋、王进宝会师宁羌州,疏请两路进兵，康熙当即批准，并授赵良栋为勇略将军，仍领宁夏提督，负责西线军事指挥。赵良栋跃马横刀，浮水渡江，大破叛军，收降无数，康熙十九年（公元1680年）正月，军队顺利收复成都，康熙擢升他为云贵总督，加兵部尚书，仍领将军。

赵良栋建议，切断叛军水路，使其粮运受阻，然后速战速决。满兵粮足，绿营兵无粮故不宜久围；又建议，降者宜分别收养，不宜尽发满洲为奴。满将军们不以为然，以满语驳诘谩骂，赵良栋听不懂，好在他已经直接向皇上奏报请示方略。康熙闻奏，下谕：悉照赵良栋之策，迅速攻城。

整个战争多亏了康熙遥控指挥得当，慎重详密，大大加速了胜利的进程。

赵良栋性情憨直，在四川时得罪了将军吴丹，吴丹是明珠的侄子。赵良栋还多次参劾满族将军们纵兵掠民，满族将军们反诬他纵兵掠民，故有功不赏，几乎被杀。康熙爱惜他是个将才，命他退休回家休养。后来，康熙亲征噶尔丹，路过他的家乡，特意去访他，征询讨敌方略。许多年后，康熙对西北地方官员及将领们说："赵良栋操守颇好，恢复云南秋毫无犯，在武臣中可谓良将矣，尔等居官，俱当法之。"

康熙的高明之处，在于他尽量以公正宽容的态度待人，反观明朝末代皇帝崇祯，他在危难之时还要枉杀忠良，对比之下，二者实在是相距甚远。

康熙在用人上讲求中庸之道，体现为强调廉与能的结合。他很强调清廉，但是光廉而不能者也不用。他说，督抚为地方大吏，操守为要，才干为用。大法而小廉，百姓则俱蒙福矣。为官不可过贪，亦不可过于廉刻。过于廉刻则不能和平宽宏以率下，操守虽然清廉却不利于办事。只有既廉洁又能行有益于地方民生之事者，才堪委任。康熙曾告诫漕运总督徐旭龄说：为官须廉洁，不可纵吏扰民。然而待属员不可过苛，下吏各有艰难之处，惟心平气和，则皆悦服矣。所谓持平则不偏，不偏即执中。

总体上说，康熙是要抑制腐败，提倡廉政的，他肃清吏治的方式，是以优待清官为主，革除恶吏为辅，正面鼓励是其特点。雍正皇帝则正相反，他实施"以猛治贪"的政策，这与个人性格有关。康熙自己对待大臣一向是较为宽严适中的。他说，君德莫大于有容，治道莫尚于能宽。

有一回，某大臣在康熙面前揭发南书房侍讲高士奇，说他当初肩披棉被入京应试，现在只要问他有多少家产，就可知道他利用权力收了多少贿赂，其实康熙对此早已知悉，却不追究。他说："诸臣为秀才时，谁不是布衣步行？一旦做了官，便高轩驷马，前呼后拥，这些钱都是哪儿来的，可以细究吗？"

康熙常常要求督抚大员用人行政之时"不必吹毛求疵，在地方务以安静为善"。康熙要求自己也是"从不多生事，但穆然清静，处之以和平。"宽仁，不事苛求，施教安民；和平，不事喧嚣，清静无为，行事太平，才有盛世。康熙说："从来民生不安，在于吏治不清，官吏贤则百姓自安，官吏其能任事者甚难得。"他一再要求地方官，要多"行有益于地方民生之事"，做清官尚须不生事扰民，"苟于地方生事虽清亦无益也"。

用人是君主最重要的权力，也是最难的事情。一个君主是否是明君，只要看他会不会用人就知道了。因此康熙认为："知人难，用人不易，致治之道全关于此。"康熙会用人，因为他既有知人之明，又有容人之量，还有用人之智与驭人之术。

第八节 满汉一家

清朝是满族建立的少数民族政权,因此在初期奉行满洲本位政策,残酷压迫其他民族,导致民族矛盾非常尖锐,其统治长期无法稳定下来。这一方面是民族差异使然,另一方面也与统治者的自身素质有关。

顺治帝在位期间,因为他对汉族文化有很深的了解,就取缔了一些民族歧视政策,稳定了全国的局势。但他去世以后,以四大辅臣为代表的满洲贵族很快就开起了历史的倒车,努力恢复满洲旧制,阻碍汉化。他们宣称"率祖制,复旧章",认为祖宗之法不可改变,于是在顺治帝的遗诏中罗列了14条,清算"汉化"的做法,并假借顺治帝的口气说道:

"朕自从亲理政务以来,纪纲法度,用人行政,不能效法太祖、太宗,因循苟且,采用汉俗,对淳朴旧制大加改变,以致国本未臻,民生未遂。这是朕的一个罪过。"

"满洲诸臣,有的几代为国尽忠,有的多年为国出力,朝廷应该信用他们,让他们更好地尽忠出力。但是,朕却未予足够的信用,使其空怀抱负,有才莫展。而且,明朝灭亡,很大程度上是由于偏用了汉族文臣。朕不但不以此为戒,反而对汉族官员大加信用,甚至连部院印信也曾令汉官掌管,从而使满洲大臣无心任事,精力懈弛。这是朕的一个罪过。"

这个遗诏是孝庄皇太后和满洲贵族共同商定的,因此具有浓厚的保守色彩。此后,四大辅臣陆续废除了顺治时期推行的一些带有汉化倾向的措施，主要有以下几个方面：

一、废十三衙门，罢内官，置内务府。

二、恢复理藩院与六部并列的地位。理藩院始设于皇太极时期，是清王朝专门管理蒙、回、藏等少数民族事务和同俄罗斯交往事宜的机构。理藩院官员均由满人与蒙古人担任，与六部同阶，并与六部、都察院并称"八衙门"。顺治十六年（公元1659年），顺治皇帝下令将理藩院改为隶礼部之下。这样，既顺应了汉制，又抑制了满族、蒙古贵族的特权。因此，顺治十八年（公元1661年），顺治皇帝一死，辅政大臣立即以理藩院隶属礼部不合旧制为由，恢复了理藩院与六部平级的地位。

三、取消内阁和翰林院，恢复内三院。顺治十五年（公元1658年）采用明朝制度，改内三院（内国史院、内秘书院、内弘文院）为殿阁，另置翰林院及掌院学士官。顺治十八年（公元1661年）皆予以取消，仍恢复内三院旧制。

四、停止八股文考试，减少进士录取名额。

五、在考察官吏业绩方面，停止了"考满"制度，只以是否完成赋税征收作为官吏升迁的标准。

六、在思想文化领域，推行文字狱，康熙二年（公元1663年）就制造了"明史案"，牵连大批无辜士人。

如此等等，都加深了满汉民族的鸿沟，也激化了民族矛盾，从而威胁了清朝在全国的统治。

康熙自幼受汉文化熏陶，深知要想治理好国家，必须要靠汉人，因此自亲政以后，他就开始逐渐取消四大辅臣时期的一些落后政策，实现民族平等。其采取的措施主要有：

改革中央机构

除去鳌拜的第二年，也就是康熙九年（公元1670年）的十月，康熙就下令将内三院复改为内阁，并重新设立翰林院；内阁设满、汉大学士四人，作为中枢首脑机关。这些机构的建立，不但在一定程度上限制和压抑了议政王大臣的权力，同时，也改变了清初以来武臣专权的不正常局面。在中央机构恢复汉制的同时，对于汉臣，康熙一改辅政时期的做法，加以格外倚任。

入关初期，满官品级高于汉官，一般高出二三级，甚至四五级。康熙九年（公元1670年）三月，康熙下令统一满、汉官员的品级，不久，又修成《品级考》刊刻遵行，将满汉官员的品级提升手续俱行划一，以利争取汉族官员。满汉官员的其他待遇也进行调整划一，逐渐趋于平等。

康熙十七年（公元1678年）十二月八日，康熙指令：满大臣办理丧事，特遣大臣前去送茶酒。满汉大臣都是一样，汉大臣办丧事，亦应该派大臣往送茶酒。自今以后，凡是遇汉大臣丧事，命满大臣携茶酒前去赐给。

康熙二十一年（公元1682年）六月二十日，康熙颁布谕旨："满洲大臣患病，皆派遣医生治疗。今闻礼部尚书龚鼎孳患病，朕满汉一视同仁，你们同近侍侍卫吴海，带领医生文照，前去龚鼎孳家诊断病情。"

这些做法极大地鼓舞了汉族官员，消除了他们心中的隔阂。

设立南书房

此举是康熙巩固自己权力，限制权臣，尤其是满洲贵族的一个大手笔。尽管南书房不算是国家的正式权力机构，却起到了一般权力机构起不到的作用。

南书房作为清朝特有的一个机构,起源于后金时期。努尔哈赤从创业时起,就设立了书房,召用一些秀才,帮助其读书,也兼管一些文书工作,相当于皇帝的秘书机构。诸王、贝勒也多成立了书房。到清太宗皇太极时期,他就将自己的书房改名为文馆,命儒臣入直,让他们翻译介绍汉文典籍,给自己讲解"中国之道"。如文馆秀才王文奎就曾对皇太极说"帝王治平之道,奥在《四书》,迹详史籍",建议皇帝在听政之暇,观览汉文书籍,日积月累,身体力行。宁完我也向皇太极推荐《资治通鉴》等历史典籍,认为这些书"实为最紧要大有益之书,汗与贝勒及国中大人所当习闻、明知。"这些汉人知识分子的建议对皇太极产生了很大的影响,推动了满族汉化的进程。天聪十年(公元1636年)三月,文馆改为内三院,即国史院、秘书院、弘文院。

顺治帝亲政后,为了加强自己的权力,重建内廷书房。顺治十七年(公元1660年)六月,他下令在景运门内建造直房,选翰林院官员分三批入内值宿,以备不时召问。但不久后,因他去世而停止。康熙初年,大权集中在四位辅政大臣手中。四大辅臣撤消了内阁和翰林院,恢复设立内三院。后来鳌拜专权,内三院就成了他结党营私、侵犯皇权的工具。康熙翦除鳌拜之后,立即下令废除内三院,重建内阁、翰林院。为了增强自己的力量,和满洲权臣抗衡,他在顺治内廷书房的基础上,设立了南书房,召儒臣入直,作为自己学习、决策的秘书机构。

南书房位于紫禁城内乾清宫的斜对面,乾清门之右阶下,偏西向北,因位于懋勤殿之南,故称南书房,又称南斋。清代宫廷内,先后有过两个书房,一个是上书房,一个是南书房。上书房是皇子们学习的地方,南书房则是皇帝的文学侍从的办事处。南书房的成立时间,在康熙九年到十年，一开始，它只是皇帝临时的学习之所，并非正式的机构。据著名清史学家孟昭信研究，最早入直的是沈荃和励杜讷这两个汉人，他们主要教授康熙书法。

沈荃是江南华亭人，顺治九年（公元1652年）进士，授编修，历任大梁道副使、直隶通蓟道等职，康熙九年（公元1670年），为浙江宁波同知。他自幼酷爱书法，学明代大书法家董其昌体，颇得其神韵。康熙酷爱书法，到处寻求书法名家，得知沈荃的名声，特地召至宫中，授为侍讲，入直南书房。康熙对他很尊敬，后来还念念不忘。沈荃离开南书房几年以后，他仍经常将其召入内殿，优礼有加，并将自己临摹字体赐之，以求指正。其后沈荃之子宗敬，以编修入直，康熙命作大小行楷，犹忆及前事，使内侍传谕李光地说："朕初学书，宗敬父荃指陈得失，至今作字，未尝不思其勤也。"

励杜讷是直隶静海人，也是因为善于书法，被康熙看中，召入宫中。他在南书房近二十年，直到康熙二十九年（公元1690年）才离开。他去世后，康熙降谕褒奖励杜讷说："前任刑部右侍郎励杜讷，向在南书房，效力二十余年，为人敬慎，积有勤劳，特赐谥文恪。"

不久，著名理学家熊赐履也被召入直，他还担任着经筵日讲起居注官、翰林院掌院学士。他受到重用，不是因为书法，而是由于其见识。康熙对他极为信任，经常召对，凡国计民生、用人行政、弭盗治河、诸子百家，无所不谈，实际上是充当皇帝的顾问，尽管他无决策之权，却能起到引导皇帝决策的作用。由此可见，康熙成立南书房，并不仅仅是为了学习，还有辅助自己做决策、抗衡其他决策机构的意图。

康熙十三年（公元1674年），沈荃擢国子监祭酒，南书房人手不足，康熙想增加入直人员，并赐第内廷。他在经筵讲其间对学士说："朕欲得文学侍从之臣，朝夕置左右，惟经史讲诵是职，给内庐居之，不令外事。"但由于不久就发生了三藩之乱,此事暂且搁置。

康熙十六年(公元1677年),平定三藩之乱已经到了转折关头,康熙决定增加文化素养较高、政治经验丰富的汉臣入侍,让他们参与咨询政事,将南书房正式化。

十月,他谕令大学士勒德洪、明珠说:

> 朕不时观书写字,近侍内并无博学善书者,以致讲论不能应对。今欲于翰林内选择二员,常侍左右,讲究文义。但伊等各供厥职,且往外城,不时宣召,难以即至。著于城内拨给闲房,停其升转,在内侍从数年之后,酌量优用。再如高士奇等能书者,亦著选择一二人,同伊等入直。

内阁大学士李霨、杜立德、冯溥等奉命会同翰林院掌院学士,选送张英等翰林五员向康熙具奏。十月十八日,康熙最终选定侍讲学士张英在内供奉,食正四品俸。书写之事,令高士奇在内供奉,加内阁中书衔,食正六品俸,并传谕二人:"在内供奉,当谨慎勤劳,后必优用,勿得干预外事。"内务府拨给住房,这在此前,是从来没有过的。张英、高士奇赐居西安门内,励杜讷赐居地安门。此后赐居皇城的还有入直南书房的著名学者朱彝尊,赐宅景山北黄瓦门东南。

张英,字敦复,江南桐城人,康熙六年(公元1667年)进士,选庶吉士。康熙十二年(公元1673年)七月,以翰林院编修充日讲起居注官。入直南书房后,他成了康熙的亲密顾问,每天从早七时到晚八时都在南书房工作。史载:"退或复宣召,辍食趋宫门,慎密恪勤,上益器之。幸南苑及巡行四方,必以英从。一时制诰,多出其手。"康熙称赞他"供奉内廷,日侍左右,恪恭匪懈,勤慎可嘉"。后来他被授为文华殿大学士,兼礼部尚书。自此以后,桐城张氏成为清朝最显赫的家族之一,四世为讲官,子孙五人入直南书房。到其子张廷玉的时候臻于鼎盛。张廷玉历事康熙、雍正、乾隆三朝,官至保和殿大学士、军机大臣,是雍正朝最受信任的汉大臣。雍正死,他和鄂尔泰作为顾命大臣。最后他被授为伯爵,死后配享太庙,这在汉人文臣中是绝无仅有的。据称,桐城张姚二姓,占却半部绅衿,同时在朝中为官的多达19人。

高士奇,字澹人,浙江钱塘人。他没有考中乡试,卖文为生,后被大学士明珠发现,荐于内廷,授詹事府录事。康熙对他的书法很欣赏,特旨选入南书房,从事"书写密谕及编辑讲章、诗文"等工作,也参与起草诏书。

张英、高士奇的入直进一步强化了南书房的作用。他们不仅要辅导皇帝读书写字,讲求学业,时备顾问,还要代拟谕旨、编辑典籍,使南书房在交流民族文化、缓和民族矛盾方面也发挥了重大作用。

张、高二人之后,翰林院掌院学士陈廷敬、侍读学士叶方蔼、侍读王士祯也先后入直南书房。此后到康熙二十七年(公元1688年)之前,陆续入直的还有张玉书、孙在丰、朱彝尊、徐乾学、王鸿绪、陈元龙、戴梓等人。

入直南书房的诸臣的工作主要有:

一、为康熙讲经说史,或在研究经义时提供咨询。有的时候,他们也会谈论一些国家事务。如康熙十七年(公元1678年)四月二十七日,康熙召见张英,对他说:"临民以主敬为本,昔人有言,一念不敬或贻四海之忧,一日不敬或以致千百年之患。大概诚与敬,是千圣相传之学,不越乎此。"张英回答说:"诚与敬相辅相成,而诚又是敬的根本。没有私心杂念才能主敬,稍有异念,则失误就会到来。圣言真是说得恰到好处。"谈到用人之法,张英回答道:"才有所长,则必有所短。古人云,人不求备,但当于各取所长之中,又应看大节和小节。"康熙说："今人受明朝陈规陋习的影响，积渐日深，情操洁己，难说办到。职守亦多至旷怠，很少忠于事业者。朝廷良法美意，往往施行未久，就给破坏了。朕常想循循善诱，使之改正，以患积重难返。"张英对答："人心风俗，是国家的根本，但恶习非一时所染，那么想改变也不容易。惟在我皇上事事常用鼓舞之法，用潜移默化之法，就会转变人心及社会风气。"后来康熙注重教化，不务行苛法，与张英等人的影响不无关系。因为此时康熙正值青年，求知欲最盛，凡事还没有较深的成见，较容易受到影响。因此，虽然南书房不是中央决策机构，但这些文臣潜移默化的影响，对于康熙统治思想的形成，有不可低估的作用。

二、编纂书籍。康熙自幼喜欢读书，也喜欢编书。他亲政以后，在四十多年间，一直没有中断编辑图书，共计100多种，很多传之后世，成为文化瑰宝。为此，他在蒙养斋特设修书局，南书房的很多翰林都参加其中工作。时人称赞道："时召儒臣入南书房，凡古人文辞，有关治理者，编纂成帙，充溢几案。"

三、陪侍皇上赋诗唱和，临摹书法，鉴赏古画，侍宴伴游。康熙是一国之君，却不乏文人情怀，他万几余暇，也怡情翰墨，这时，君臣共乐，南书房诸臣就成了他的诗友。在这方面，聪明敏捷的高士奇最得康熙的欢心。他"好学能文"，吟诗、绘画，无所不能，康熙凡出巡、狩猎都要高士奇扈从。高士奇也善于揣测上意，巧于应对。

有一次，康熙狩猎时，因马蹶险些坠地，心中很不痛快。高士奇得知，故意弄得满身污泥，狼狈地跑到康熙身边。康熙很纳闷，问他为什么把自己搞成了这样？高士奇答道："臣刚才从马上掉了下来，落到污泥中，还没来得及换衣服。"康熙听后大笑道："你们南人竟至如此懦弱，刚才朕马屡蹶，竟然没有坠骑。"他觉得自己仍不失为勇武之君，顿时释然。

康熙二十三年（公元1684年）九月，康熙首次南巡，一路上高士奇扈从陪伴，登泰山，阅河工，考察风土人情，游览名胜古迹，晚上也由高士奇陪同读书，简直到了须臾不离的亲密程度。后来康熙回忆说："夜坐舟中，与侍臣高士奇探论古今兴废之迹，或读《尚书》《左传》，及先秦两汉文数篇，或谈《周易》，或赋一诗，每至漏下三十刻不倦，日以为常。"他对高士奇的宠爱可想而知，以至于高士奇违反国法，涉嫌贪赃，他也下令"置弗问"，予以保全。

四、为皇帝整理、誊抄或撰拟特颁谕旨。但南书房并不撰拟一般诏旨，只起草"特颁"诏旨。史书记载："章疏票拟，主之内阁。军国机要，主之议政处。若特颁诏旨，由南书房翰林视草。"其性质，更类似于机要秘书处。

对这些心腹大臣，康熙和他们结下了超乎君臣的亲密关系，亦师亦友，信任有加，对他们经常委以重任，不次擢用。如张英入直不满三年，就被提升为翰林院学士，兼礼部侍郎，后晋礼部尚书兼翰林院掌院学士，仍管詹事府事。康熙三十八年（公元1699年），张英又拜文华殿大学士兼礼部尚书、经筵讲官，仍"总督南书房"。励杜讷入直后授编修，迁侍讲，历任光禄寺少卿、宗人府府丞、左副都御史、刑部侍郎等职。如陈廷敬、张玉书官至尚书、大学士，王士祯、徐乾学官至刑部尚书，王鸿绪官至左都御史，叶方蔼官至刑部侍郎，孙在丰官至工部侍郎，几乎所有在南书房入直过的词臣，都得到了超乎寻常的重用。所以后人说："凡诏旨密勿，时备顾问。非崇班贵戚，上所亲信者不得入，词臣任此为异数。"

非常值得注意的是，和其他机构相反，南书房基本都是汉人入直。当时的中央机构都是满汉复职制，南书房这个例外隐含着很深的奥秘。五十年间，只有康熙三十三年（公元1694年），佟国纲的次子法海在南书房行走，但没有什么作用。其他再也没有满人入直。对这一问题我们可以从两个角度来理解：一方面，表明康熙倾心汉文化，选拔这些精熟文史的汉族文人入侍，通过他们来学习汉族文化，增强自己治国理政的素质，这个目的当然是达到了；另一方面，通过提高汉人的地位，来平抑满洲贵族的特权，发挥南书房这个秘书顾问机构的作用，来削弱议政王大臣会议的权力，实现皇权的集中。这个目的，也同样实现了。

提出"满汉一家、中外一体"的指导思想

为了缓和十分尖锐的满、汉民族矛盾，康熙八年（公元1669年），也就是除掉鳌拜的那年，康熙颁布上谕说："朕缵承丕基，义安天下，抚育群生，满汉军民，原无异视。"后来，他又对有关官员说："朕统御天下，远近一体，仁育万民，皆欲使之共享安乐。"康熙先后实行了许多缓和民族压迫的措施。

就在同一年，他下达了永远停止圈地的谕旨，他说道："朕继承祖宗传下来的大业，义安天下，抚育群生，满汉军民，一视同仁，务求各得其所，乃惬朕心。近年来，还有把民间房地圈给八旗人等之事，以致百姓失业，衣食无资，流离困苦，实在可怜。今后圈占民间房屋、土地之事，要永行停止。今年已经圈占了的，必须全部还给民人。"从此，大规模的圈换土地之事停止了。

康熙十一年（公元1672年）八月，康熙下令修订逃人法，制止投充。在关于如何处理逃人问题上，满官主张严行"逃人法"，而汉官则主张宽行"逃人法"。在满、汉官员的争执中，康熙站在了汉人官员这一边，因此得到了广大汉族人的拥护。由于停止了圈地，修订了"逃人法"，大规模的投充也逐渐停止，这些做法极大地缓和了民族矛盾。

尊崇儒家文化

儒家文化是中国传统文化的核心成分，康熙自幼深受儒学教育影响，知道要巩固江山，绝对离不开儒家文化的教化作用。康熙八年（公元1669年），在擒拿鳌拜之前，康熙就采纳汉族官员的建议，亲自到太学庙祭祀孔子。他怀着虔诚的心情，在棂星门外下车，步行进入大成门，到孔子位前行三跪九叩头礼。祭奠之后，他又听满汉学者讲《易经》《书经》等儒家经典，并总结说："圣人之道，如日中天，讲贯服膺，用资治理，尔师生勉之。"

此后，康熙一直标榜儒学，推崇孔子，不断抬高孔子的地位。康熙二十三年（公元1684年）十一月，第一次南巡返回途中经过山东曲阜，他亲自到孔庙瞻仰，行三跪九叩头礼，特书"万世师表"匾额，悬挂大成殿中，不仅免了曲阜第二年的租赋，还决定重修孔庙，建立孔子庙碑，亲自撰文题写。

对于汉族的其他习俗，如祭城隍之神、祭禹陵、祭真武、祭历代帝王、祭太岁之神、祭五岳等，他也都予以承认。其祭项之多，祭数之繁，即使是清以前的汉族君主也难企及。值得指出的是，康熙还勇敢地承认清对明的继承关系，对明皇陵、王墓一律加以保护，并多次亲祭明孝陵，态度极为谦恭，博得了广大汉族人民的极大好感。

特别值得提出的就是，康熙对汉族知识分子的态度。他知道，知识分子是一个民族的灵魂，只有争取了他们的支持，才能保证统治的稳固和有效。所以，他改变了以前的统治策略，尽量争取不合作的汉族知识分子。

康熙亲政不久，就颁诏天下："命有关部门荐举才品优长，但又不愿出来为官的明朝遗老，聘请来京，以便重用，为国效力。"

也就是在这种情况下，陕西总督鄂善按照康熙的旨意，举荐了关中著名学者李颙（李二曲），而李颙作为前朝旧臣，恪守不事二君的传统道德，自称有疾，长卧不起，坚决不受，让康熙碰了个软钉子。尽管如此，鄂善等诸官大吏仍然按照康熙的旨意，不断地去看望李颙老先生，以便见他病好之后即催促入京。康熙深感能把李颙这样一大批德高望重、学识渊博的前朝知识分子争取过来，对帮助他治理天下、安定社会、繁荣文化等有着非同寻常的意义，于是努力争取，耐心等待，并不为一时的失败而自馁。

康熙十七年（公元1678年），在实施恢复科举和捐纳制度、培植汉族青年知识分子计划的同时，康熙还特为带着潜在反清情绪的学界大儒开设博学鸿儒科。康熙对死不屈服的明朝旧臣并不灰心，不管来京与否都给予光荣的头衔。

由于一心想赢得博学大儒李颙的合作，康熙让陕西的大吏们天天催，以至于后来省里官员见李颙依然固称疾病，就把他从家里一直抬到西安，陕西督抚大员亲自到床前劝他进京，李颙为此竟然绝食六天，水浆不进，还趁人不备取佩刀自刺，以死拒仕。被吓破了胆的督抚赶快奏报康熙。康熙得知李颙如此刚强，并不生气，便吩咐下臣不要再逼他。

后来康熙西巡到了西安，依然没有忘记李颙，让地方督抚转达自己尊崇当代大儒，并打算亲自去拜访之意。李颙心里明白，这是康熙让他出山替清朝做事的最后手段，于是仍以有病无法接驾婉拒，没想到康熙表示说接不接驾没有关系，并且真的来到李颙家乡的县城，捎信说要亲到李颙家探望病情。李颙十分为难，竟大哭道："我虽活着，其实和死差不多了呀！"终于感动，遂让儿子带着自己写的几本书去见康熙。

康熙见到李颙的儿子，得知其父确实有病，为不使他为难，也就不再勉强去看他了。他勉励其子说："你父亲读书守志，可谓完节。我有意题'志操高洁'匾额并手书诗帖以表彰你父亲的志气。"当时就谕示巡抚鄂善说："周至县处士李颙，人好读书，明理学，屡征不出，朕甚喜之。"并嘱咐要他们妥善照顾李颙，说因为自己是皇帝，不得不回京，而你们地方官守着李颙，早晚都可以向他学习，也实在是幸运。

对这件事，国学大师南怀瑾有过精彩的评论，他说：康麻子——康熙脸上有几颗麻子——统治了中国几十年，清朝天下在他手里安定下来。当时，中国知识分子中，反清复明的人太多了，如顾亭林、李二曲、王船山、傅青主这一班人都是不投降的，尤其是思想上、学说上所作反清复明的工作，实在太可怕了。结果呢？康麻子利用中国的"孝"字，虚晃一招，便使反清的种子一直过了两百年才发芽……当时在陕西的李二曲，和顾亭林一样，是不投降的知识分子，他讲学于关中，所以后来顾亭林这班人，经常往陕西跑，组织反清复明的地下工作。康熙明明知道，他反而征召李二曲做官，当然李二曲是不会去做的。后来康熙到五台山并巡察陕西的时候，又特别命令陕西的督抚，表示尊崇李二曲先生为当代大儒，是当代圣人，一定要亲自去拜访李二曲。当然，李二曲也知道这是康熙下的最后一招棋，所以李二曲称病，表示无法接驾。哪里知道康熙说没有关系，还是到了李二曲讲学的那个邻境，甚至说要到李家去探病。这一下可逼住了李二曲了，如果康熙到了家中来，李二曲只要向他磕一个头，就算投降了，这就是中国文化的民族气节问题；所以李二曲只好表示有病，于是躺到床上，"病"得爬不起来。但是康熙到了李二曲的近境，陕西督抚以下的一大堆官员，都跟在皇帝的后面，准备去看李二曲的病。康熙先打听一下，说李二曲实在有病，同时，李二曲也只好打发自己的儿子去看一下康熙，敷衍一下。而康熙很高明，也不勉强去李家了。否则，他一定要到李家，李二曲骂他一顿的话，则非杀李二曲不可。杀了，引起民族的反感；不杀，又有失皇帝的尊严，下不了台，所以也就不去了，安慰李二曲的儿子一番，要他善为转达他的意思，又交代地方官，要妥为照顾李二曲，还对他们说，自己因为做了皇帝，不能不回京去处理朝政，地方官朝夕可向李二曲学习，实在很有福气。康熙的这一番运用，就是把中国文化好的一面，用到他的权术上去了。

康熙对大儒李颙如此尊崇，对其他学者亦然。著名学者顾炎武、黄宗羲、孙奇逢等也如李颙一样，名节甚高，地方官员备礼敦促，他们都坚卧不起。康熙虽然感到惋惜，但也没有计较。不过越是这样，他越是求贤若渴。

为了进一步笼络汉族士大夫，康熙于十七年（公元1678年）正月决定特开博学鸿词科，选拔才华出众之士，开局纂修《明史》。

康熙一方面沿袭常规之科举旧制，网罗汉族士子；另一方面又通过荐举之法，敦请名节之士出仕任职。他知道必须抓住有利时机，采取特殊办法，才能达到目的。

康熙为此降谕宣称："凡有学行兼优，文词卓越之人，不论已仕、未仕，令在京三品以上及科道官员，在外督、抚、布、按，各举所知，朕将亲试录用。"大学士李霨等遵旨荐举70余人。各地名流学者、怀才不遇之士，皆在被荐之列。因丁忧、病故等因陆续至京者，康熙推迟考期，每月每人给俸银三两、米三斗，让他们研练辞赋，保证温饱。

康熙十八年（公元1679年）三月初一日，康熙在保和殿御试博学鸿词。试毕，吏部收卷，翰林院总封，进呈皇帝。次日，康熙至霸州，携卷亲阅，后交阅卷官大学士李霨、杜立德、冯溥和翰林院掌院学士叶方蔼公阅，并商议录取人选。康熙经过精心考虑，凡在所必取之人，即使做诗出了韵，或用语犯了违碍，一律宽容，不做计较。

此时清朝入关才几十年，汉族知识分子中还存在着严重的满汉对立情绪，在这场考试中，许多人对在清廷做官并不热衷，采取可有可无或心不在焉只凑热闹的态度，其中有人只做了一首诗，有人故意把诗写得言词不通顺，李来泰、施闰章等人的诗作不合韵律，康熙却能网开一面，去伪存真，把他们都录用了。

浙江萧山人毛奇龄卷中有"天倾于北，岂炼石之可补"语，有影射的意味。康熙故作不知，没有挑剔其政治含意，只是问道："娲皇补天事可信吗？"冯溥说："赋主铺张，古籍宜可用。"于是毛被取中。无锡百姓严绳孙，是明朝尚书严一鹏的孙子，考试那天借口眼睛有病，只做了一首诗。但因康熙一直对他很欣赏，特谕阁臣说："史局不可无此人。"遂取为二等。最后取中一等20名，二等30名。

经过反复商酌，他们最后决定从优都以翰林用，根据其现任、候补、已仕、未仕等情况，分别授以侍读、侍讲、编修、检讨等职。另据康熙谕旨，在与试未中者间，择年高之布衣处士陕西孙枝蔚等7人，及来京后因年老未与御试的太原傅山、定兴杜越，也特旨授内阁中书。

通过博学鸿词科，清廷掌握了当时名流学者的基本情况。有些学者虽未能参加博学鸿词科御试，朝廷仍设法聘请参与纂修《明史》。如当时的著名的史学家万斯同应聘至京，但因辞入馆，不署衔、不受俸，仅答应以"布衣"身份参与修史。因他熟知明朝史事，故史馆对他极为倚重信任，请他复审所有书稿，历时多年，实际上起了总裁作用。名儒黄宗羲以老病不能就道，除允许录其所著书外，并令其子黄百家应聘入馆。

通过博学鸿词科试及《明史》之开局，康熙与汉族士大夫，特别是江南士大夫的关系更加密切。据统计，在取中的50人中：江苏23人，浙江13人，直隶5人，安徽3人，江西2人，陕、豫、鲁、鄂均1人。

考取者不仅参与修史,而且其中汤斌、秦松龄、曹禾、朱彝尊、严绳孙等,曾被选任日讲起居注官;陆柔、朱彝尊等,先后入直南书房。严绳孙担任日讲起居注官后,一改往昔高傲态度,凡职所当尽者,无不夙夜兢兢,以报圣祖知遇之恩。

康熙与这些鸿儒不仅在任时密切交往,在他们离任返乡后,仍保持友好关系。如汪琬,因修史时与别人意见不一,仅在馆60天就告病返乡。时间虽短,康熙也没有忘怀,南巡时驻无锡,以其久在翰林,有文誉,居乡甚清正,"特赐御书一轴"。

康熙不仅团结了一大批名流学者,还把他们都组织起来为国所用,这充分体现了他博大的胸怀和重视人才的远见卓识。由于他的容让,许多发誓不为清廷做事的知识分子被感动,成了清朝的忠实臣子。康熙则把他们作为国家最宝贵的财富来看待和使用,促进了统治的稳定和国家的繁荣。

康熙身上有着满族、汉族、蒙古族三个民族的优秀基因,因此他能站在全局的角度考虑问题,通过设立南书房等方式,提高了汉族官员的地位,得到汉人士大夫的支持,保持着满、汉大臣的平衡,著名史学家孟森曾评价:康熙这一手"极得驭汉人之法"。

第九节　晚期危机

康熙励精图治,在统治的初期和中期,由于采取宽猛相济的措施,保持了官场的稳定和吏治的清明。但在晚年,由于他年迈多病,繁事缠身,因此在处理贪官污吏方面失于柔弱,吏治腐败严重,各种弊端也逐渐暴露出来,造成了较为严重的后果。

对官员营私舞弊的问题，只要没有严重威胁统治，康熙都曲加包容，即使予以处分，也往往过于宽大，更多的时候是采用教育的方式，希望其能洗心革面。他经常嘱咐大臣，管理地方，首先要求"安静"，"安静则为地方之福。凡贪污属吏先当训诫之，若始终不悛，再行参劾可也"。对高级官吏虽然管理稍为严格，但若发现假公济私、营私舞弊等行为，康熙也是"从宽免""悉免追取"，这实际上助长了贪风。

康熙晚期的吏治腐败，第一个表现就是捐纳制度。所谓捐纳，就是士人通过向朝廷捐献一定数额的钱财，来获得官职的一种制度。这个制度，在古代就有，但都是朝廷急需财物的时候的权宜之计。据研究，清初顺治年间，就有捐纳的做法，如顺治六年（公元1649年）制定了捐纳贡生或监生的条例，这时捐纳的还只是虚衔。但在康熙初年，为了筹集平定吴三桂叛乱的钱款，康熙十四年（公元1675年），朝廷就开了捐纳实缺的例子。本来科举考试是封建士子走上仕途的主要途径，现在能以钱买官，势必对科举正途产生一定的冲击，对净化社会风气也非常不利。因此，自从开办之日，就有不少官员反对。但为了解决财政问题，康熙不得不乾纲独断，硬着头皮坚持下来，后来就形成了对清代官僚体制产生重大影响的捐纳制度。

开始的时候，"捐事户部捐纳房主之，收捐或由外省，或由部库，或省部均得报捐"，捐纳由中央户部掌握。后来出于用兵输米的需要，权力下放各省。由于各省得以直接收捐，地方官吏得以借端渔利。很多主持捐纳者就成了贪官污吏。捐纳不但没有缓解朝廷财政紧张的局面，反而因捐额不清造成了严重的亏空现象。捐纳得官者为了挽回自己的损失，更是加大了贪污腐化力度，盘剥百姓、鱼肉乡里的情况也日渐严重。

如果说在战争的紧急时期实行，是不得已的做法，及时停止，其负面影响将大大降低。但康熙年间连年用兵，捐纳制度不但没有被废除，朝廷反而对其产生了很大的依赖性，以致后来出现了包揽捐纳的现象。

"包揽捐纳"，是指在地方直接承接报捐事务的一种形式，承接包揽者多为地方官商，被视为"豪强"，他们不但称霸一方，且与朝廷权贵关系密切。如徽州盐商范溥，曾当官，本是捐纳得的官，因为善于钻营，在山东包揽捐纳，他又是南书房查升的亲戚，经常结交侍卫和各王府中的人，能呼风唤雨，就连康熙信赖的大臣王鸿绪也惧怕其几分。

包揽捐纳始于于成龙，这位著名的清官在担任直隶巡抚时候开始出售"马票"，主要是包揽捐纳马匹。报捐人以自家马匹向政府换得"马票"，然后以票上兑，即可铨补录用。一些有权势的人通过贿买官方，将出售马票的官方行为，变成商人承包的个人行为，就形成了包揽捐纳的制度。这是一种典型的官商勾结、以权谋私的行为，但由于有助于官府完成捐纳额度，居然堂而皇之地出现，并且大行其道。

关于捐纳制度造成的严重后果，著名历史学家许大龄先生曾有《清代捐纳制度》一著作，并进行了深入的研究。如他所说，"颓流所及，竟令仕途混浊，贪鄙成风，贿赂公行，国以不国"，"捐纳既不能停，而财政益于不可收拾矣"。

另外一种制度，就是火耗和陋规。

康熙朝实行的官员俸禄，仍然是清初制定的，由于俸禄过低，靠这几两银子，官员不但不能得到荣华富贵，反而一家生计都难以维系。尤其是很多京官，在京期间无不举债，而到了地方，就放手捞钱。康熙朝清官虽然多，实际上其隐含的危机更大。康熙对此很清楚。

他曾说，清官不是很容易当的，像张伯行是清官，但他家里本身就有钱。正是因为有了这样的认识，他对于那些贪官就睁一只眼闭一只眼。于是一种增加地方收入的火耗制度就产生了。地方官员在国家正税之外，借口炼银会损耗银两，多征一些，后来多征数额越来越大，甚至超过了正税，这笔钱，用来作为地方官员的运作经费，和用来打点上级官员，或者朝廷各部门官员，说白了，就是行贿受贿。这居然也制度化，被称为陋规。

　　对这种明显违反朝廷法制的做法，康熙并没有严格禁止，而是不闻不问，甚至还表示理解和支持，还私下里表示："外边汉官有一定规礼，朕管不得。"

　　当时凡出任盐差官员，每年均向翰林院馈送礼物，康熙置之不问，对普遍存在的火耗陋规，也从宽不察，尝云："诸臣为秀才，皆徒步布素，一朝得位，便高轩驷马，人驺拥护，皆何所来？可细究乎！"高士奇、徐乾学，是最受康熙信任的大臣，他们揽权招贿，以致民间有"五方宝物归东海，万国金珠贡澹人"之谣。言官对此弹劾，康熙一直不做处理，直到物议沸腾，才让他们以原官解任。

　　有的督抚索取节礼，被人告发，康熙以"系年老大臣，著从宽免"。广西巡抚郝浴侵欺库银9万余两，康熙也以其向来"洁己奉公""清廉爱民"，"从宽悉免追取"。户部官员亏蚀购办草豆银两事觉，积十余年，得银两者176人，侵银64万余两，康熙居然只将现任户部尚书希福纳一人革职，其余受贿者，只是限期退赔，没有议处。江宁巡抚慕天颜收受贿赂，"结交在京大臣官员"，康熙虽将他降级罢任，但不久就恢复了他的职务，并升为漕运总督。

　　康熙这样做，也有当时的背景原因。顺治时期贪赃十两就处死刑，结果官员结伙抵制，相互包庇，查出的案子反而很少。康熙认为这有残酷之名，而不能得禁贪之实，因此反其道而行之，推行宽大政策。加上他认为俸禄太低是贪污的主要原因，很多清官的费用要由家中资助，心里就更多了些理解。如康熙二十七年（公元1688年）正月，康熙与即将上任的江西巡抚王揆谈话，鼓励他要以"操守为要"，王揆回奏道："臣向在四川时，不食民间粒米，不取民间米草。臣一身之外惟带二三家僮，往往于家中取给盘费，有时借资于督抚。臣从不敢有私也。"康熙却告诉他："身为大臣，寻常日用岂能一无所费？若必分毫取给于家中，势亦有所不能。但要操守廉洁，念念从爱百姓起见，便为良吏。"实际上是为官员收取火耗和陋规开了绿灯。对于那些清官来说，也许还考虑民间疾苦，适可而止，对于贪官来说，这就如同给他们打开了合法的生财之门。此风一长，顿时不可收拾，贪污横行，吏治混乱，在康熙末年全都暴露出来。

另外，影响康熙晚年吏治的，还有当时的政治气候。

康熙晚年，被废立太子一事搅得焦头烂额。这位平素指挥若定、临危不乱的伟大政治家，面对亲情和政治的交锋，陷入了同汉武帝、唐太宗等明君一样的困境中。为了国家的利益，他不得不在感情上作牺牲，而父子之情，是任何情感都难以代替的。所以，当皇子们为了争夺嗣君的地位，勾结大臣，拉帮结派的时候，他担心几十年的功业付之东流，愧对列祖列宗，不得不痛下狠心，两次废立。但他在这个问题上始终没有处理好，反而愤懑过甚，身染重疾。他对官员的管理，本来就很宽，这个时候，各级官吏见他"精神气血渐不如前，因以为奸"，腐败问题日渐严重。

康熙晚年的吏治腐败主要表现在以下几个方面：

一、贪风严重，以至于无人不贪，贪得少的，就算是清官。从中央到地方，无不如此。如康熙四十九年（公元1710年），爆发了中央的户部贪污大案，上到尚书希福纳，下到普通官吏，全都被卷入其中。地方督抚府州县官手握实权，更是贪污成风。上级对下级公然勒索。康熙五十八年（公元1719年），安徽颍州知州王承勋告发凤阳知府勒索白银一万一千八百两；安徽布政使年希尧勒索白银五千八百余两。贵州巡抚黄国材于康熙五十八年十月奉命进京陛见，司道各府共送盘费一万四千两。督抚勒索府州，府州勒索县官，州县只有剥削百姓，最后必然激化矛盾，激成民变。陕西的督抚藩臬不关心国计民生，一味刻剥聚敛，加征杂派，苛政日增，很多人因此家破人亡。

二、吏治废弛。在贪风日炽的情况下，官员的录用和升迁不决定于政绩和品德，而是取决于行贿多少，这些人无德无能，在谋得官位后，"惟以奔走承顺上官为第一招"，对"仓库、命案、逃人、闾阎之疾苦、生全以养，皆置之高阁"。从中央到地方，遇事推诿，惟务虚文，不讲实效，欺上瞒下，办事拖拉等现象比比皆是。而康熙力求安定的思想也导致官员们不愿也不敢做事，不作为也就成了官场的常态。大多数官员都供职不勤，偷安自便，以公事之名，从中谋私。这种情况，在中央和地方都很普遍，以至于连康熙自己也看不下去。有一次，他与大学士阿兰泰谈到在京各部院官吏办事情况时说："近日部中各官，凡事不行速结，惟务偷闲，入署未久即散，归家偃息。如此，则政事有不壅积者乎？"但风气既成，就难以扭转了。

三、亏空严重，财政恶化。康熙初年中期，由于推行治河、垦田、赈灾等一系列有力措施，恢复和发展生产，农业、手工业和商业都得到了迅速发展，国家实力也得到了很大的提高。全国每年的收入"地丁约2000万两，耗羡约300万两，盐税约570多万两，关税约540多万两，加上其他收入总计约4800多万两"，收支相抵，还有1400多万两节余。但由于官纪松弛，监管不力，各级官员侵吞挪用，贪污纳贿，导致了严重的亏空。"巡抚之资用,皆取给予藩司,或以柔和交好,互相侵挪,或先钩致藩司短长,继以威制勒索,分肥入己",财政日渐恶化。

对此,康熙没有予以足够的重视,反而抱着宽容的态度。康熙四十八年(公元1709年)十一月,科臣郝林条奏有关各省钱粮亏空问题,康熙却说:"郝林但知州县钱粮有亏空之弊,而所以亏空之根原,未之知也。凡言亏空者,或谓官吏侵蚀,或谓馈送上司,此固事所时有。然地方有清正之督抚,而所属官员亏空更多,则又何说?朕听政日久,历事甚多,于各州县亏空根原,知之最悉。从前各省钱粮,除地丁正项外,杂项钱粮不解京者尚多,自三逆变乱以后,军需浩繁,遂见一切存留项款尽数解部,其留地方者,惟俸工等项必不可省之经费,又经节次裁减,为数甚少。此外则一丝一粒,无不陆续解送京师,虽有尾欠,部中亦必令起解。州县有司无纤毫余剩可以动支,因而挪移正项之事,此乃亏空之大根原也。"这样一来,康熙对于很多亏空案件的处理也就经常大事化小,小事化了,根本起不到防范和警告作用。其最后的结果,就是康熙末年财政近乎崩溃。康熙四十八年(公元1709年),户部库存银是5000余万两,到康熙六十一年(公元1722年),户部库存仅剩800余万两。因此这给继任者雍正留下了一个烂摊子。

四、盘剥百姓,激化矛盾。说到底,无论是国家的钱还是官员的钱,都要取之于百姓,官员清廉,百姓的负担就少,社会矛盾就缓和,官员贪污,必然盘剥百姓,积累到一定的程度,就会激化社会矛盾,引发社会危机。康熙后期贪风严重,官吏层层盘剥,百姓不堪重负,怨声载道,农民的破产流亡情况日益严重。每逢灾荒之年,"老幼弱稚者半为饿殍,少壮强勇者乞食他乡"。就连京城这样的"首善之区",也经常聚集数以十万计的流民。很多人忍无可忍,被迫铤而走险,揭竿而起。如河南巡抚李锡任意残酷剥削,导致一些地区民众暴动。类似这样的起义和暴动,在康熙末年屡见不鲜。如果不从根本上加以扭转,必然会导致规模更大的农民起义,威胁清王朝的统治。

这些情况,康熙也不是不知道,但他过于宽大的做法已经产生了严重的负面效果。到了雍正即位,完全改变了统治风格,改用硬的一手来整顿吏治,清除腐败,最后扭转了颓势,清朝兴盛的局面才得以持续下去。

孔子曾说:"政宽则民慢,慢则纠之以猛,猛则民残,残则施之以宽,宽以济猛,猛以济宽,政是以和。"对于吏治,这句话同样适用。康熙并非完人,在其大半生中,以宽纠猛,缓和矛盾,可以说拿捏得恰到好处,迎来了千古盛世。但他晚年因为措施太软,导致了吏治腐败,差一点就葬送大清江山。其留下的教训,着实值得后人深思。

第十节　关注西方

中国历代帝王中,康熙是绝无仅有的从不间断学习的一个。他不但对中国传统文化有着浓厚的兴趣,与李光地、汤斌、熊赐履、高士奇、张英等理学大家为友,苦读四书五经,对自然科学也倾注了大量精力。所以他不仅政治成就大大超出历代帝王,而且在中国自然科学发展史上也有着重要的地位。

还没有亲政的时候,康熙就养成了好学的习惯。康熙初年发生的历法之争,更让他认识到,作为君主,自然科学也要懂。

明朝以来,由于长期袭用元朝科学家郭守敬制定的《大统历》,

误差积累日益严重，交食不验时有发生，节气推算也常常发生差错。为此，崇祯年间，崇祯皇帝安排大学士徐光启和德国传教士汤若望主持改进历法并修成《崇祯历书》，但是未及推行，明朝就灭亡了。清朝入关以后，顺治二年（公元1645年），摄政王多尔衮将此历改名《时宪书》，颁行于世；同时任用汤若望掌钦天监监印。

顺治去世后，四个辅政大臣掌权，对顺治时期的各项政策进行了大的改动。康熙三年（公元1664年），新安卫官生杨光先上疏，对汤若望所编新历加以指责。为此，四辅政大臣将汤若望逮捕下狱，改任杨光先为钦天监监正，废除《时宪书》，改行新历。但是由于杨光先无知不学，历法推算连年出错，甚至还出现了一年两个春分、两个秋分的笑话，受到传教士南怀仁等人的批评。康熙亲政后，为了弄清是非，在康熙七年（公元1668年）十二月，命大学士图海等会同监正马祜监督测验立春、雨水、太阳、火星、木星。结果，南怀仁所指，每一项都符合，吴明烜所称，每款都不合。康熙于是遂下令将杨光先、吴明烜革职，任命南怀仁为钦天监监副，恢复使用《时宪书》。

通过这次历法之争，康熙深深地感到，作为最高统治者，要通晓科学技术，才能不被人蒙骗，更好地统治国家。后来他回忆当时情形时说："尔等惟知朕算术之精，却不知朕学算之故。朕幼时，钦天监汉官与西洋人不睦，互相参劾，几致大辟。杨光先、汤若望于午门外九卿前当面测睹日影，奈九卿中无一知其法者，朕思己不知，焉能断人之是非，因自愤而学焉。"在这种思想指导下，亲政后不久，康熙就开始学习自然科学。

数学是一切自然科学的基础和工具，为了精通天文历算，康熙首先刻苦学习数学。中国古代的数学计算一直居于世界先进行列，但自宋元以后，由于统治者不加重视，数学科学不但发展十分缓慢，而且不少原已发明的计算方法也湮没失传。与之相反，随着资产阶级的兴起，西方各国数学学科却迅速发展，后来居上。有鉴于此，康熙拜南怀仁、安多为师，学习数学。为了掌握数学知识，三藩之乱前两年左右的时间里，康熙以极大的热情专心致志地钻研，了解天文仪器、数学仪器的用法，学习了几何学、静力学、天文学中的一些基础知识。后来虽因三藩之乱爆发，康熙暂时中断了自己的学习，但是，出于对自然科学浓厚的兴趣，康熙一有空就复习已经学过的知识。

康熙所处的时代，正是西方科学技术飞速发展的时期，康熙没有故步自封，而是以博大的胸怀，饱览群书，从数学、天文、地理，到光学、静力学、重力学、农学，无不涉猎，他不仅是中国历史上最早学习外语的帝王，也可以说是当时中国学问最渊博的学者。

平定三藩之乱后，清朝统治日益稳固，社会进入了和平发展的新时期。由于紧急政务相对减少，康熙比以前更加热心地学习西洋科学。为了这一目的，除南怀仁、安多之外，他又将西方传教士徐日升等请入宫中，讲解天文历算等多学科的知识。为了消除语言障碍，康熙还为他们专门配备满、汉教师，辅导他们学习满、汉文字。为了使讲课收到满意的效果，他还下令内廷官员将他们的讲课内容整理成稿，由传教士在讲课时口授文稿内容。在讲课过程中，康熙态度认真，不但聚精会神地听讲，不懂就问，而且还于课后认真复习。

与此同时，由于治国的需要，康熙对有关国计民生的各种自然科学知识，如兵器制造、地图测绘、医学、农学等也都产生了广泛的兴趣。为此，他多次表示欢迎懂科学的西方传教士来中国。在他的授意下，康熙二十一年（公元1682年），南怀仁在致西欧耶稣会教士的一封信中呼吁道：凡擅长天文学、光学、静力学、重力学等物质科学之耶稣会教士，中国无不欢迎。

在康熙的招徕下，洪若翰、白晋、张诚、苏霖同时来华，供奉内廷。康熙三十六年（公元1697年），康熙又派遣法国传教士白晋回欧招聘。康熙三十八年（公元1699年），马若瑟、雷孝思、巴多明等人也应召来华。就是在清朝政府因教规问题和罗马教皇严重对峙期间，康熙也没有放松争取西方科学人士来华的努力，并先后授意西方传教士沙国安、德里格、马国贤等致书罗马教皇，要他"选极有学问天文、律吕、算法、画工、内科、外科几人来中国以效力"。

法国传教士白晋于《康熙》一书中，曾经记载康熙认真学习的详细情景：

> 康熙传旨，每天早上由上驷院备马接我们进宫，傍晚送我们返回寓所，还指派两位擅长满语和汉语的内廷官员协助我们准备进讲的文稿，并令书法家把草稿誊写清楚。皇上旨谕我们每天进宫口授文稿内容。皇上认真听讲，反复练习，亲手绘图，对不懂的地方立刻提出问题，就这样整整几个小时和我们在一起学习，然后把文稿留在身边，在内室里反复阅读。同时，皇上还经常练习运算和仪器的用法，复习欧几里得的主要定律，并努力记住其推理过程。这样学习了五六个月，康熙精通了几何学原理，取得了很大的进步，以至一看到某个定律的几何图形，就能立即想到这个定律及其证明。有一天皇上说，他打算把这些定律从头至尾阅读十二遍以上。我们用满语把这些原理写出来，并在草稿中补充欧几里得和阿基米得著作中的必要而有价值的定律和图形。除上述课程外，康熙还掌握了比例规的全部操作法、主要数学仪器的用法和几种几何学及算术的应用法。

康熙令人难以置信地深切注意而且细心地从事这些研究工作。尽管这些原理中包含着极其复杂的问题，而且我们在进讲时，也不够注意礼节，但皇上从不感到厌烦。最初，我们解释的某些证明，皇上还不能理解，这可能是由于证明题本身确实难懂，更确切说，也许是由于我们不能灵活地运用适当的词汇清楚地表达自己的思想。不论什么原因，一碰到这类证明题，皇上总是不辞辛苦地时而向这个传教士，时而向那个传教士再三垂问解决。遗憾的是我们往往不能像我们想的那样使皇上把这些问题理解得十分透彻。在这种情况下，皇上就要求我们改日再作解释。当时他约束自己专心致志地听我们讲课的情形，是非常令人钦佩的。有一天，皇上在谈到他自己时，曾经涉及这个问题。谈到刻苦学习的问题时，他说对于刻苦学习科学知识，他从不感到苦恼，并颇有感触地追述，他从少年时代起，就以坚韧不拔的毅力，专心致志地学习规定的一切知识。康熙充分领会了几何学原理之后，还希望能用满语起草一本包括全部理论的几何学问题集，并以讲解原理时所用的方法，进解应用几何学。同时，皇上旨谕安多神甫用汉语起草一本算术和几何计算问题集，它该是西洋和中国书籍中内容最丰富的。

皇上在研究数学的过程中，已感到最大的乐趣。因此，他每天都和我们在一起度过两三个小时。此外，在内室里，不论白天还是夜晚，皇上都把更多的时间用于研究数学。由于这位皇帝特别厌烦萎靡不振的、无所事事的生活，所以即使工作到深夜，次日清晨也一定起得很早。因此，尽管我们经常注意要早进宫谒见圣上，但仍有好几次在我们动身之前，皇上就已传旨令我们进宫。这有时只是为了让我们审阅他在前一天晚上所做的算题。因为每当学习到几何学中最有价值的知识时，皇上总是怀着浓厚的兴趣，把这些知识应用于实际，并练习数学仪器的操作。由此可见，康熙为了独立解决与我们以往讲过的相类似的问题，曾经做出何等努力，实在令人钦佩之至。

康熙一方面广揽人才，另一方面发愤自学，如饥似渴地投身于各种自然科学知识的学习和试验之中。康熙出巡的时候，经常利用刚会使用的天文仪器，在朝臣们面前愉快地进行各种测量学和天文学方面的观测。他有时用照准仪测定太阳子午线的高度，用大型子午环测定时分，并推算所测地的地极高度。他也常测定塔和山的高度或是感兴趣的两个地点的距离。

农学和百姓的生存、国家的强弱息息相关，所以康熙很早就给予了关注，并做过深入的研究。他亲自培育过御稻米和白粟米两种优良品种。其中御稻米不仅气香味腴，而且生长期短，北方也能种植，南方则可以连收两季。他还做过南北作物移植的试验，北京丰泽园、热河（今河北）避暑山庄种有南方的修竹、关外的人参，山庄的千林岛遍植东北的樱额，每到夏天，硕果累累。

对于医学，康熙也很有研究。为此，他还在宫中专门建立了化验室。对于一些先进的医疗技术，他还极力加以推广。如他发现点种牛痘对于防治天花极为有效，便在边外49旗及喀尔喀蒙古积极推广，收到了很好的效果。他还谕令西方传教士巴多明将《人体解剖学》一书以满汉两种文字译出。

至于兴修水利、兵器制造、地图测绘等知识，因其和巩固统治关系极为密切，康熙更是十分关心。如对治理黄河，他不但对前代有关河务之书，无不批阅，而且还乘6次南巡之机，实地视察河工。同时他又广泛咨询，经过十多年的努力，终于摸索出了一套治理黄河行之有效的好方法，从而改变了黄河连年溃决的现状，出现了四十年的安定局面。

对于地理测量，他的态度也十分积极，每次巡幸或者出征，他都携带仪器。在此基础上，自康熙四十七年（公元1708年）至五十六年（公元1717年），他又组织一批中西学者对全国进行实测，编制了《康熙皇舆全览图》。

康熙还重视军事科技的发展。在三藩叛乱期间，他曾命西方传教士南怀仁研制改制火炮，并亲至卢沟桥阅视新炮的实弹演习。三藩叛乱被平定后，他仍重视并下令继续铸造，分别配备于全国的战略要地。

由于长期坚持钻研，在一些领域中，康熙颇有发现。如康熙四十三年（公元1704年）十一月，他根据实测结果认定据西洋新历推算本月初一日食时刻略有失误，并怀疑可能是算者有误。康熙五十年（公元1711年），他又根据实测发现当年夏至是在"午初三刻九分"，而不是西洋历推算的"午初三刻"。总之，康熙对于自然科学的兴趣始终不衰，学习自然科学成了康熙帝终身爱好的事业。

通过学习，康熙使自己在自然科学领域成为内行，取得了主动权，从而在决策的时候能分清是非，避免或少走了不少弯路。康熙重视自然科学还在一定程度上改变了长期以来人们轻视自然科学的错误倾向，产生了深远的影响。

明清时期，正是西方科技传入中国之际，东西方的政治文化观念相互碰撞。在这种历史背景下，如何对待这种碰撞，如何对待西方科技，是检验统治者是否成熟，是否有远见，是否有世界眼光的试金石。

康熙对科技产生了浓厚的兴趣后，一方面积极向传教士学习各门科技知识；另一方面积极钻研，开掘祖国科技遗产，培养科技人才，鼓励科技人才脱颖而出。

白晋说：因为他本来就对新奇东西感兴趣，所以，自从他有了某些欧洲的科学知识，就表现出了学习这些科学的强烈欲望。康熙在亲历了杨光先与南怀仁的争斗后，便宣布他赞成欧洲的天文学及其他一切科学的学说，从此，他就热衷于学习西方科技。他连续两年如此专心致志，以至把处理其他事务剩下的全部时间都花在学数学上了，同时他把这种学习当作他最大的乐趣。

康熙应算是最早懂得向西方学习先进知识的开明君主。他喜欢研究自然科学，请西方传教士教他天文、地理、数学、生物学、医学、农艺学和工程技术。他还亲自主持编辑科技书籍。

康熙曾说："己不知，焉能断人之是非。"通过勤奋的学习，特别是学习西方先进的科学技术，他能够以更远大的眼光来引领国家的走向。可以设想，如果他的这种思路继续发展下去，中国的现代化也许会提前两百年，那么，近代的世界史也将被改写了。

第六章

骨肉情深

第一节　孝治天下

康熙是历史上有名的圣君,"以仁治天下"是其鲜明的执政风格。康熙对于孝道有深刻的理解和体会。他说:凡人尽孝道欲得父母之欢心,"不在衣食之奉养","惟持善心行合道理以慰父母而得其欢心",这才是"真孝"。又说:果能"尽心体贴君亲",凡事"出于至诚",未有不得君亲之欢心的。

由个人的孝父母,扩而充之爱天下人,就是孝的精神。而要天下人尽孝,皇帝自己应该是遵守孝道的楷模。康熙对于太皇太后孝庄的孝,是足以示范天下儿孙的。

康熙之所以能成为皇帝,孝庄起到了至关重要的作用。孝庄一开始就把玄烨当作帝王来培养。由于母子不能同居一室,玄烨刚生下来就被送给保姆抚养,母子很难见面。而孝庄则不受这种制度的限制,作为祖母,她对玄烨的生活、学习无不精心关注,甚至经常亲自教导孙子。康熙后来回忆说:"朕自幼龄学步能言时,即奉圣母慈训,凡饮食、动履、言语,皆有矩度。虽平居独处,亦教以罔敢越轶,少不然即加督过,赖是以克有成。""俨然端坐"是皇帝举止修养最起码的功夫。为了让孙子养成这种习惯,孝庄经常告诫他:"凡人行为坐卧,不可回顾斜视。"由此可见,孝庄是严格按照帝王的标准训练玄烨的,为此,她还指派自己的侍女苏麻喇姑亲自教导玄烨。

康熙很少能见到自己的母亲,又不被父亲重视,因此得到的父爱母爱很少,用他自己的话说是"父母膝下,未得一日承欢",倒是从宽厚、慈爱而又有政治头脑的祖母身上，他得到了源源不断的爱。爱是一个人生命的源泉。尤其是在他八九岁之际，父母相继去世，他和孝庄祖孙二人相依为命，依恋更深。

在祖母的宠爱眷顾下成长起来的康熙，也把自己的爱回报给了这位老祖母。康熙可以说是帝王中最孝顺的一位，他对祖母真是竭尽了孝道。这一点，天下人有目共睹，当时大臣们就说："我皇上至德纯孝，侍奉太皇太后三十余年，极四海九州之养，尽一日三朝之礼，无一时不尽敬，无一事不竭诚。居则视膳于寝门，出则亲扶于雕辇。万机稍暇，则修温之仪；千里时巡，恒驰络绎之使。此皇上事太皇太后于平日，诚自古帝王所未有也。"

康熙对孝庄的孝顺，是发自内心深处的，这从他的一言一行之中淋漓尽致地表现出来。不论政务多么繁忙，每隔两三日，他一定到孝庄所住的慈宁宫问安，向她汇报朝中的情况。如果时间允许，或祖母身体不适，便一连多日，每天前往探视，每天问候一两次、三四次不等。这样，既可及时了解祖母健康状况，知道该为祖母做些什么，又可让祖母见到自己，以慰老人惦念之心。在问安时间上，也经过精心安排，通常在上午8～10时左右，因为这时老人比较闲暇，精神状态也好，正好陪着说说话。

康熙十一年（公元1672年）二月初六晨四时左右，宫中驰奏：皇后赫舍里氏所生的皇子、年方4岁的承祜，于昨日上午病逝。皇长子天性聪慧，康熙最为钟爱，听此不幸消息，康熙甚感悲痛。但八时左右仍到祖母行宫问安，瞒起爱子的死讯，对祖母"笑语如常"。康熙到祖母面前，把丧失爱子之痛埋在心底，像什么事都没发生似的，每日仍照常到祖母行宫问安。扈从官员称赞康熙："天性纯孝，古帝王未之有也。"

逢年过节，康熙都要集合全家人，和祖母欢聚一堂，吃个团圆饭。有一年，康熙到关外祭奠祖陵，正赶上过端午节，为了不耽误和祖母团聚，他快马加鞭，特意在节前一天，赶回京城，一回到宫中，就赶往慈宁宫问安。

康熙经常到外地出巡，为了不让祖母担心，他每隔几天就要派人送信，向祖母报个平安，还令人及时向他奏报祖母的情况。每次围猎获得野味，他马上令人送回宫，请祖母品尝。如康熙二十一年（公元1682年），他到奉天谒陵，屡奏回书问安，派人送回当地土特产，并奏道："臣到盛京，亲网得鲢、鳇，浸以羊脂，山中野烧，自落榛实及山核桃，朝鲜所进柿饼、松、栗、银杏，附使进上，伏乞俯赐一笑，不胜欣幸。"康熙二十三年（公元1684年）九月，康熙第一次南巡，途中从黄河打捞的鲜鱼，也立即派人飞速送回京城。

最能体现康熙孝心的，是他陪祖母出巡五台山。孝庄笃信佛教，而五台山是北方最著名的佛教名山，孝庄多年来就梦想到那里拜佛，但都没能实现。康熙为了满足祖母的愿望，于康熙二十二年（公元1683年）二月，亲自率领皇太子到五台山菩萨顶喇嘛寺拜佛，为祖母祈福，为祖母出巡打前站。孝庄毕竟是70多岁高龄的老人了，为了确保万无一失，康熙下令重新修建从北京去五台山的道路和桥梁。这一年的九月份，准备工作完成，康熙就和自己的哥哥和硕裕亲王福全、弟弟恭亲王常宁，一起陪同祖母去五台山。他自己率人先行探路，由福全和常宁随祖母在后面行进。

九月十九日，康熙先到了五台山菩萨顶，长城岭一带地势险峻，他让校尉们共同抬辇，试验是否平稳，结果校尉都很难站稳。二十二日，康熙命内大臣佟国维、福善率侍卫等修治这一带道路，自己亲自回头迎接祖母。他向祖母汇报了详情，孝庄认为自己多年来的夙愿不能半途而废，仍然坚持前行。到达长城岭后，因山路坎坷，乘车不稳，康熙请祖母改乘八人暖轿，并亲自指挥校尉扶掖祖母上轿。孝庄见校尉们在山路上抬轿步履维艰，于心不忍，坚持乘车。康熙劝请再三，祖母不允，只得从命。但他还是瞒着祖母，让校尉们抬着轿子跟在队伍后面，他自己则跟在祖母车旁，随时照应。又走了几里路，车子颠簸得厉害，康熙见祖母不适，就请改乘暖轿。孝庄为难地说："我已经改乘车了，不知轿在哪里，能说到就到吗？"康熙回答说："轿就在车后。"不一会儿，轿子就被抬到了身前。孝庄非常感动，她抚摸着孙子的后背说道："连车轿这样的小事你都想到了，实在是大孝啊！"接下来的路更加险峻，孝庄毕竟年纪大了，她觉得不能再给孙子们添麻烦，于是决定就此而止，让康熙代她到佛前膜拜，完成自己的心愿。尽管这次没能登上菩萨顶，但她已经非常满足了。

康熙时刻关心着祖母的健康。每当孝庄身体不适，康熙一定要亲自探视，命人熬汤药，亲自送去。蒙古族和满族有温泉疗养的传统，当孝庄身体欠安时，康熙都陪她到温泉疗养。一路之上，他亲自关照祖母的衣食住行，无微不至。吃饭时，都是先安排好祖母的膳食，自己才进膳。遇到坎坷不平的地方，他都要亲自护驾，有时甚至要下马步行，陪侍在车驾之侧。他的这些孝行，不但令孝庄感动不已，就是身边的大臣也无不感叹。

康熙二十四年（公元1685年）以后，孝庄身体每况愈下。这年九月，康熙正在塞外出巡，接到了祖母中风的奏报，心急如焚，马上启行，日夜兼程，赶回京城，亲自照顾。康熙二十六年（公元1687年）十一月，孝庄再次发病，卧床不起，康熙昼夜不离，指挥救治，用尽了一切办法，但孝庄仍不见好转。康熙希望能用自己的诚意打动上天，他在十二月初一,他率领满朝文武,从乾清宫步行到天坛祭奠,祈请上天让祖母转危为安,情愿自己减寿,来增加祖母的寿命。

孝庄的病情一天比一天严重,康熙为了亲自照顾祖母,决定暂停御门听政,寸步不离祖母身旁。暂停御门听政,在康熙在位数十年间仅有几次,可见他对祖母孝心的真诚。

因为悲伤、焦虑和操劳,康熙在这些天也消瘦了很多。大臣们劝皇上早一点休息,按时进膳,不要过度操劳。而康熙则说:"我自幼蒙太皇太后抚养教训三十余年,无限深恩,难以报答。今见太皇太后病体依然不见好转,五内俱焚。当此之时,不竭尽心力,少抒仰报之忱,异日虽欲依恋祖母,尽心尽孝,还有机会吗?况且太皇太后病势越来越重,我片刻难离,即使回宫,也放心不下,不如在病榻旁看护,心里反而更安定一些。"

后来康熙在给诸皇子的家训中特别提到了这一段的经历,他说道:"昔日太皇太后圣躬不豫,朕侍汤药三十五昼夜,衣不解带,目不交睫,竭力尽心,惟恐圣祖母有所欲用而不能备。故凡坐卧所需以及饮食肴馔无不备具,如糜粥之类备有三十余品,其时圣祖母病势渐增,实不思食,有时故意索未备之品,不随意所欲用,一呼即至,圣祖母拊朕之背垂泣赞叹曰:因我老病,汝日夜焦劳,竭尽心思,诸凡服用以及饮食之类无所不备,我实不思食,适所欲用不过借此支吾安慰汝心,谁知汝皆先令备在彼,如此竭诚体贴,肫肫恳至,孝之至也,惟愿天下后世,人人法皇帝如此大孝可也。"

孝庄太皇太后共生三女一男。儿子与三女已不在人世。次女巴林公主阿图经历坎坷,作为母亲,太皇太后时常为她的处境和归宿牵肠挂肚。而且,太皇太后特别喜爱这个女儿。阿图即固伦淑慧长公主,12岁下嫁喀尔喀蒙古额驸博尔济吉特氏恩格德里之子索尔哈。顺治初年索尔哈亡。顺治五年（公元1648年），阿图又嫁给蒙古巴林部辅国公博尔济吉特氏色布腾，故人称巴林公主。顺治七年（公元1650年），色布腾晋封巴林郡王。不幸的是，康熙七年（公元1668年）二月，色布腾也故去。这在当时便会被认为命硬克夫，阿图不但忍受中年丧夫之苦，而且承受舆论的压力和折磨。

康熙十二年（公元1673年）端午节，康熙得知祖母想念姑母固伦淑慧长公主时，立即派乾清门侍卫武格，用御轿驰驿往迎。公主很快到来，于五月初六到慈宁宫拜见母亲。太皇太后原本有些身体不适，见到自己日夜想念的女儿，喜出望外，"圣体遂强健如常"。康熙二十六年（公元1687年）夏，听说巴林公主居住的地方年景不好，流行牲畜瘟疫，马牛羊多"染疫倒毙"，庄稼颗粒不收，太皇太后挂念女儿的生活，不知女儿在遭受什么样的困苦。康熙向祖母请安时，了解到老人的心事，又派人把姑母接进京城，并带去马驼粮米以救急。巴林公主的到来，给太皇太后以莫大的安慰。太皇太后已75岁高龄，钟爱的女儿和皇孙围绕在她的身边，其乐融融，使她在无比的幸福和满足中度过了人生最后的4个月。

孝庄把巴林公主托付给皇孙，算是对身后事的安排。康熙当着祖母与公主的面承诺，待姑母年迈时，迎接到北京，凡一切应用之物，他全承理，"以终天年"。太皇太后深知皇孙言而有信，她了却掉唯一的心事，安然地走了。

康熙二十六年十二月二十五日（公元1688年1月27日）午夜，孝庄病逝，享年75岁。康熙悲痛欲绝，几次昏迷，好几天都没有进膳。此后，一直到他的晚年，康熙都没有忘却祖母的养育之恩，每当想起来，都情难自禁而痛哭流涕。

康熙用自己的行为，亲自实践了儒家的"忠孝"精神。"孝"这个字，对康熙来说，就是人生最重要的原则。他最喜欢的人是孝子，最痛恨的，便是不孝之人。康熙在位，很少杀人，但对不孝之人，从来都不手软。如杀赵申乔之子赵凤诏，就因为他"不忠不孝"，康熙认为"不忠不孝之人，应当处斩"；对噶礼，虽然他贪污巨大，也没有重判，但后来其母告发他欲加害自己，康熙大怒，因其不忠不孝，下令他自尽。

康熙说：人君以孝治天下，则臣下观感以作忠，兆民亲睦而成俗，真所谓至德、要道也。康熙深谙"孝"的观念而加以运用。要知道，如果康熙把每一个青年都训练得听父母的话，那么又有哪一个人肯要儿子去做杀头造反的事呢？所以康熙非常高明。

第二节　多情天子

感情是人与人之间最为牢固的联系纽带。很多政治家在情感与利益之间抉择时，都选择了后者。表面上看，似乎摆脱情感的羁绊会带来一个更大的主动，实际上丧失的要远远多得多。康熙是个冷静的政治家，同时也是个内心丰富的性情中人，他对臣子，对家人，都怀有很深的情感。这种情感不但没有成为他事业的负担，反而给他提供了源源不断的动力。

康熙一生中有4个皇后，他不是父亲那样感情专一的情种，也不是始乱终弃的负心汉。他和自己的夫人之间，总是能找到情感的归宿。从他的50多位子女身上，我们也许能更清楚地看到他鲜活的生命力的跃动。

顺治帝算得上是一个爱美人胜过爱江山的人，尽管他出家的传说是子虚乌有，但他钟爱董鄂妃，却是历史事实。

顺治的终身大事，一直是由母亲孝庄皇太后主持的。她从满蒙联姻的立场出发，当然为儿子选择自己的娘家人。就在顺治亲政后的第五天，就为他选了自己的亲侄女、科尔沁部卓礼克图亲王吴克善之女博尔济锦氏成亲。顺治在其他方面对母亲言听计从，但涉及他的终身大事，他就显示了惊人的顽固。当他的舅舅吴克善送女儿到京，众大臣秉承孝庄的旨意奏请举行大婚的时候，14岁的福临竟然降旨宣称："大婚吉礼，此时未可遽议，所奏不准行。"这相当于拒绝。尽管最后在母亲的压力下，他不得不接受了这门亲事，但对自己的这位皇后表妹，一直是爱搭不理的。二人婚后感情很不好，很少在一起生活，三年后，顺治不顾群臣阻拦，执意废后。孝庄也亲眼见到儿子和侄女的不和，只好允准。但她想不到的是，她接下来的做法，又害了自己的一个娘家人。

这一次，她选中的是自己娘家侄子绰尔济的女儿。这个女孩比顺治帝小3岁，年貌相当，性格又好，孝庄认为这次儿子应该满意。但结婚没过多久，顺治的毛病又犯了，他说这个皇后"虽秉心淳朴，顾又乏长才"，将其打入冷宫。

顺治十三年（公元1656年），顺治帝终于找到了自己人生的另一半，那就是内大臣鄂硕之女董鄂氏。董鄂氏是在命妇入侍的时候，和顺治帝相识，两人一见钟情。对此孝庄坚决反对，一再阻拦，最终还是没有拗过儿子。这年董鄂氏还是被召入宫，八月立为贤妃，十二月六日，被正式册封为皇贵妃。

孝庄从政治的角度来决定儿子的婚姻大事，结果是失败的，教训也是非常深刻的。因此在为孙子康熙选择伴侣的时候，她就慎重多了。康熙12岁那年，她开始考虑皇后的人选。有了儿子的教训，这一次，她没有从自己的娘家来寻找，而是放在了朝中大臣上。最后，她选中了辅政大臣索尼的孙女，领侍卫内大臣、一等公噶布喇的女儿赫舍里氏。其实，这也是一桩政治婚姻。当时康熙还没有亲政，朝廷大权掌握在四大辅臣手中，其中鳌拜飞扬跋扈，已经有了结党专权的苗头。在这种情况下，孝庄拉拢首席辅政索尼，起到了制衡权臣的作用。同时，她还选了遏必隆的女儿钮祜禄氏入宫。有这两位辅政大臣做小皇帝的靠山，江山就稳固了。

康熙的性格和父亲顺治完全不同，他对祖母给自己选择皇后，不但没有反对，而且一直都恩爱有加。

赫舍里氏是满洲正黄旗人，比康熙大3个月。由于出身贵族世家，受过良好的家庭教育，算得上是大家闺秀，深谙传统为妇之道，入宫后，对康熙百般体贴、无微不至，对孝庄也竭尽孝道，深得孝庄的喜爱。作为"第一夫人"，要母仪天下，主持后宫，她都做得很好，史书说她"惟敬惟勤，节俭居身"，为人宽和大度，很得妃嫔、宫女的尊敬。从康熙的言行中可知，深受儒家教育的新皇帝是恪守传统的人，对于这样的皇后，他自然是非常喜欢的。因此自结婚以后，夫妻二人和和满满，其乐融融，孝庄看着，也打心眼里高兴。

康熙八年（公元1669年）十二月十三日，就在康熙16岁这年，皇后生下嫡长子承祜，按封建正统，是当然的皇位继承人，康熙和祖母、皇后都视若珍宝。可惜的是，这个皇子刚长到4岁就夭折了。康熙悲痛欲绝，皇后更是肝肠寸断。对于母亲来说，没有比失去孩子的打击更甚。赫舍里氏整日思念孩子，身体越来越孱弱，经常生病。康熙没有为此而冷落她，反而给了她更多的关怀。

康熙十一年（公元1672年）秋，康熙陪祖母到遵化汤泉疗养。

忽然宫中派人奏报皇后生病，康熙得知后非常着急，亲自过问病情和治疗。他怕祖母担心，就吩咐不要奏报，但还是有人告诉了孝庄。孝庄马上督促他立即回宫。康熙坚持和祖母一同返回，孝庄命令道，你陪同我是尽孝，遵从我的命令，同样是尽孝。这样康熙才马上启程，迅速赶回宫中，陪了皇后整整一天。在他的悉心照顾下，皇后的病情得以逐渐好转。康熙这才回去迎接祖母。

两年后，皇后赫舍里氏生下了皇二子胤礽。但就在同一天，皇后却因难产，失血过多而去世。康熙万分悲痛，毕竟是十年的恩爱夫妻，两人相敬如宾，心心相印，现在竟然永远离他而去，正值而立之年的康熙怎能不五内如焚？他经常沉浸在对亡妻的缅怀之中，整整5天没有上朝，"每往哭沙河宫殡后之所"。

皇后难产而死使康熙对胤礽有一种矛盾的感情。一方面，因为他是皇后赫舍里氏所生，对他非常疼爱，寄托的希望也最大；另一方面，因为生他导致自己亲爱的妻子死亡，对他又怀有一丝的怨恨。这也导致了他后来两次废立的举动。为了表示对妻子的缅怀，第二年，他就下令将胤礽立为皇太子。这是清朝第一次立太子，实际上也是唯一的一次。他认为，这样可以让自己的妻子在九泉之下安心。可是后来的发展却完全相反，由于胤礽的不成器，加上大臣围绕皇子结党，让晚年的康熙焦头烂额，也为后来兄弟相残埋下了隐患。

三年后，康熙才重新立皇后。在孝庄太皇太后的催促下，康熙在十六年（公元1677年）八月，册立遏必隆之女钮祜禄氏为皇后。钮祜禄氏性格也很好，康熙对她也很有感情。但半年后，这位新皇后也因病去世。

又是三年后，经孝庄的一再催促，康熙将表妹佟佳氏封为皇贵妃，她也是康熙册封的唯一的皇贵妃，因为没有皇后，实际上相当于后宫之主。佟佳氏没有子女，但对所有的皇子和格格都视如己出，百般照顾。雍正皇帝就是由她抚育长大的。康熙二十八年（公元1689年）七月，佟佳氏病重，康熙这才册封她为皇后，第二天，她就去世了。

对这位表妹，康熙抱着很深的歉疚，因为直到她去世的前一天，自己才册封她为皇后。为了悼念她，康熙写下了这样一首七言律诗：

月掩椒宫叹别离，伤怀始觉夜虫悲，
泪添雨点千行下，情割秋光百虑随。
雁断衡阳声已绝，鱼沉沧海信难期，
萦忧莫解衷肠梦，惆怅销魂忆昔时。

此后，康熙就再也没有立过皇后。因为他的爱已经付给了他深爱着的三位女人，他不能忍受她们一个个离自己而去，为此，宁可忍受着三十多年的孤独。

感情的力量是非常强大的，它是人与人之间最好的黏合剂，也是所有矛盾最好的调节阀。处理不好感情问题的人，很难在事业上有大的发展。康熙对妻子付出了真挚的感情，也从妻子们那里得到了最珍贵的爱，和谐的家庭关系，应该说是他成功的一个重要保证。

第三节　太子风波

历史似乎有个规律：雄才大略的君主晚年往往会为继承人问题苦恼，选择谁来继位甚至发展成为困扰统治者的最大难题，也往往成为政治动荡的主因。隋文帝杨坚晚年在立太子问题上几经反复，却选择了阴谋家杨广，创建的隋王朝二世而亡；唐太宗晚年为立太子事常忽然如痴如狂，甚至要在大臣面前引刀自尽，幸被救下，结果最终选了懦弱的李治；武则天晚年在立武立李的问题上犹豫不决，结果被李唐派有机可乘。

晚年，康熙一直被皇太子的废立问题困扰着，诸子争夺嗣位的激烈斗争，使他心情抑郁，精力耗尽。但康熙不同于以往君主的是，他直至临终前始终能控制政局，给身后留下了一位励精图治、勤勉有为的皇帝。在复杂激烈而又特殊的立嗣斗争中，康熙的缜密帮助他直至终局而握有全盘。

胤礽生于康熙十三年（公元1674年），他在康熙的儿子里原本排行第七，后因前六个哥哥有五个幼年夭折，不序齿，所以成为了二阿哥。他的生母是康熙的结发妻子孝诚仁皇后赫舍里氏，又因赫舍里氏皇后因生此子产后大出血而去世，康熙的爱妻之情就全都转移到了这个孩子的身上，他自幼即被父皇钟爱。康熙十四年（公元1675年），康熙就考虑到立储是关系清朝统治是否能长治久安的重大问题，根据儒家立嫡立长的传统，他选中了刚刚一岁的胤礽为皇太子，皇帝亲自教他读书，6岁时又特请大学士为师；胤礽经父、师指点，确实显露出几分聪明。他文通满汉，武熟骑射，加上仪表堂堂，着实惹人喜爱。康熙特在畅春园之西为胤礽修了一座小园林，赏他居住；出巡时也命他随侍左右。

这位皇太子十分受宠，且具有特殊的权力，因而养成了过分骄纵和暴戾的性情，这些又引起了康熙的不满。康熙二十九年（公元1690年），康熙在亲征噶尔丹的归途中生了病，十分想念皇太子胤礽，特召他至行宫。胤礽在行宫侍疾时毫无忧色；康熙看出皇太子无忠君爱父之念，实属不孝，怒遣胤礽先归。康熙四十七年（公元1708年）八月，康熙带皇太子胤礽、皇长子胤禔、皇十三子胤祥、皇十四子胤禵、皇十六子胤禄、皇十七子胤礼等西巡。九月，康熙贵妃王氏所生的皇十八子胤祄因病而亡，年仅8岁。康熙非常悲痛，众皇子亦很悲哀，可皇太子却显出对其亲兄弟毫无友爱之意，这就更加深了康熙对他的嫌恶。康熙对此深加指责，胤礽不但不反省还愤然发怒。在行军途中，他每夜逼近父皇所居的布城（帷幄），扒裂缝隙，鬼头鬼脑地向里窥视，不知意欲何为。这些举动使康熙日夜戒备，不得安宁。胤礽平时对臣民百姓，稍有不从便任意殴打，其侍从肆意敲诈勒索，仗势欺人，也激起公愤。鉴于皇太子以往的恶行，尤其是他派人窥视康熙在行宫中的动静，使康熙甚为愤怒。于是康熙召诸王大臣、侍卫、文武官员等齐集在行宫前，令皇太子下跪，然后发布谕旨，历数其罪状："胤礽不听教诲，目无法度，朕包容二十多年，他不但不改悔，反而愈演愈烈，实难承祖宗的宏业。"康熙边哭边诉，竟至气倒在地，被大臣急忙扶起。康熙下令，首先惩办了怂恿皇太子的官员，继而又废了皇太子，令胤禔监视胤礽。这次废皇太子，对康熙精神上刺激很大，致使他六天六夜不能入睡。康熙召见随从大臣,边诉边泣,罗列了胤礽的罪状;群臣也为之伤感,泣不成声。康熙还将废皇太子胤礽之事宣示天下。

胤禔,起初在康熙诸子中排行第五,因为前面四个皇子均早殇,按封建礼法,在成年皇子中他的年龄最大,所以被列为皇长子。但是,他的生母只是一位庶妃,远不及皇二子胤礽的生母皇后的身份高贵。胤禔表面上遵从父命,内心里对太子的地位十分觊觎。

胤禔在诸皇子中是比较聪明能干的,三次随康熙出征、巡视,都有所作为。第一次是康熙二十九年(公元1690年),胤禔奉命随伯父抚远大将军福全出征,指挥军队;第二次是康熙三十五年(公元1696年),随康熙亲征噶尔丹,他与内大臣索额图领御营前锋营,参赞军机,康熙三十七年(公元1698年)三月被封为直郡王;第三次是康熙三十九年(公元1700年)随同父皇巡视永定河河堤,任总管。三次都取得了康熙的信任。

胤禔一心想夺嫡继大统,他密切注视着康熙对皇太子胤礽的态度。从康熙二十九年(公元1690年)开始,直至康熙四十七年(公元1708年),这近二十年中皇帝和太子之间发生的一系列事件及随之引起的关系变化,胤禔看在眼里,记在心上,认为这对他谋取皇储之位创造了有利的条件与时机。

康熙四十七年(公元1708年)九月,在塞外行围时胤礽被废,胤禔十分得意。康熙器重胤禔,让他负责监视胤礽,从塞外至京城都是由他看守。胤禔认为时机已到,便向父皇进言说:"胤礽所行,卑污失人心,术士张明德曾相胤禩必大贵。如诛胤礽,不必出皇父手。"康熙听了大为震怒。他暗自思忖:胤禔为人凶顽愚昧,不知义理,倘果同胤禩聚集党羽,杀害胤礽怎么办?但康熙不动声色,他一面仍令胤禔卫护自己、看管胤礽,私下却派侍卫暗地里保护着胤礽,防止胤

· 225 ·

禔暗害，一面向诸子大臣宣布：朕命直郡王胤禔善护朕躬，并无欲立胤禔为皇太子之意。胤禔秉性躁急愚顽，岂可立为皇太子。胤禔迷信喇嘛教"魇胜"巫术，皇太子胤礽被废后，他企图以喇嘛巴汉格隆的魇术魇死胤礽，以便取而代之。随后，康熙令胤禔擒获术士张明德，叫刑部尚书巢可托、都察院左都御史穆和伦等审讯。经查讯，胤禔、胤禩串通一气，利用术士张明德图谋刺杀皇太子胤礽。

废皇太子胤礽后不久，皇三子胤祉向父皇告发胤禔用喇嘛巴汉格隆魇术诅咒废皇太子之事。康熙闻听此事，当即派人前往胤礽住处搜查，果然搜出"魇胜"，确信胤礽为魇术致狂。康熙对胤禔"不谙君臣大义，不念父子之情"气愤万分，斥其为乱臣贼子。康熙于四十七年（公元1708年）将胤禔夺爵，在府第高墙之内幽禁起来，严加看守。康熙四十八年（公元1709年）四月，康熙在巡视塞外临行时又下了一道谕旨："胤禔镇魇皇太子及诸皇子，不念父母兄弟，事无顾忌，万一祸发，朕在塞外，三日后始闻，何由制止？"王大臣急忙商议，最后决定派遣八旗护军参领8人、护军校8人、护军80人在胤禔府中监守。康熙还不放心，又加派了贝勒延寿，贝子苏努，公鄂飞，都统辛泰，护军统领图尔海、陈泰，并八旗章京17人，更番监视，还对这些官员下了一道严谕："如果谁玩忽职守，将遭到灭九族之灾。"胤禔夺嫡失败时很年轻，他被囚禁在高墙内达数十春秋，直至雍正十二年（公元1734年）死于禁所。

康熙弄清胤礽是被魇至狂之后，立即召见胤礽，问及以前所作所为，胤礽竟全然不知，是魇术真灵验还是现在装傻，只有他自己明白。康熙确信胤礽被害，群臣又纷纷建议复立皇太子，康熙经过反复思想斗争，才于康熙四十八年（公元1709年）三月，复立胤礽为皇太子，立太子福晋石氏为太子妃。时过两年，康熙又发觉大臣们为太子结党会饮，于是将这些大臣分别谴责、绞杀、缉捕、幽禁。康熙手谕："诸事皆因胤礽，胤礽不仁不孝，徒以言语货财属此辈贪得谄媚之人，潜通消息，尤无耻之甚。"康熙五十一年（公元1712年）十月，复废皇太子胤礽，禁锢在咸安宫内。胤礽并不甘心，借医生为其妻石氏诊病之机，用矾水写信与外界联系，又被发觉。自此，康熙十分戒备，凡大臣上疏立储者，或处死，或入狱。康熙认为《尚书·洪范》中记载的"寿、富、康宁、所好德、得善终"这五福中前四项比较容易做到，面对诸皇子争位，他时刻要担心有被暗害的危险，所以对他来说，最难做到的是第五项。康熙六十年（公元1721年）三月，在康熙庆寿之日，有的大臣上疏立皇太子之事，康熙对此置之不理；事过数日，又有御史陶彝等十二人联名上疏立储，康熙怀疑这些人为胤礽同党，均给予处罚。

康熙六十一年（公元1722年）十一月十三日，康熙病重，传位皇四子胤禛，即世宗雍正。雍正元年（公元1723年），雍正将康熙朝两立两废的皇太子胤礽迁居到祁县郑家庄，其被重兵严加看守，最后于雍正二年（公元1724年）十二月病死于囚禁之地。

胤禩在康熙诸子中排行第八。

胤禩的生母卫氏出生于辛者库（内管领下奴仆）之家，是皇家的家奴，地位低微。他自幼聪明机灵、工于心计，不甘心因母家卑贱而屈居众皇子之后，不但千方百计地讨得父亲欢心，而且尽量交结可资利用的各阶层人物。同时他很善于与其他皇子搞好关系，并使其中的一些皇子成为自己的支持者。皇九子胤禟、皇十子胤䄉、皇十四子胤禵都党附于他，就连大阿哥胤禔也曾为其所用。胤禩的目标很明确，他不想只做一位所谓的"贤王"，他瞄准的是太子的宝座。然而，要实现这一梦想对他来说真不是一件容易的事情，因此，他只能慢慢网罗私党，积蓄力量、等待时机。其他王公大臣、各级官吏，甚至江湖术士，只要有利用价值，都是他收买的对象。除此之外，他还想方设法在社会上博得好名声，以为将来晋升获取更多的资本和舆论支持。

康熙四十七年（公元1708年），皇太子胤礽第一次被废，胤禩及其同党跃跃欲试。但是康熙对胤禩利用张明德相面为自己立嗣的行为深恶痛绝。这导致胤禩在他心中的形象大损。不久，康熙召来满汉大臣，面谕他们除皇长子胤禔外，可从诸阿哥中推举一人为皇太子，实际上皇帝是希望大家给个台阶，让胤礽重登太子宝座。康熙还特别提醒众大臣：若议论时互相瞻顾，别有探听，都是不允许的。这时，领侍卫内大臣阿灵阿（遏必隆之子，康熙贵妃之兄）、鄂伦岱（内大臣、佟国纲之子）及尚书王鸿绪私相密议，暗通消息，最后书写"八阿哥"三字于纸，交给内侍等转奏。康熙得知诸王和满汉大臣一致请立当时被自己关在牢狱中的胤禩为皇太子，完全出乎他的意料，十分愤怒，暗自思虑，如以胤禩为皇太子，势必会出现一个自己所不能控制的权力中心，由此日后必乱。他感到事有蹊跷，深疑其中有鬼，即令内侍等向诸王和满汉大臣传谕说：立皇太子之事，关系甚大，尔等各宜尽心详议。八阿哥未尝更事，近又罹罪，且其母家亦甚微贱，尔等再思之。诸大臣奏说：此事甚大，本非臣等所能定，诸皇子天姿俱聪明过人，臣等在外廷不能悉知……皇上如何指授，臣等无不一意遵行。同时康熙随即暗自做出释放皇太子胤礽的决定，并为此做了大量准备工作。

康熙释放胤礽的同时，复封胤禩为多罗贝勒，以缓冲因废立太子引起的激烈矛盾，稳定人心。然而，康熙对诸臣保举胤禩为皇太子这件事，仍耿耿于怀。他自谓听政几十年以来，唯独对这件事特别愤懑，要追查幕后根源。他意识到了胤禩在朝中已经形成了自己的政治势力，如果不加以抑制的话，将来会危害到自身，于是对胤禩及其同党进行了严厉的打击。康熙四十八年（公元1709年）正月，康熙召来侍卫内大臣、满汉大学士、尚书等人，当场追查"首倡之人"。经康熙一再追问，有人供出由领侍卫内大臣巴浑德先发言保奏胤禩，康熙立即指出："朕知之矣！此事必舅舅佟国维、大学士马齐以当举胤禩默喻于众，众乃畏惧伊等，依阿立议耳。"又经追踪查问，康熙才证实是由大学士马齐暗中喻人，互相传递所致。于是，马齐交胤禩拘禁，舅舅佟国维与胤禔、胤禩等结党，谋立胤禩为皇太子，康熙给予严厉斥责，不予追究。

由此，胤禩的个人威望和私党势力元气大伤，但胤禩本人并不肯认输，在康熙朝的最后几年里，他都没有放弃对太子之位的争夺，终于使得康熙痛骂他"系辛者库贱妇所生，自幼心高阴险，听相面人张明德之言，遂大背臣道，觅人谋杀二阿哥，与乱臣贼子结成党羽，密行险奸，因不得立为皇太子恨朕入骨，此人之险倍于二阿哥也"，并宣称与胤禩断绝父子之恩。

经过废立皇太子一番激烈的、复杂的斗争，康熙自思身后托付之事，是关联着大清的基业安危的大事，他已决意生前不再预立皇太子。康熙五十二年（公元1713年）二月，当大臣们向他陈奏立皇太子时，康熙深有感触地说："朕自幼读书，凡事留意，纤悉无遗，况建储大事，朕岂忘怀，但关系甚重，有未可轻立者。"他追述了皇太子胤礽结党谋权及其骄纵的经历后，就向大臣们表白不复预立皇太子的心意。他说："宋仁宗三十年未立太子，我太祖皇帝并未预立皇太子，太宗皇帝亦未预立皇太子。汉唐以来，太子幼冲，尚保无事，若太子年长，其左右群小结党营私，鲜有能无事者……众皇子学问见识不后于人，但年俱长成，已经分封，其所属人员，未有不各庇护其主者，即使立之，能保将来无事乎？"这是康熙在与诸皇子交锋中逐步认识到的。

康熙不预立皇太子，却仍然在选择着合乎自己心愿的继位人。他说："太子为国本，朕岂不知，立非其人，关系匪轻。"又说："今欲立皇太子，必能以朕心为心者，方可立之，岂宜轻举。"这就是说，作为皇位继承者的太子，直接关系着清朝的前途和命运，因此，康熙一直把他放在重要地位。他心目中的继位人，必须是"以朕心为心"的人，即要按照他的意旨行事，并要像他那样，具有为清王朝的绵延不绝，竭尽心力，孜孜求治的人。所以自康熙四十七年（公元1708年）废胤礽后，他就立意从德才两方面对诸皇子进行长期考察，从中选择合适的继位人。该年十月，他对诸皇子及众大臣说：朕岂敢不慎重地把祖宗基业安置得如磐石般坚固？晚年，康熙还曾降过旨：朕万年后，必择一坚固可托之人与尔等做主，必令尔等倾心悦服，断不致把麻烦留给诸臣。自康熙四十七年（公元1708年）开始，康熙就将自己经历的事和他的想法，都一一记载下来，封固保存，尤其是继位大事，康熙绝不掉以轻心。康熙五十六年（公元1717年）十一月，在向诸子与大臣们剖白自己为巩固清王朝拼搏一生的血诚与苦衷时，康熙曾说："十年以来，朕将所行之事，所存之心，俱书写封固，仍未告竣，立储大事，朕岂忘耶。"就这样，康熙按"以朕心为心者"的标准，长期默默地甄选着最符合自己心意的继位人。

同在立嗣斗争中失势的胤礽、胤禔、胤禩相比，皇四子胤禛则既努力经营自己的势力，又深藏城府，缜密从事。在斗争中，胤禛一向隐于幕后，他对这场斗争知之甚悉，曾竭力站在康熙的立场上，而在背地里，却处心积虑，时刻进行着有纲领有计划的经营。他结纳人才，笼络人心，准备实力，获取信息，然而又竭力不让别人把自己与结党营私联系起来。

为了让竞争对手们放松警惕，胤禛故意以富贵闲人的面目出现，给世人留下了一些充满闲适意味的诗句：

  千载勋名身外影，百年荣辱镜中花。
  闻道五湖烟景好，何缘蓑笠钓汀沙。

为了把自己打扮成与世无争的逍遥派，胤禛还从诸多佛经中抄录许多名句，编成《悦心集》，用遁世思想来掩盖自己夺取帝位的图谋。这些做法确实起到了作用，不但迷惑了其他的兄弟，就连英明的康熙也被蒙蔽了。

胤禛夺嫡，与顺治出家、太后下嫁，并列为清初三大疑案，从几百年前一直到今天，一直萦绕在人们心头，无法索解。21世纪以来，清史学家们经过不懈努力，对后两个疑案给出了基本可信的答案，唯独对于胤禛夺嫡这个疑案，至今仍然众说纷纭，没有定论。

关于胤禛是如何夺取帝位的，胤禛的第七世孙、著名学者金恒源先生著有《正本清源说雍正》，进行了全面的考察。

胤禛在诸皇子中，算得上最有心机的。他生于康熙十七年（公元1678年）十月三十日，1岁的时候，被抱给皇贵妃佟佳氏抚养。因为有了这个渊源，他后来才能认下佟贵妃的弟弟隆科多，这个人在胤禛即位的过程中起到了最关键的作用。胤禛自幼高傲多疑，康熙曾说他"喜怒不定"，在诸皇子中，人缘不是很好，在相当长的时期内，也没有显露出过人之处，康熙也从来没有正式任命他重要的固定职务。在康熙四十七年（公元1708年）九月废太子的时候，他还被拘禁过一段时间。可以说，康熙对他并没有给予较多的关注。

胤禩则把自己打扮成"天下第一闲人",暗地里窥伺着机会。他的门下人戴铎也为他出谋划策,提出了所谓的夺储密策。康熙五十五年(公元1716年),戴铎到福建任职,在给胤禩寄送土特产的盒子夹层中,暗藏了一封密函,函中称他在武夷山遇到了一位道士。戴铎就请他给胤禩算命,结果得的是"万字命"。胤禩读后,高兴不已,立即密令他"细细写来"。胤禩得到这个消息,更燃起了夺嫡的野心。戴铎也在为主子四处活动。康熙五十六年(公元1717年),皇帝召在家养病的大臣李光地入京,戴铎认为这次可能涉及立太子的事情,于是就在李光地还没有动身的时候,到李家拜访,刺探口风。李光地直言相告:"眼下诸王,只有八王胤禩最贤。"给胤禩当头泼了一盆冷水。

康熙五十七年(公元1718年),胤禵被封为抚远大将军,率军入藏,一时朝野传出了皇帝将要立胤禵为太子的说法,这更刺激了胤禩。他比较康熙对自己和其他皇子的态度,得出了自己不可能是继承者人选的结论。这样一来,他就只有用别的办法了。

他的主要办法一是继续韬光养晦,避免引起其他人的注意;二是竭力留在京城,等待机会;三是拉拢皇帝亲信,积攒力量。康熙几次要把胤禩派出,胤禩都想尽办法推脱,待在皇帝身边。胤禩拉拢的对象,一个是川陕总督年羹尧,他是胤禩原来的门下之人,其妹妹是胤禩的侧福晋,他手握重兵,可以监视十四皇子胤禵。第二人是理藩院尚书、步兵统领隆科多,他手握兵权,负责京城宿卫和畅春园,以及宫禁警卫,是个关键人物。此外还有武英殿大学士马齐等。为了拉拢礼部侍郎蔡珽,他命马齐联系,召其来见,蔡珽以身居学士,不便往来王府辞谢。康熙六十年(公元1721年),年羹尧入京觐见,再次推荐蔡珽,胤禩让年亲自去请,但蔡珽仍不就召。到了康熙六十一年(公元1722年),蔡珽到热河行宫觐见康熙,正好胤禛也在，这才由年羹尧之子引领晋谒了胤禛，从此成为胤禛的心腹，还把左副都御史李绂介绍给了胤禛。由此可见，胤禛在拉拢大臣方面下了多大的力气。

康熙五十七年（公元1718年）以后，康熙的身体每况愈下，经常头晕目眩，手颤心跳。康熙六十一年（公元1722年）十月二十一日，他还到南苑打猎，十一月七日，回到畅春园。九日，他身体不适，命胤禛代替自己到南郊行祭天大礼，同时为以防万一，派人密召胤禵回京。这对胤禛来说，是最后的机会。他利用隆科多的关系，很快控制了畅春园到皇宫的所有地方，实际上是把康熙软禁了起来。在十、十一、十二三天中，都是胤禛派护卫、太监到畅春园请安，其他皇子根本没有面见康熙的机会。

康熙六十一年（公元1722年）十一月十三日，千古一帝康熙崩于畅春园。

在康熙帝统治的六十一年间，他在内政、外交、经济、科技、文化、军事等几乎所有领域，都有非凡的建树。清史学家阎崇年总结了他对中国历史和世界文明发展的巨大贡献，集中地展现了这位千古一帝的丰功伟绩。其八大贡献分别为：

（一）削平三藩，巩固统一；

（二）统一台湾，开府设县；

（三）抵御外侵，缔结和约；

（四）亲征朔漠，善治蒙古；

（五）重农治河，兴修水利；

（六）移天缩地，兴建园林；

（七）兴文重教，编纂典籍；

（八）吸纳西学，学习科技。

任何一个君主，如果做出了上面八项中的任何一项，都足以彪炳史册，而康熙帝励精图治，在这八个方面都做出了非凡的贡献，确实做到了空前绝后。在他的统治下，清朝成为当时世界上最大的帝国，幅员最辽阔、人口最众多、经济最富庶、文化最繁荣、国力最强盛。经过苦心经营，清朝的疆域，东起大海，西至葱岭，南达曾母暗沙，北跨外兴安岭，西北到巴尔喀什湖，东北到库页岛，总面积约1300万平方千米，为今天中国的版图奠定了基础。